MAKE YOUR CITY

DE STAD ALS CASCO
THE CITY AS A SHELL

NDSM-WERF AMSTERDAM
NDSM SHIPYARD AMSTERDAM

EVA DE KLERK
MET WITH **CAROLIEN FELDBRUGGE**
EN AND **JOOST ZONNEVELD**

TRANCITY × **VALIZ**

Contents

De voormalige NSM-werf in bedrijf in 1967. Vanaf 2000 wordt de werf met NDSM aangeduid.
The former NSM shipyard in operation in 1967. The shipyard is renamed NDSM in 2000.

Entree Scheepsbouwloods in 2002 met kraan 13 die in 2013 tot hotel werd omgebouwd.
Entrance to the shipbuilding warehouse in 2002, with crane 13 which was converted into a hotel in 2013.

VOORWOORD

FOREWORD

SASKIA SASSEN

. . . AND A CONCEPT WAS EXECUTED AND A LEGEND BORN OUT OF THE ASHES OF AN EARLIER HISTORY

Dit is het verhaal over Eva de Klerk en hoe zij stuitte op een dode scheepswerf, een enorm groot dood gebouw en een uitgestrekte lege ruimte, verlaten, afgesloten – en dit alles ver buiten het stadscentrum. Wat was Eva de Klerks belangrijkste instrument? De opvatting van de stad als casco – geen 'jungle' van gebouwen die verhandeld kunnen worden, maar een casco dat stedelijkheid, werk, kunst, innovatie, architectuur, voedselbereiding, slapen, en nog veel meer mogelijk maakt.

Die toevallige ontmoeting werd een 20 jaar durende gebeurtenis die geschiedenis zou schrijven. Er kwam een soort stedelijkheid uit voort die misschien zeldzaam is, maar waartoe steeds meer mensen die in een stad willen leven en die stad willen maken zich aangetrokken voelen. De scheepswerf, het gebouw, en Eva en haar vrienden en medewerkers zijn een ongelooflijk succes geworden, heel verrassend en fascinerend.

Een nieuwe stedelijke optie werd ontdekt, uitgevonden, gemaakt. Aanvankelijk, in de jaren '90, leek het onmogelijk, ongewenst, zover overal vandaan – wie zou daar heen willen? Dan zie ik, al is het maar in mijn verbeelding, hoe Eva en haar vrienden strijders worden, gewapend met niet veel meer dan een concept!

Dat concept werd een instrument, een wapen, een kracht die vernieuwers en ontdekkers ontlenen aan hun overtuiging. Het verdedigen van het concept werd een project. Haar medestanders waren die zo belangrijke anderen in deze nu legendarische transformatie van een uitgestrekte, lege, halfvergeten, afgelegen plek.

Deze geschiedenis is levend. Steeds meer mensen, projecten, organisaties en bedrijven willen nu ook een plekje in dat casco, een voet aan de grond in dit alles. En dat vergt aanpassing aan nieuwe omstandigheden.

Ik verheug me erop te zien hoe Eva de Klerk deze zoveelste nieuwe fase in dit bijzondere project aanpakt.

Onze belangrijkste steden hebben tegenwoordig te maken met machtige spelers – met name grote bedrijven – die eigen bedoelingen hebben. Zij zien de stad wellicht niet als een casco, maar als een geldmachine. In de afgelopen jaren zijn verschillende processen opgekomen die erop gericht zijn, en er vaak in slagen, om gebouwen te 'financialiseren'. Dit gebeurt in steeds meer steden en vertegenwoordigt wereldwijd een waarde van 200 biljoen dollar. Dat is veel meer dan het BBP van de hele wereld! In de jaren '60 en '70 waren de meeste grote steden arm omdat de economie vooral buiten de steden bloeide, in voorsteden, in infrastructuur. Tegenwoordig zijn steden echter weer heel waardevol geworden voor steeds meer economische spelers. We mogen de stad als casco niet kwijtraken aan deze roofdierachtige partijen.

Eva, de volgende strijd dient zich aan, maar je hebt deze slag gewonnen, dus ben je klaar voor de volgende.

This is the story of Eva de Klerk's encounter with a dead shipyard, a dead massive building, and a vastness of empty space, abandoned, closed – all far away from the city centre. What was Eva de Klerk's key tool? The notion of the city as a shell – not a jungle of buildings that can be bought and sold; just a shell that can enable urbanity, work, art, innovation, architecture, food making, sleeping, and more.

That accidental encounter became a 20-year-long, history-making event. It generated a type of urbanity perhaps rare, but highly desirable to more and more people who want to live in a city and make a city. The shipyard, the building, and Eva de Klerk and her friends and coworkers succeeded in ways that are almost unbelievable, surprising, mesmerizing.

A new urban option was discovered, invented, made. When it started, in the 1990s, it seemed impossible, undesirable, so far away from everything. Who would ever go there! But I see, admittedly in the imagination of my mind, Eva de Klerk and her friends becoming a sort of warriors, armed with a concept, and not much more!

That concept became an instrument, a weapon, the power that conviction grants innovators and discoverers. Defending the concept evolved into a project. And those who joined her were the crucial others in this now legendary transformation of a vast, empty, semi-forgotten, faraway space.

But this is a live history. Now more and more people, projects, organisations, businesses, all want their place in the shell, a foothold in it all. And this requires adaptation to new conditions.

I am looking forward to seeing how Eva de Klerk is going to address what is yet another phase in this extraordinary project.

Today our major cities are confronting powerful actors – notably corporations – that have their own agendas. And these might not see the city as a shell, but as a money-making machine. Over the last few years we are seeing the rise of diverse capacities that aim, and can succeed, at the financializing of buildings. This is happening in more and more cities, and has reached a global value of over 200 trillion dollars world-wide. This is far more than the value of global GDP of the entire world! Most of our great cities were poor in the 1960s and 1970s because the economy was thriving outside cities, in suburbs, in infrastructure. But today cities have re-emerged as highly valuable to more and more economic actors. We cannot lose the city as shell to these types of predatory actors.

Eva: you have another battle brewing, but you won this one so you are ready for the next one.

Saskia Sassen, Columbia University, New York, 2017

Eva op de Zwitserse Alp in Ticino in 1994.
Eva in Ticino in the Swiss Alps in 1994.

Reizende kunsttentoonstelling 'De Valigia' in Thessaloniki, European Cultural Capital 1997.
Travelling art exhibition 'De Valigia' in Thessaloniki, European Cultural Capital 1997.

INLEIDING
INTRODUCTION
EVA DE KLERK

Waarom dit boek?

20 jaar geleden ben ik gegrepen door het manifest De Stad als Casco, een initiatief van kunstenares Carolien Feldbrugge en Frank Bijdendijk, destijds directeur van een van de grotere woningcorporaties van Amsterdam. Dit manifest was mijn houvast en gids toen kunstenaars, ambachtslieden en andere makers werden verdreven uit het centrum van Amsterdam om plaats te maken voor een 'Manhattan aan het IJ' en de NDSM-werf in Amsterdam-Noord ontdekten. We besloten dat we in de oude Scheepsbouwloods zouden neerstrijken, niet als tijdelijke bewoners, maar als medegebruikers en medebeheerders van de werf. Zelf je stad maken met de bestaande gebouwen en gebruikers als uitgangspunt. Make Your City is het vervolg op De Stad als Casco uit 1997.

De NDSM-werf is inmiddels immens populair in Europa. Het gebied spreekt met zijn monumentale industriële gebouwen tot de verbeelding. Bezoekers komen van heinde en verre naar de werf voor vermaak en vertier, maar er komen ook veel projectontwikkelaars, gebiedsplanners, architecten, beleidsmakers en politici uit alle hoeken van de wereld om het verhaal te horen over het ontstaan van deze zelfgeorganiseerde vrijplaats in de Scheepsbouwloods. Over de hele wereld word ik gevraagd om lezingen te geven over de ontwikkeling van de loods: hoe wij – met als motto 'niet geld verdienen *aan* een plek, maar *op* een plek' – een vervallen, verwaarloosd terrein hebben omarmd, opgeknapt en herontwikkeld. Met de gebouwen en de omgeving als ons canvas. Niet slopen, maar herbestemmen. En elke keer weer wordt mij gevraagd of ik de 'Cascomethode' kon toesturen, of er een boek of handleiding was. En elke keer, wanneer ik antwoordde dat dat er niet was, werd me gevraagd: 'Wil je het dan alsjeblieft gaan schrijven?' Aan die vraag geef ik nu gehoor.

Met dit boek heb ik naar eer en geweten gepoogd – vanuit mijn eigen perspectief – alle facetten van gezamenlijke gebiedsontwikkeling te belichten. Zowel de magische momenten als de dieptepunten en de lessen die ik daaruit heb getrokken. Ik hoop dat dit boek een houvast mag zijn voor een nieuwe generatie stadsontwikkelaars/initiatiefnemers – en dat zij op hun beurt hun ervaringen en lessen weer doorgeven aan de generatie na hen.

Achtergrond

Als ik in 1999 samen met een groepje skateboarders, bijstandsmoeders, festival- en theatermakers in de monumentale Scheepsbouwloods aan een bijzonder avontuur begin, is de NDSM-werf een unheimische, desolate plek en verklaart iedereen ons voor gek dat wij naar Amsterdam-Noord vertrekken. We zijn dringend op zoek naar betaalbare ruimte en 'mogen' van de gemeente Amsterdam aanvankelijk vijf jaar proberen iets te maken van de enorme Scheepsbouwloods.

Bijna 20 jaar later is de werf een van de meest dure locaties van Amsterdam. Het bonte gezelschap van creatieve geesten blijkt een welkome vooruitgeschoven post te zijn om van de verwaarloosde en

Why This Book?

A manifesto called *De Stad als Casco* (The city as a shell) swept me off my feet 20 years ago. It was an initiative by artist Carolien Feldbrugge and Frank Bijdendijk, at the time the director of one of Amsterdam's larger housing associations. When we – a group of artists, artisans and other makers – were forced out of the city centre of Amsterdam to make room for 'Manhattan on the IJ' and subsequently discovered the NDSM shipyard in Amsterdam-Noord, I began to use the manifesto as a foothold and a guide. We decided to settle in the old shipbuilding warehouse: not as temporary residents, but as co-users and co-managers of the shipyard. Our starting point was that we wanted to make our own city using existing buildings and including existing social networks. *Make Your City* is the sequel to the 1987 *De Stad als Casco*.

Today, the NDSM shipyard is immensely popular throughout Europa. With its monumental industrial buildings, the area fires the imagination. Visitors from near and far come to be entertained and amused, but plenty of property developers, area planners, architects, policymakers and politicians from all corners of the earth also come to hear the story of the self-organized sanctuary we created in the shipbuilding warehouse. People from around the world invite me to give lectures about its development: how we – true to our belief to 'not make money *off* the site, but rather *at* the site' – embraced, refurbished and redeveloped a dilapidated, neglected industrial area using the buildings and the environment as our canvas. No demolition, but new use. Every time, they ask me if there is a book or a manual about the method of *De Stad als Casco*. And each time that I reply that there is no book, they ask me to please write one. So this is my answer to that call.

With this book I, to the best of my knowledge and from my perspective, try to explain all of the facets of joint area development, including both the magical moments and the low points and the lessons I learned from them. I hope it will be a foothold for a new generation of urban developers and initiators – and that they, in turn, will pass on their experiences and the lessons they learned to the next generation.

Background

When I began my extraordinary adventure in the monumental shipbuilding warehouse in 1999 together with a group of skateboarders, welfare mothers and festival and theatre makers, the NDSM shipyard was an ominous, desolate place and everyone thought we were mad to move to Amsterdam-Noord. We were in urgent need of affordable living and working space and the city of Amsterdam initially allowed us five years to try to make something out of the huge shipbuilding warehouse.

Almost 20 years later, the shipyard is one of Amsterdam's most expensive locations. As it turns out, the motley crew of creative minds was a welcome advanced post that ultimately turned the neglected

desolate werf uiteindelijk een financieel succes te maken. De Scheepsbouwloods staat bekend als de grootste zelfgeorganiseerde vrijplaats
van Europa in een omgeving die steeds meer door de hoogte van de
vierkantemeterprijzen bepaald wordt. De NDSM-werf is het levend bewijs
dat de gemeente verschillende opties heeft om een stad mee te laten
groeien in de vaart der volkeren: snel en veel geld verdienen aan een
toplocatie of organisch ontwikkelen met oog voor de lokale economie en
in samenspraak met de gebruikers. Dit boek gaat over die laatste vorm
van stadsontwikkeling: De Stad als Casco. Wat is het verhaal achter
deze vorm van zelfontwikkeling? Welke filosofie over de ontwikkeling
van de stad zit hierachter? Hoe zit het met de financiering van dergelijke
projecten en hoe werken groepsprocessen wanneer een grote en diverse
groep mensen moet samenwerken, op eigen initiatief?

Over Eva

Ik ben in Amsterdam geboren en na mijn geboorte met mijn ouders,
broer en zus naar het buitenland verhuisd. Op mijn tiende kwam ik terug
in Nederland. De eerste paar jaren had ik veel heimwee naar de rafelige
plekken waar ik in Engeland opgroeide. Op school droegen we unifor-
men en als ik bij mijn vriendinnen thuis kwam, zag ik grote verschillen.
Amanda woonde in een achterbuurtje langs het spoor met karton en
plastic afgeplakte ramen, terwijl op de verjaardag van Zoë de dieren-
tuin werd afgehuurd. In de buitenwijk Upper Norwood van Londen waar
we woonden, waren Peter uit Jamaica en Sanjay uit India mijn beste
vriendjes. Op mijn 16de kreeg ik een ernstig auto-ongeluk waardoor ik
twee jaar moest revalideren. Die woelige periode en ervaringen uit het
buitenland hebben me lang onrustig gehouden. Een heftige ervaring
tijdens een – zelfgecreëerde – communicatiestage in oorlogsgebieden
in Midden-Amerika zorgde ervoor dat ik wederom in het ziekenhuis
belandde en arbeidsongeschikt werd verklaard. Daar sta je dan als
23-jarige! De ommekeer kwam toen ik een half jaar geiten ging hoeden
in de Zwitserse Alpen. 'Als ik dit kan, kan ik alles.' Terug in Amsterdam
ben ik als vrijwilligster gaan werken met kunstenaarsinitiatieven en theatergezelschappen die in de oude gekraakte pakhuizen gevestigd waren.
Een van de projecten die ik samen met een internationaal kunstenaars-
gezelschap heb mogen opzetten, is een reizende kunsttentoonstelling
met tot galeries omgebouwde treinwagons uit acht verschillende landen.
Met dit project ontdekte ik mijn passie en talent om een groep mensen
bij elkaar te brengen, met hen bijzondere projecten op te zetten, te netwerken en financiers te enthousiasmeren voor een goed concept.

Drijfveer

In die periode ben ik in contact gekomen met Carolien Feldbrugge,
drijvende kracht achter de collectieve ontwikkeling van Pakhuis Wilhelmina
en een van de bedenkers van De Stad als Casco-filosofie. Dat eind

and desolate shipyard into a financial success. The environment of
the shipbuilding warehouse, which is now famous as Europe's, largest
self-organized sanctuary, is increasingly defined by how high the land
prices are per square metre. The NDSM shipyard is solid evidence that
local governments that want to put their city on the map have different
options: use a prime location to make lots of money fast, or develop
it organically by taking local economies into account and consulting
with users. This book is about the latter form of urban development,
which uses the city as a framework: the city as a shell. What is the story
behind this type of self-development? On what philosophy about the
development of cities is it based? How are such projects financed, and
what group processes come into play when development involves large
and diverse groups of people that have to work together, on their own
initiative?

About Eva

I was born in Amsterdam and subsequently moved abroad with my
parents and my brother and sister. I returned to the Netherlands when
I was ten years old. During the first few years I was very homesick for
the pieces of wasteland that had been part and parcel of growing up
in England. At school, we wore uniforms and when I visited the homes
of my friends, I noticed big differences. Amanda lived in a slum by
the train tracks that featured windows taped shut with cardboard and
plastic, while Zoë's birthday was celebrated in the zoo her parents
rented for the occasion. In Upper Norwood, the London suburb
where we lived, Peter from Jamaica and Sanjay from India were my
best friends. At 16, I had a serious car accident and spent two years
recovering. This turbulent period and my experiences abroad kept me
restless for a long time. A dramatic event during a – self-initiated –
communications work placement in a Central American war zone sent
me back to the hospital and I was subsequently declared unable to
work. I was only 23 years old at the time! My life changed completely
when I went goat herding in the Swiss Alps for six months. 'If I can do
this, I can do anything.' Back in Amsterdam, I started to volunteer for
the artist initiatives and theatre companies that had settled in the city's
squatted warehouses. One of the projects I was fortunate enough to set
up together with an international company of artists was a traveling art
exhibition that included railway carriages from eight different countries
converted into galleries. During this project, I discovered my passion
and talent for bringing together groups of people, setting up special
projects, networking and convincing financiers to back good ideas.

Motive

During that period, I came into contact with Carolien Feldbrugge, the
driving force behind the collective development of Pakhuis Wilhelmina

jaren '90 al die prachtige initiatieven in de oude havengebouwen plaats moeten maken voor nieuwbouw met andere mensen, heeft mij altijd verbaasd. Waarom moeten die initiatieven weg? Waarom wordt niet voortgebouwd op wat er al is? Hoe kunnen de gebruikers van die gebouwen invloed uitoefenen op hun omgeving en mee ontwikkelen? Welke waarden zijn hier belangrijk?

Daarnaast dreigt op dat moment ook een gevaar voor de stad: eenvormigheid, terwijl alternatieve initiatieven en mensen de stad uit gedrukt worden. Juist door de rigoureuze plannen van gemeente en projectontwikkelaars wil ik mij inzetten voor een andere manier van ontwikkelen. Ik groei vanzelfsprekend in de wereld die zich in de jaren '90 aan de Amsterdamse zuidelijke IJ-oever heeft ontwikkeld. Eerst in diverse culturele organisaties en vervolgens, als de voormalige havengebouwen zo goed als allemaal ontruimd worden, als initiatiefnemer en aanjager van een nieuwe culturele vrijplaats op de NDSM-werf. Sindsdien initieer ik nog steeds projecten waarin ik tijd en kennis investeer en werk ik als projectbooster in opdracht voor onder andere overheden, woningcorporaties en ontwikkelaars. Mijn missie is hen te verleiden om anders te durven denken. Een succesvol project zoals op de NDSM-werf is alleen mogelijk als mensen die daar willen wonen of werken, het vertrouwen en de ruimte krijgen om die plek zelf vorm te geven. Ontwikkelaars en ambtenaren kijken het liefst naar het eindresultaat: een nieuwe 'hotspot', een nieuw Meat Packing District, Berlin Tempelhof of NDSM-werf en gaan daarbij vaak voorbij aan het proces en de effecten van samenwerking die daaraan voorafgaan. Voor mij is het proces van *community building* de kern: er moet een groep zijn die groot genoeg is om een plek tot leven te brengen. Die groep moet daarbij niet alleen de vrijheid nemen, maar ook krijgen om zelf keuzes te maken en te ondernemen. Daarin kan ik mijn ervaringen delen en adviseren hoe zij zelf hun project kunnen opzetten en continueren.

Het is mijn pleidooi voor een andere manier van stedelijke ontwikkeling, voor een meer inclusieve stad, waarin niet alleen economisch rendement maar ook maatschappelijke opbrengsten tellen. Creatieve ondernemers, makers en subculturen geven kleur aan de stad en hebben recht op een betaalbare plek in de stad. Het tegengaan van tweedeling in de stad vind ik de belangrijkste opgave van deze tijd.

Een aansprekend model

Een frame! Dat omvat niet veel meer dan een staalskelet, waar nog minder materiaal voor nodig is dan het toch al zo karig afgewerkte casco, waarbinnen iedereen zijn eigen ding kan doen. Hier ontbreken zelfs de gevels en de vloeren. Daarbij geldt het principe 'collectief wat moet, individueel wat kan'. Kabels, leidingen, riool, openbare ruimte, opslag: allemaal keurig gezamenlijk geregeld. Maar vervolgens laat het frame iedereen vrij om – binnen de op papier vastgelegde afspraken en het in zwart staal gegoten skelet – naar eigen

and one of the initiators of the philosophy of *De Stad als Casco*. The fact that in the late 1990s, a large number of wonderful initiatives in old port buildings had to make room for new construction for the benefit of other people has never ceased to amaze me. Why did those initiatives have to go? Why not build on what was already there? How can users of such buildings influence and co-develop their environment? What values are important here?

At the time, the city was also facing another danger: uniformity, since alternative initiatives and people were being pushing out of the city. The rigorous plans of the city and the property developers made me want to advocate another way of developing. As a matter of course, I warmed to the world that developed on the south bank of the IJ in Amsterdam in the 1990s. First to various cultural organizations and then, as virtually all of the former port buildings were about to be evacuated, I became the initiator and driving force behind a new cultural sanctuary at the NDSM shipyard. I've been initiating projects in which I invest time and knowledge and working as a project booster for governments, housing associations and developers ever since. My mission is to entice people to dare to think differently. A successful project like the NDSM shipyard is only possible if the people that want to live or work there are given the trust and the opportunity to design the place on their own. Developers and officials prefer to focus on end results – a new hotspot, a new Meat Packing District, Berlin Tempelhof or the NDSM shipyard – and often ignore the process and the effects of collaboration that precede them. I think the community-building process is at the heart of things: there has to be a group that is big enough to bring a place to life. That group should not only take liberties, but also be given the freedom to make its own choices and set up its own businesses. During this process, I can share my experiences and advise groups on the setup and continuation of their project.

I advocate another kind of urban development, one that results in a more inclusive city in which not only economic, but also social returns are valued. Creative entrepreneurs, makers and subcultures lend colour to a city and are entitled to have an affordable place in it. I think combating divides in the city is the most important challenge we now face.

An Appealing Model

A frame! That amounts to not much more than a steel skeleton and requires even less material than the already frugally finished shell, within which everyone can do their own thing. There are not even any facades or floors, the guiding principle being 'collective where necessary; individual where possible'. Cables, pipes, sewerage, public space, storage are all collectively organized. But after that the frame allows everyone – within the pre-established limits and the black steel skeleton – to act and build at their own discretion. Plasterboard, wood, concrete block: all fine. Projecting bits and pieces:

goeddunken te handelen en te bouwen. Gipsplaat, hout, betonsteen: allemaal prima. Uitstekende delen: ook best. Lange bouwtijd: geen punt, want het bouwen aan de eigen unit valt in dezelfde categorie als het in die unit werken aan een kunstwerk. Sterker nog: het bouwen zelf is hier gepromoveerd van voorwaardenscheppende activiteit tot doel op zich. Het frame maakt dat mogelijk, en het individu is onderdeel van en medewerker aan de vervolmaking van het *gesamtkunstwerk* Kinetisch Noord. Het gebouw is het meest karakteristiek op die momenten dat er bouwactiviteiten plaatsvinden. Het 'aan het werk' zijn is onlosmakelijk verbonden met het architectonische beeld, het imago en het verwachtingspatroon van kunstklant of bezoeker. 'Architectuur is bouwen', de inmiddels klassieke woorden van Ludwig Mies van der Rohe, waren nooit eerder zo duidelijk en zichtbaar. Het bouwen valt volkomen samen met het gebruiken (....).

Uit: Daan Bakker et al., *Architectuur in Nederland, Jaarboek 2007/08*, Rotterdam 2008, p. 9

Leeswijzer

Dit boek bestaat uit drie delen. In het eerste deel komt de ontstaansgeschiedenis van De Stad als Casco-filosofie naar voren. In het tweede deel wordt de ontwikkeling gevolgd van het grootste en bekendste Europese praktijkvoorbeeld: de Scheepsbouwloods. In het derde deel komen de geleerde lessen, succes- en faalfactoren en de relevantie van De Stad als Casco-methode aan de orde.

De onderlegger voor de ontwikkeling van de Scheepsbouwloods op de NDSM-werf is De Stad als Casco, waarbij de gebruikers hun eigen ruimte vormgeven op een manier waarop zij zich het beste kunnen ontplooien. Dit alternatieve ontwikkelingsmodel komt in het eerste hoofdstuk aan bod. Vervolgens ga ik in op mijn beleving van de achtergronden die geleid hebben tot de totstandkoming van de zogenoemde Kunststad in de Scheepsbouwloods, op de concrete uitvoering daarvan en de externe omstandigheden die op zo'n grootschalige aanpak van invloed zijn geweest. Ten slotte ga ik in op de lessen voor de toekomst en waaraan initiatiefnemers concreet moeten denken als zij een vergelijkbaar project willen beginnen. Het boek sluit ik af met een pleidooi voor een andere manier van stadsontwikkeling. Ik ben ervan overtuigd dat een stad die ruimte biedt aan alternatieven vanuit zelforganisatie van gebruikers, een meer gemengde, inclusieve en daarmee een rijkere stad is. De Stad als Casco-filosofie en -aanpak kan daarbij helpen.

Nog een toevoeging: in dit boek gebruik ik afwisselend de ik- en de wij-vorm. Dat is bewust. Wanneer het gaat om mijn eigen rol of wanneer ik mijn persoonlijke visie op gebeurtenissen duidelijk probeer te maken gebruik ik de ik-vorm. Tegelijkertijd is ontwikkelen volgens De Stad als Casco-gedachte altijd een groepsinspanning, iets wat ik samen met andere mensen doe. In die gevallen gebruik ik de wij-vorm.

fine as well. Long construction time: no problem, for building your own unit falls into the same category as working on an artwork inside that same unit. In fact, the act of building has been promoted from a facilitating activity to an end in itself. The frame makes that possible, and the individual is part of and a contributor to the achievement of the *Gesamtkunstwerk* known as Kinetisch Noord. The building is most purely itself at those moments when there is building work going on. Being 'at work' is inextricably bound up with the architectural concept, the image and the expectations of customers or visitors. Mies van der Rohe's dictum that architecture is building has never been so explicit and visible. Construction coincides completely with use (...).

From: Daan Bakker et al., *Architecture in the Netherlands, Yearbook 2007/08*, Rotterdam 2008, p. 12

Reader's Guide

This book consists of three parts. The first part focuses on the genesis of the philosophy of *De Stad als Casco*. Part two describes the development of the largest and most famous European case in point: the shipbuilding warehouse. The third part addresses the lessons learned, success and failure factors, and the relevance of the *De Stad als Casco* method.

The foundation for the development of the shipbuilding warehouse at the NDSM shipyard is *De Stad as Casco*: users design their own space in a way that allows them to perform best. This alternative development model is discussed in the first chapter. Next I express my views of the backgrounds that led to the creation of the so-called Kunststad (Art City) in the shipbuilding warehouse, its actual realization and the external circumstances that influenced this large-scale setup. Finally, I focus on lessons for the future and the things entrepreneurs need to keep in mind when starting up a similar project. The book concludes with a plea for a different type of urban development. I am convinced that a city that makes room for alternatives based on the self-organization of users will be a more mixed, more inclusive and therefore a richer city. The philosophy and approach of *De Stad als Casco* can help realize this.

One last thing: this book uses the first person singular and the first person plural alternately. That is deliberate. When I'm talking about my own role or when I'm trying to make my personal view of events clear, I use the first person singular. At the same time, developing in accordance with the philosophy of *De Stad als Casco* has always been a group effort, something I do with other people. So when that's the case, I use the first person plural.

Locatietheater op de scheepshelling in 1994. De voormalige scheepsbouwers van de NDSM-werf spelen mee In de voorstelling Noordwesterwals van Dogtroep.
Location theatre on the slipway in 1994. The former shipbuilders of the NDSM shipyard participate in the Dogtroep performance Noordwesterwals.

1

STRATEGIE
STRATEGY

DE FILOSOFIE VAN DE STAD ALS CASCO

THE PHILOSOPHY OF *DE STAD ALS CASCO*

Groeiende steden

In Europese steden zoals Berlijn, London en Amsterdam wordt flink gebouwd. Het is een wereldwijde trend: steeds meer mensen willen in de stad wonen, werken en recreëren. Inmiddels wonen voor het eerst in de geschiedenis meer mensen in steden dan op het platteland. De trek naar de stad zal alleen maar aanhouden, zo is de verwachting. En nu de economische crisis in Nederland voorbij is, draait de bouwmachine weer volop. Meer woningen zijn nodig om al die mensen een plek in de stad te bieden. In grote steden ontmoeten mensen elkaar, vindt innovatie plaats en daarmee draait de economische motor weer op volle toeren. Nieuwe woningen, nieuwe bedrijvigheid, nieuwe economische kansen, ze zijn nodig om de stad te laten groeien, vitaal te houden en zich opnieuw uit te vinden.

Een belangrijke vraag daarbij is op welke manier steden willen groeien. Gaat het vooral om veel ruimte te creëren voor nieuwe woningen, bedrijvigheid en recreatie? Of gaat het mede om kwaliteit? Om het bieden van ruimte aan verschillende groepen, zodat de stad ook op langere termijn aantrekkelijk blijft? Juist nu de woningmarkt aantrekt, zwelt de kritiek op de gemeente in veel Europese steden aan. Wordt niet te gemakkelijk gekozen voor de hoogste bieder en voor projectontwikkelaars die nauwelijks gevoel hebben bij wat er in de gebouwde omgeving gebeurt? Zien die ontwikkelaars de stad niet vooral als gebied op een plattegrond waar gemakkelijk geld verdiend kan worden? Dat een gemeente voor een hoge grondopbrengst gaat is te verdedigen vanuit een maatschappelijk belang, omdat die opbrengsten weer ten goede komen aan de stad. Maar er zitten ook risico's aan: een aangeharkte stad waar de hoogste bieder het altijd wint en belangrijke maatschappelijke functies en mensen met minder geld of een andere manier van leven naar buiten gedrukt worden. Om die reden is het van belang een ander ontwikkelingsmodel naar voren te brengen: De Stad als Casco.

Nieuwe kijk op stadsontwikkeling

De Stad als Casco is halverwege de jaren '90 in Amsterdam bedacht, nog niet bij een breed publiek bekend, maar eveneens vandaag de dag nog zeer actueel. Het concept is door een groep krakers, kunstenaars en professionals die zich bezighouden met stedelijke ontwikkeling, woningbouw en architectuur tot stand gekomen. Daar was ook aanleiding voor. De gemeente wil de strook langs de zuidelijke IJ-oever, waar voormalige haven- en industriegebouwen staan, vernieuwen. Daarvoor worden grootse plannen gemaakt – waarop ik in het volgende hoofdstuk dieper inga. De voormalige pakhuizen en loodsen zijn niet alleen een goedkope woon- en werkplek, maar tevens een bron van creativiteit in de stad. Het nieuwe gebruik gaat verloedering van het gebied tegen. Die ontwikkeling is niet uniek voor Amsterdam, ook in andere steden krijgen oude havengebieden een nieuwe functie. En niet alleen havens; gebouwen en gebieden kennen in de loop der tijd cycli van gebruik, verval en hergebruik.

De jaren '90 zijn voor Amsterdam een omslagpunt. Er wordt weer flink geïnvesteerd in de stad waarbij bekende kraakpanden in de binnenstad ontruimd worden, de stad schoongeveegd

Growing Cities

There is a lot of building going on in European cities such as Berlin, London and Amsterdam. It is a world-wide trend: more and more people want to live, work and recreate in the city. Today, for the first time in history, more people live in cites than do not. And the migration to cities is only expected to continue. And now that the economic crisis in the Netherlands is over, the building machine is once again up and running. More homes are needed to offer all those people a place in the city. What happens in big cities is that people meet and innovation takes place and this is what keeps the economy in top gear. The city needs new dwellings, new businesses and new economic opportunities to grow, to remain vital and to reinvent itself.

One important question this arises is: *How* do cities want to grow? Mainly by creating a lot of room for new dwellings, businesses and recreation? Or is quality equally important? Or by accommodating different groups to ensure that the city remains attractive in the long term? Especially now that the housing market is picking up, municipal administrations in many European are under fire. Are authorities too easily inclined to choose the highest bidders and project developers that hardly care about what happens in the built environment? Do these developers only see cities as areas on the map where good money can be made? The fact that municipal authorities want to sell their land for the highest price possible can be defended on the basis of social interests, after all, the returns flow back to the city. But there are also risks involved: immaculate cities in which the highest bidder always wins and important social functions and people with less money or different ways of living are pushed out. This is why it is important to introduce another development model, based on the philosophy of *De Stad als Casco*.

An Alternative View of Urban Development

The philosophy of *De Stad als Casco* was conceived in Amsterdam in the mid-1990s. It did not attract a wide audience at the time, but it has now become very topical. The concept was conceived by a group of squatters, artists and professionals in the fields of urban development, housing and architecture – with reason. In Amsterdam, the city wanted to renew the strip along the south bank of the river IJ that comprised former port and industrial buildings. To this end, it made big plans, which I will go into in more detail in the following chapter. But besides merely being cheap places to live and work, former warehouses and sheds can also be a source of creativity in the city. New use counteracts the decline of an area. This type of development is not unique to Amsterdam, old port areas are given new functions in other cities as well. And not only port areas; over time all buildings and areas undergo cycles of use, decline and reuse.

The 1990s are a turning point for Amsterdam. Investments flood into the city and well-known squats in the city centre are cleared; the city is wiped clean and property prices are on the rise. Living in the city becomes popular again and the – financially – vulnerable suffer the consequences. They look for new living and working spaces in abandoned port buildings and can appreciate the charm of industrial heritage. They refurbish buildings and (re)use them.

wordt en de vastgoedprijzen beginnen te stijgen. Wonen in de stad wordt weer populair, waaronder – financieel – kwetsbare groepen te lijden hebben. Zij zoeken een nieuwe plek in de verlaten havengebouwen en kunnen de charme van dat industriële erfgoed waarderen. Panden worden door hen opgeknapt en opnieuw in gebruik genomen.

De nieuwbouwplannen van de gemeente en de dreiging van ontruiming van de panden leiden tot een debat over de toekomst van Amsterdam. Is het wenselijk dat er steeds minder betaalbare werkruimte in het centrum van de stad te vinden is? Waarom kunnen de gebruikers van de voormalige havengebouwen niet meepraten over de ontwikkeling van hun eigen omgeving? Op wat voor manier is de stad erbij gebaat dat creatieve en ambachtelijke makers steeds meer naar de randen van de stad gedrukt worden? Dat was de aanzet om na te denken over alternatieven, over andere manieren om de stad te ontwikkelen. En dat was de aanzet voor De Stad als Casco.

De Stad als Casco-filosofie

Wat houdt De Stad als Casco eigenlijk in? Uitgangspunt is de bestaande stad. Gebouwen die er al staan kunnen een nieuwe functie krijgen, zoals door de eeuwen heen voortdurend is gebeurd. Grachtenpanden zijn daar een bekend voorbeeld van, maar het geldt voor meer gebouwen. Bestaande panden hebben een 'karakteristieke eigenheid', schrijven de auteurs van het manifest De Stad als Casco in de jaren '90 al. Samen met oude structuren geven aanwezige gebouwen een gebied een ziel die iedere nieuwbouwwijk meestal ontbeert. Bovendien is sprake van kapitaalvernietiging als goede gebouwen

tegen de vlakte gaan, terwijl die best een nieuwe bestemming kunnen krijgen. Daarnaast is sloop/nieuwbouw minder duurzaam, ook sociaal gezien. Het gaat de opstellers van De Stad als Casco niet alleen om de stenen maar tevens om netwerken die in een gebied ontstaan zijn en in een nieuwe ontwikkeling geïntegreerd kunnen worden. Mensen niet wegduwen maar meenemen in een volgende fase van ontwikkeling, is het uitgangspunt. Reeds aanwezige gebouwen kunnen dan in de loop van de tijd nieuwe gebruikers krijgen en op meer organische wijze nieuwe of extra functies krijgen met daarbij weer nieuwe gebruikers.

Van groot belang is dat vanuit die existerende structuren en gebruikers gedacht wordt. Zij kunnen mee ontwikkelen en krijgen de ruimte om hun eigen wereld te creëren. Het gaat erom dat een werkruimte, kantoor of woning niet door partijen die volledig losstaan van het gebied, van bovenaf en van buitenaf wordt vormgegeven. In De Stad als Casco geven de bewoners of gebruikers hun eigen ruimte vorm, of laten dat doen. Het casco is het kader, de wereld daarbinnen kan veranderen, afhankelijk van de gebruiker en de functie.

Niet geld verdienen *aan* een plek, maar *op* een plek

De Stad als Casco is niet een pleidooi voor ontwikkeling van 'onderop', of beter: niet alleen van onderop. Het idee is juist gezamenlijk en in samenhang met de omgeving te ontwikkelen: eigenaren én gebruikers, marktpartijen én kunstenaars et cetera. Maar wel volgens de filosofie dat een gebied, gebouw of ruimte niet objecten van winstmaximalisatie en speculatie worden. Dat is een geheel ander

The city's new construction plans and the threat of evacuation of the buildings lead to a debate about the future of Amsterdam. Is it desirable that less and less affordable work space is available in the centre of the city? Why are the users of the former port buildings not allowed to participate in talks about the development of their own environment? In what way does the city benefit from the fact that creative and traditional makers are increasingly pushed to the edges of the city? This leads to reflections about the alternatives, about other ways to develop the city. And it leads to the manifesto *De Stad als Casco*.

The Philosophy of *De Stad als Casco*

What does *De Stad als Casco* actually imply? It takes the existing city as its point of departure. Buildings that are already in place can be given a new function, as has been the case down through the centuries. Canal houses are well-known examples, but this happens to more buildings. Existing properties have a 'characteristic idiosyncrasy', as the authors of the manifesto *De Stad als Casco* write in the 1990s. Together with old structures, existing buildings give an area the soul that is usually missing in any newly constructed area. Moreover, demolishing good buildings while it is perfectly possible to give them a new function is nothing short of the destruction of capital. In addition, demolition and new construction are less sustainable, also socially. The authors of *De Stad als Casco* are not only concerned about the bricks, but also about the networks that have grown in an area and that can be integrated in a new development. Take people to the next stage

of development rather than push them away: that is the starting point. Over time, existing buildings can attract new users as well as the new or additional functions that come with new users, in a more organic way.

It is of great importance to develop ideas on the basis of those existing structures and users. The latter can develop as well, given the space to create a world of their own. The point is that work spaces, offices or dwellings should not be designed by parties that have nothing to do with the area concerned, top-down, from the outside. Developing in accordance with De Stad as Casco, residents or users design their own space, or have someone else do it for them. The 'shell' is the framework; the world inside the framework can change, depending on the user and the function.

Not make Money *off* the Site, but rather *at* the Site

De Stad als Casco does not, or rather does not only, advocate grass roots development. The idea is, conversely, to develop jointly and in conjunction with the environment: owners *and* users, market parties *and* artists, and so on. But always in accordance with the philosophy that areas, buildings and spaces must not become the objects of profit maximization and speculation. This is a completely different premise than that of the free market, which is making more and more centres of major cities around the world too expensive for middle-income people and even more so for everyone who prioritizes other values over merely making money. Starting from the building costs of a building or area, that is, without a profit motive, but with the use of the

uitgangspunt dan de marktwerking die steeds meer centra van grote steden in de wereld onbetaalbaar maakt voor mensen met een middeninkomen en al helemaal voor mensen voor wie andere waarden van belang zijn dan geld verdienen alleen. Door uit te gaan van de bouwkosten van een gebouw of gebied, dus zonder winstoogmerk, maar met de inzet van tijd, creativiteit en diensten van de gebruikers, blijven deze ruimtes niet alleen betaalbaar, de langere betrokkenheid van gebruikers die in de loop der tijd investeren en het gebouw of het gebied verrijken, betaalt zich ook uit. Er wordt immers kapitaal opgebouwd. In de participatiemaatschappij dat onderdeel is van De Stad als Casco-theorie, wordt de waardevermeerdering gereguleerd zodat het geen speculatieobject van buitenaf wordt. Hier kom ik later op terug.

Veel elementen uit de filosofie van De Stad als Casco komen de lezer wellicht bekend voor. De waardering voor industrieel erfgoed bijvoorbeeld was in de jaren '90 nog niet zo breed gedragen als nu. Dat is inmiddels sterk veranderd. In Amsterdam is de herontwikkeling van het terrein van de Westergasfabriek een breekpunt geweest, ondertussen zijn vele vergelijkbare gebieden met verlaten fabrieksgebouwen herontwikkeld met nieuwe functies. Eén van de meest bekende, eveneens internationaal gezien, is de NDSM-werf. Het belang van dat industriële erfgoed wordt tegenwoordig ook breed erkend, aangezien een deel van het gebied tot rijksmonument is verklaard.

De bestaande stad als uitgangspunt

Rigoureuze sloop en nieuwbouwplannen zijn er in Amsterdam nauwelijks nog en dat is wel eens anders geweest. Denk maar aan de grootschalige stadsvernieuwing die grote delen van onder andere de Oostelijke Eilanden in het centrum en de Kinkerbuurt in West voorgoed van karakter heeft veranderd. De bestaande stad als uitgangspunt is ondertussen gemeengoed geworden; nieuwbouw is vooral een toevoeging op het aanwezige. Dat is bijvoorbeeld mede het uitgangspunt van Koers 2025, de visie op de groei van Amsterdam met 50.000 woningen in de komende tien jaar. Met een meer compacte stad wil men niet alleen voorkomen dat waardevolle open gebieden in de buurt van de stad bebouwd worden en daarmee als noodzakelijke groene longen verloren gaan, een compacte stad beperkt daarnaast de ecologische voetafdruk van de bewoners. Een verdichte stad is, kortom, duurzamer dan een uitgespreid urbaan gebied.

Organisch is niet langzaam maar natuurlijk

Begrippen als organische ontwikkeling en zelfbouw die de bedenkers van De Stad als Casco in hun manifest voorstonden, zijn geen onbekende terreinen meer. Vooral ten tijde van de crisis op de woningmarkt (2009-2013) kwamen die woorden in Nederland en evenzeer in Amsterdam in zwang – hoewel de grachtengordel uit de 17de eeuw ook wel als een vorm van zelfbouw en organische ontwikkeling gezien wordt. Zelfbouw heeft bovendien na de crisis in Amsterdam een, weliswaar bescheiden, rol in de verdere groei van de stad; de term organische ontwikkeling verdwijnt in de bouwwoede weer naar de achtergrond. Dat verbaast niet: de projectontwikkelaars staan in de rij om te bouwen.

time, creativity and services of users, these spaces can not only remain affordable, but the longer involvement of users that invest over the course of time and enrich the building or the area will also pay off. After all, they are building up capital. In the participation company that is part of the theory of *De Stad als Casco*, value increase is regulated to prevent the external creation of speculative objects. I will come back to this point later.

Many of the elements in the philosophy of *De Stad als Casco* may sound familiar to the reader. The appreciation of industrial heritage, for example, was not as widespread in the 1990s as it is today. This has changed dramatically. In Amsterdam, the redevelopment of the Westergas factory site was a breakthrough. Today, many similar areas with abandoned factory buildings have been redeveloped and given new functions. One of the most famous, also internationally, is the NDSM shipyard. That the importance of this industrial heritage is widely recognized today is also demonstrated by the fact that part of the area has been declared a national monument.

The Existing City as a Starting Point

Contrary to in the past, there are hardly any rigorous demolition and new construction plans left in Amsterdam. Remember, for instance, the large-scale urban renewal that permanently changed the character of large parts of, among other places, the Oostelijke Eilanden in the city centre and the Kinkerbuurt in West. Using the existing city as a starting point has now become commonplace. New construction is chiefly considered as an addition to the existing city. It is,

for example, included as a premise in Amsterdam's growth strategy *Koers 2025*, which sets out how 50,000 homes will be built in the next decade. By predicating a more compact city, authorities not only want to prevent construction in valuable open areas near the city that would result in the loss of its necessary green lungs; a more compact city also limits the ecological footprint of its inhabitants. A densified city is, in short, more sustainable than a widespread urban area.

Organic Is Not Slow, It Is Natural

Today, notions such as 'organic development' and 'DIY construction', which the authors of *De Stad als Casco* advocated in their manifesto, are no longer unfamiliar. Especially during the crisis in the housing market (2009-2013), the words became fashionable in the Netherlands as much as in Amsterdam – although the 17th-century canal belt is also considered by some to be a form of DIY construction and organic development. In addition, DIY construction has played a – modest – part in the continued growth of Amsterdam after the crisis, whereas the notion 'organic development' is disappearing into the background in the building frenzy. This is not surprising: project developers are queuing up for the opportunity to build. Apparently, organic development was more a euphemism for slow area development than anything else. Supporters of the development model advocated by *De Stad als Casco*, however, do not believe that the economic situation on the housing market is significant: the model is essentially organic by nature.

Organische ontwikkeling lijkt dan ook vooral een eufemisme geweest te zijn voor trage gebiedsontwikkeling. Voor aanhangers van het ontwikkelingsmodel van De Stad als Casco speelt de conjunctuur op de woningmarkt echter geen rol: het model is in essentie organisch van aard.

De Stad als Casco-methode

De Stad als Casco is naast een filosofie, een andere manier van denken, eveneens een methode. Een manier van werken, van ontwikkelen. In latere hoofdstukken werk ik dat meer specifiek uit, juist omdat er regelmatig mensen aan mij vragen hoe je nou zo'n project als de Scheepsbouwloods tot stand brengt. In grote lijnen gaat het om het bij elkaar brengen van een groep die samen wil ontwikkelen. Door gezamenlijk te ontwikkelen kan een gebouw of gebied als woon- en/of werkplek ook betaalbaar blijven, vanzelfsprekend wel afhankelijk van de aankoopwaarde en de bestemming van het gebouw of gebied – marktconform of maatschappelijk – en de benodigde investeringen die door de groep zelf gedaan kunnen worden.

De zelffinancierbaarheid is van groot belang voor de directe betrokkenheid van de groep bij de ontwikkeling van het project en de zeggenschap van de groep bij het gebouw of gebied. De financiële mogelijkheden maken inzichtelijk hoeveel betaalbare vierkante meters ontwikkeld en dus verhuurd moeten worden om het project dekkend te krijgen. Als er mogelijkheden bestaan om op De Stad als Casco-wijze te ontwikkelen, is het aan de groep om invulling aan het gebouw of gebied en zelfs een voorlopige bestemming te geven, met respect voor de bestaande fysieke en sociale structuren. Om de collectiviteit een juridische vorm te geven kan ervoor gekozen worden een stichting of een coöperatie op te richten. Op die manier wordt het collectieve belang vooropgesteld. Omdat de groep de ontwikkelende partij is en bepaalde taken aan een uitvoerende organisatie en een bestuur kan uitbesteden, is transparantie over financiën en dagelijkse beslissingen van groot belang.

Op naar de NDSM

De manier waarop panden aan de zuidelijke IJ-oever, zoals Het Veem, de Graansilo, de Douaneloods, Pakhuis de Zwijger, Vrieshuis Amerika, Pakhuis Wilhelmina, Zeezicht (een kantoorpand uit 1964 dat later opvanghuis voor daklozen en thuisloze jongeren en daarna een tijdelijk atelierpand werd dat tot aan de sloop in 1998 werd gehuurd door kunstenaars) en Pakhuis Argentinië door de gebruikers zelf ontwikkeld en georganiseerd zijn, is dé inspiratiebron geweest voor De Stad als Casco-principes. Vervolgens is de in onbruik geraakte Scheepsbouwloods op de NDSM-werf aan de noordelijke IJ-oever als eerste project bewust met De Stad als Casco-methode weer tot leven gebracht. Voordat ik wil ingaan op de ontwikkeling van de Scheepsbouwloods, waar de grootste zelforganiserende creatieve werkplek van Europa te vinden is, ga ik nog iets dieper in op de ontwikkelingen in Amsterdam die geleid hebben tot De Stad als Casco-filosofie en -methode.

The Method of *De Stad als Casco*

De Stad als Casco is not only a philosophy, another way of thinking, but a method as well. A way of working, of developing. In later chapters, I will focus on this subject more specifically, especially because people often ask me how a project such as the shipbuilding warehouse can actually be realized. Generally speaking, it's important to find a group that wants to develop something together. Developing it together can make a building or area affordable as living and working space, though this of course depends on the purchase price and the purpose of the building or area – in line with the prevailing market or social aspects – and the investments that the group itself can make.

Self-financing is of great importance for the direct involvement of the group in the development of the project and for the control of the group over the building or area. The financial possibilities determine how many affordable square metres have to be developed and rented out to make the project cost effective. If there are opportunities to develop according to the method of *De Stad als Casco*, it is up to the group to determine the content of the building or area and even to come up with a provisional purpose that respects existing physical and social structures. To provide the collective with a legal form, a foundation or a cooperative can be set up. In this way, the interests of the collective are prioritized. Because the group is the developing party and can outsource certain tasks to an executive organization and a board, the transparency of the finances and daily decisions is hugely important.

Towards the NDSM

The way in which buildings on the south bank of the IJ – such as Het Veem, the Graansilo, the Douaneloods, Pakhuis de Zwijger, Vrieshuis Amerika, Pakhuis Wilhelmina, Zeezicht (a 1964 office building that later became a shelter for street people and homeless youths and next a temporary studio that was used by artists until its demolition in 1998) and Pakhuis Argentinië – were developed and organized by the users themselves was a major source of inspiration for the principles of *De Stad als Casco*. Subsequently, the abandoned shipbuilding warehouse of the NDSM shipyard on the north bank of the IJ was the first property that was deliberately brought back to life using the method of *De Stad als Casco*. Before I go into the development of the shipbuilding warehouse, which accommodates the largest self-organizing creative work space in Europe, I will elaborate on the developments in Amsterdam that led to the philosophy and method of *De Stad als Casco*.

1 SCHEEPSBOUWLOODS
2 NDSM-WERF
3 SCHOONSCHIP
4 DE CEUVEL
5 EYE FILMMUSEUM
   TOLHUISTUIN
   A'DAM TOREN
6 SKATEPARK NOORD
7 HET VEEM
8 GRAANSILO**
9 DOUANELOODSEN*
10 AMSTERDAM CENTRAAL
11 MUZIEKGEBOUW
   AAN 'T IJ

12 PASSENGER TERMINAL
   AMSTERDAM
13 PAKHUIS AFRIKA**
14 PAKHUIS DE ZWIJGER**
15 PAKHUIS AZIE**
16 VRIESHUIS AMERIKA*
17 PAKHUIS AUSTRALIE
18 ZEEZICHT*
19 PAKHUIS WILHELMINA
20 PAKHUIS ARGENTINIE*
21 LLOYD HOTEL**

*   GESLOOPT/DEMOLISHED
** ONTRUIMD/EVACUATED

6

2
13-15
16
17
18
19
20
21

De Pakhuizen Wilhelmina, Australië, Azië en De Zwijger aan de zuidelijke IJ-oevers begin 2000. Vrieshuis Amerika is gesloopt.
Warehouses Wilhelmina, Australië, Azië and De Zwijger on the south bank of the IJ in early 2000. Vrieshuis Amerika has been demolished.

2 STRATEGIE
STRATEGY

DE AANZET VOOR DE STAD ALS CASCO

THE PRELUDE TO *DE STAD ALS CASCO*

Midden jaren '70 is Amsterdam in verandering. Veel bewoners trekken weg uit de stad, naar omliggende gemeentes en groeikernen. In 1975 houdt een collectief van krakers en andere buurtbewoners de cityvorming van de binnenstad tegen. De gemeente ziet een goed bereikbaar zakencentrum voor zich midden in de historische binnenstad. De gedachte is om de stad op die manier nieuw leven in te blazen. Bewoners kunnen dat echter voorkomen, waarna een omslag ontstaat: de binnenstad behoudt een menselijke maat.

Veel woonbuurten van voor de Tweede Wereldoorlog kampen intussen met achterstallig onderhoud. In de jaren '80 kent de stad een levendige kraakcultuur en is er veel debat over de manier waarop de stad zich moet vernieuwen. Een groot deel van de Oostelijke Eilanden in het centrum wordt gesloopt en volledig vernieuwd. Andere volksbuurten staat een zelfde grootscheepse vernieuwing te wachten. Dit leidt wel tot veel verzet in de stad. Bouwen voor de buurt; onder het motto 'In gelul kun je niet wonen' wordt Partij van de Arbeid-wethouder Jan Schaefer hiervan de belichaming.

Het is de periode waarin steeds meer mensen de positieve kanten van de stad weer beginnen te zien. Studenten blijven na hun studie in de stad wonen, en in een latere fase van hun leven ook met kinderen. De dynamiek, de voorzieningen, de musea en uitgaansgelegenheden maken de stad in vergelijking met de provincie aantrekkelijk. Tegelijkertijd voeren bewoners in deze periode actie tegen de dominante en vervuilende aanwezigheid van de auto, tegen sloop van oude wijken en voor een leefbare stad, worden steeds

meer woningen opgeknapt en probeert de gemeente gezinnen voor de stad te behouden. De openbare ruimte moet opgeknapt worden, er zijn grotere woningen voor gezinnen nodig. De plannen voor de nieuwe uitbreidingswijk IJburg in de jaren '90 zijn daar het meest duidelijke voorbeeld van.

IJburg is de eerste grote stadsuitbreiding sinds de moderne hoogbouwwijk de Bijlmer in het zuidoosten van de stad, aan het einde van de jaren '60. In de tussentijd ligt vooral de nadruk op de bestaande stad, maar de wens om een groot gebaar in de stad te maken, blijft geregeld terugkomen.

Blik op de IJ-oevers

De wens voor een eigentijds zakencentrum om de stad nieuw leven in te blazen is in de jaren '90 niet verdwenen bij de beleidsmakers van de gemeente. De nieuwe beoogde locatie daarvoor is de zuidelijke IJ-oever, een gebied dat zich volgens de plannenmakers goed leent voor een dergelijke functie. De zuidelijke IJ-oever ligt dicht tegen de binnenstad aan en is zowel met het openbaar vervoer als de auto goed bereikbaar. Bovendien heeft het gebied zijn originele functie voor havenindustrie verloren. Vanaf de jaren '70 hebben reders het steeds moeilijker gekregen, onder meer vanwege de ongunstige ligging van de Amsterdamse haven en de toenemende concurrentie uit lagelonenlanden. De havenactiviteiten worden naar het westen van de stad verplaatst, waarna de meeste havengebouwen aan de zuidelijke IJ-oever verlaten worden door de oorspronkelijke gebruikers.

Dat betekent dat tientallen pakhuizen in de lange strook aan de zuidkant van het IJ leeg komen te staan. Omliggende terreinen en werven aan de noordkant

Amsterdam is a city in change in the mid-1970s. Many of its residents are moving out of the city to surrounding municipalities and growth centres. In 1975, a collective of squatters and other neighbourhood residents protests against the urbanization of the inner city. The authorities envision the erection of an accessible business centre in the middle of the historical city centre. The idea is that this will revitalize the city. But inhabitants manage to prevent this, after which the public opinion swings the other way and the city centre retains its human scale.

Meanwhile, many residential neighbourhoods that date from before the Second World War are struggling with overdue maintenance. In the 1980s, the city has a lively squatting culture and there is a lot of debate about how the city should be renewed. A large part of the Oostelijke Eilanden in the city centre is demolished and completely renewed. Other working-class districts await similar large-scale renewals. But this leads to a lot of resistance in the city. On the principle that: 'You can't live in blather', Dutch Labour Party councillor Jan Schaefer becomes the embodiment of the motto: 'Building for the Neighbourhood.'

This is when more and more people begin to rediscover the positive aspects of the city. Students stay in the city after finishing their studies and remain even after they start families. The dynamics, the facilities, the museums and the nightlife make the city attractive in comparison with the country. At the same time, residents start to protest the dominant and polluting presence of the car, they are against the demolition of old neighbourhoods and for a viable city. It is a time in which more and more dwellings are refurbished and in which the city tries to convince families to stay in Amsterdam. The public space is in need of refurbishment and the city needs larger family homes. This is best illustrated by the 1990s plans for the new expansion area IJburg.

IJburg is the first major urban expansion area since the modern high-rise district of Bijlmermeer was built in the southeast of the city in the late 1960s. The emphasis was on the existing city in the intermediate period, but the desire to enrich Amsterdam with a big gesture will continue to resurface on a regular basis.

View of the IJ Banks

The desire to build a contemporary business centre to revitalize the city did not disappear from the minds of the city's policymakers during the 1990s. The newly intended location for this is the south bank of the IJ, an area that according to the planners is conveniently located for such a function. The south bank of the IJ is close to the city centre and easily accessible by both public transport and by car. In addition, the area has lost its original port industry function. From the 1970s on, shipowners are increasingly under pressure, partly because of the unfavourable location of the Amsterdam port and the increasing competition from low-income countries. Port activities are moved to the west of the city and, subsequently, most of the port buildings on the south bank of the IJ are abandoned by their original users.

This means that dozens of warehouses there are deserted. The surrounding land and shipyards on the north bank are also in decline. For

Herontwikkeling zuidelijke IJ-oevers, begin 2000. Honderden culturele ondernemers die de verlaten pakhuizen tot bloei wisten te brengen, zijn inmiddels ontruimd.
Redevelopment of the south bank of the IJ, early 2000. By then, hundreds of cultural entrepreneurs who made the abandoned warehouses prosper have been evicted.

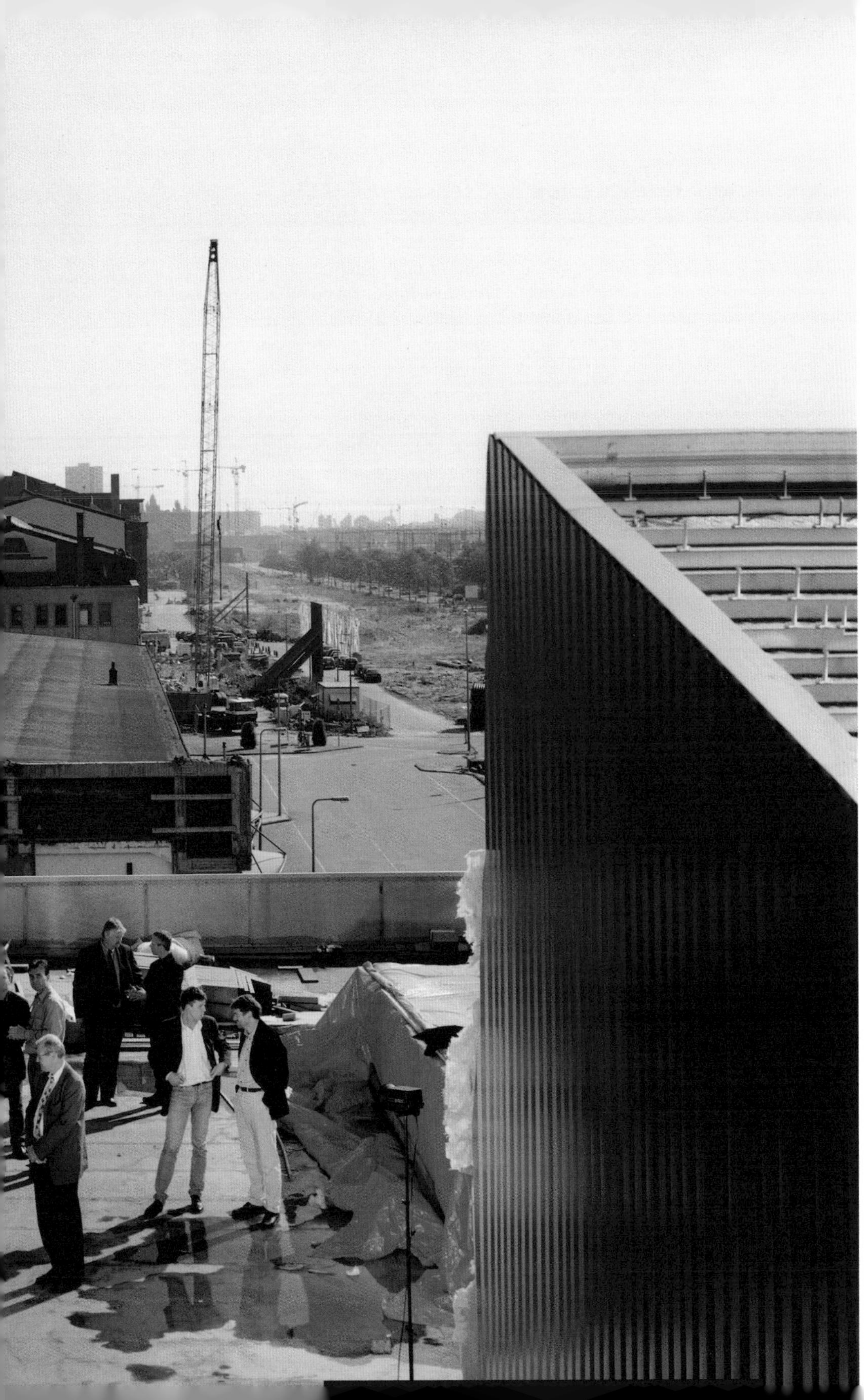

van het IJ raken in verval. Voor stadsnomaden, prostituees, vluchtelingen,
kunstenaars, paradijsvogels en jongeren een interessante vrijplaats aan
de rand van de stad. Zij vinden in het
verlaten havengebied juist een aantrekkelijke plek om hun eigen wereld vorm
te geven.

Hergebruik van oude havenpanden

Het is tegenwoordig onvoorstelbaar
dat zo dicht bij de binnenstad van
Amsterdam zoveel pakhuizen en
loodsen leegstaan. De rauwe uitstraling van de oude industriële gebouwen
maakt dit gebied bijzonder, de grote
afmetingen zorgen ervoor dat in de
panden veel mogelijk is. De nieuwe
gebruikers verbouwen de gebouwen
op zo'n manier dat die weer in gebruik
genomen kunnen worden. Daardoor
ontstaat een levendige subcultuur
aan de zuidoever van het IJ. Een plek
waar dj's en vj's hun eerste optredens
geven, waar ruimte is voor theater,
experimentele kunst, volkskeukens,
buurtinitiatieven, witte dokters (medi-
sche zorg voor illegalen), het 'schone
kleding' collectief, kraakspreekuren,
gezonde bakkers, cafés, oefenruimtes
voor bandjes, werkplekken voor star-
ters, kortom alles waarin de gemeente
niet voorzag en waarvoor we zelf het
initiatief hebben moeten nemen. In
de panden in het gebied langs het IJ
vinden kunstenaars een plek om zich
te ontwikkelen, er ontstaan sociale
initiatieven en jonge ambachtelijke
makers kunnen er een bedrijf starten.
Bekende gebouwen zijn Pakhuis Wilhelmina, de Graansilo en het inmiddels
gesloopte Vrieshuis Amerika.

Zakencentrum aan het IJ

Maar intussen worden door de
gemeente plannen gesmeed voor het
nieuwe zakencentrum dat aan het IJ
moet verrijzen. Na de strijd om de metro
in de jaren '70 en de cityvormingsplan-
nen zijn grootschalige projecten in de
binnenstad van Amsterdam lange tijd
niet aan de orde. De omslag komt zo'n
tien jaar later, als het stadsbestuur
inzet op de herontwikkeling van het
oude havengebied tot zakencentrum.
Doel van de ambitieuze IJ-oever-plan-
nen is het bedrijfsleven weer terug te
brengen naar het stadscentrum, dat
economisch van steeds mindere betekenis geworden is. De gedachte is dat
de Amsterdamse concurrentiepositie
verbeterd moet worden en daarop wordt
op verschillende manieren ingezet.
Zo wordt geëxperimenteerd met city
marketing, moet Sail Amsterdam als
historische havenstad benadrukken en
worden plannen gemaakt om het gebied
zelf op de schop te nemen. Daarvoor
werken marktpartijen en de gemeente
samen aan plannen voor een zakencentrum aan het IJ. Private partijen willen
een grootschalige ontwikkeling met
vierbaanssnelweg, de IJ-Boulevard.
Begin jaren '90 wordt een samenwer-
kingsverband opgezet met verzekeraar
Nationale Nederlanden en ING-bank,
de Amsterdam Waterfront Financieringsmaatschappij. ING trekt het project al snel naar zich toe en laat Rem
Koolhaas van het bekende architectenbureau OMA een nieuw plan uitwerken.
In het plan van Koolhaas voor de IJ-as
komt een hypermoderne kantorenwijk
op het Oosterdokseiland. Met gloed-
nieuwe culturele voorzieningen en vele
honderden luxe koop- en huurwoningen
moet Amsterdam de toekomst met
vertrouwen tegemoet zien.

urban nomads, prostitutes, refugees, artists, utopians and young people, they are an interesting sanctuary on the edge of the city. To them, the abandoned port area is an attractive place to create their own world.

Reuse of Old Port Buildings

It is inconceivable today that so many warehouses and sheds once stood empty that close to the Amsterdam city centre. The tough look of the old industrial buildings makes this area special and because of their huge dimensions, a lot is possible inside them. The new users redesign the buildings with an eye to their reuse. This creates a lively subculture on the south bank of the IJ. A place where now famous DJs and VJs give their earliest performances, where there is room for theatre, experimental art, an indoor skate park, simple restaurants, neighbourhood initiatives, white doctors (medical care for illegal residents), a 'clean clothes' collective, a squatter consultation service, healthy bakers, cafés, rehearsal spaces for bands, work spaces for start-ups, in short everything that the city does not provide and for which people have to take the initiative themselves. In the buildings in the area along the IJ, artists find a place to develop, social initiatives emerge and young artisans start their businesses. Well-known buildings include Pakhuis Wilhelmina, the Graansilo and the now demolished Vrieshuis Amerika.

Business Centre on the IJ

Meanwhile, however, the city is forging plans for a new business centre that is supposed to arise along the IJ. After the battle over the subway in the 1970s and the plans to construct a business centre, there has been no large-scale projects for the Amsterdam city centre under discussion for a long time. This changes some ten years later, when the city council commits to redeveloping the old port area into a business centre. The purpose of the ambitious IJ bank plans is to bring business back to a city centre that has lost more and more of its economic importance. The idea is that Amsterdam's competitiveness needs to be improved and authorities try to achieve this in different ways. There are, for example, experiments in city marketing, Sail Amsterdam is meant to highlight Amsterdam as a historical port city, and plans are made to overhaul the area itself. To achieve this, market parties and the city work together on plans to build a business centre on the IJ. The private parties want a large-scale development with a four-lane highway: the IJ Boulevard.

In the early 1990s, the city establishes a partnership with insurance companies Nationale Nederlanden and ING Bank: the Amsterdam Waterfront Financieringsmaatschappij (financial holding). ING quickly takes the initiative and commissions Rem Koolhaas of renowned architecture office OMA to develop a new plan. Koolhaas's plan for the IJ axis includes a state-of-the-art office district on Oosterdokseiland. With brand new cultural facilities and many hundreds of luxury owner-occupied and rented houses, Amsterdam can face the future with confidence.

Criticism of Manhattan on the IJ

In the view of the city's supervision committee, the plan is out of step with the existing city. The committee

Kritiek op Manhattan aan het IJ

De begeleidingscommissie van de gemeente vindt dat het plan te weinig aansluit op de bestaande stad. De commissie spreekt over een dramatische aantasting van de visuele relaties met de aangrenzende stad. Ook wordt er niets gedaan met het industriële erfgoed. In het plan van ING en Koolhaas – door tegenstanders afkeurend Manhattan aan het IJ genoemd – gaan alle oorspronkelijke pakhuizen en loodsen tegen te vlakte. Bovendien is er veel kritiek op het feit dat delen van het plangebied niet openbaar toegankelijk zullen zijn. Er zou sprake zijn van een ruimtelijke tweedeling op basis van inkomen, iets wat volgens de critici niet past bij de open en tolerante stad die Amsterdam wil zijn.

De plannen van de private partijen sluiten niet aan op die van de binnenstadbewoners en de gebruikers van de pakhuizen en loodsen in het gebied zelf. Zij willen een plan dat past bij het kleinschalige weefsel van de historische binnenstad en willen graag meedenken over de herontwikkeling van het gebied. De gemeente heeft zich in een lastige positie gemanoeuvreerd: tussen de wens voor kleinschaligheid van de bewoners en ondernemers en de wens van grootschaligheid van het bedrijfsleven, van de ING-bank in dit geval. Een doorbraak volgt als een andere grote bank, ABN AMRO – die niet samenwerkt met de gemeente aan de plannen – de IJ-oeverplannen niet steunt. ABN AMRO dreigt te vertrekken uit Amsterdam als zij zich niet aan de Zuidas, destijds een rommelig gebied aan de zuidkant van het centrum van Amsterdam, kan vestigen. De gemeente geeft toe en de Amsterdam Waterfront Financieringsmaatschappij wordt twee jaar

na de oprichting alweer opgeheven. De gemeente kiest ervoor de ontwikkeling van de Zuidas te steunen. Maar de Zuidas moet wel meer worden dan een zakencentrum alleen. Het gebied moet een nieuw gemengd stuk stad worden, waar niet alleen gewerkt maar eveneens gewoond kan worden.

Het plan Koolhaas haalt het niet, waarna een minder extreme herontwikkeling aan de zuidelijke IJ-oever wordt ingezet. Later zal overigens blijken dat het totale programma dat uiteindelijk aan de zuidelijke IJ-oever is gerealiseerd, groter is dan Koolhaas destijds voorstelde. Het gaat de bewoners en de gebruikers niet eens zozeer om de maat, maar om het behoud van de industriële gebouwen, om aansluiting bij de bestaande stad en ontwikkeling vanuit het heersende gebruik.

Aantasting monumentale strip aan het IJ

Hoewel de gemeente het megalomane voorstel van Koolhaas verwerpt, sloopt zij toch veel historische panden aan de zuidelijke IJ-oever. Daardoor is van de oorspronkelijke identiteit van het gebied bitter weinig over. Vrieshuis Amerika, dat uitermate geschikt zou zijn geweest als muziektempel en drijf-in opera, moest en zou tegen de vlakte. Er is een heel jaar over gedaan om de twee meter dikke muren met de sloopkogel te verpulveren. Als reden werd aangegeven dat er te weinig bouwlocaties waren om het gewenste aantal woningen in de stad te bouwen. Dit, terwijl het referendum over de realisatie van IJburg al was geweest, waardoor er in de gemeente een gigantische bouwlocatie bij was gekomen. Ook het voormalige Lloyd-kantoor bij Pakhuis Argentinië 'kon niet behouden

observes that it will dramatically degrade the area's visual relationship with the adjoining city. The plan also fails to put the industrial heritage to use. In the plan made by ING and Koolhaas – which the opposition disapprovingly calls 'Manhattan on the IJ' – all of the original warehouses and sheds are demolished. The fact that parts of the plan area will not be open to the general public also receives a lot of criticism. This would create a spatial divide based on income, something that, as the critics point out, would be inappropriate for the open and tolerant city that Amsterdam wants to be.

The plans of the private parties do not dovetail with those of the city centre residents and the users of warehouses and sheds in the area itself. They want a plan that fits the close-knit fabric of the historical inner city and would like to help think about the redevelopment of the area. The city is caught between the residents and entrepreneurs' wish for small-scale development and the preference for large-scale development of the business world – in this case the ING Bank. A breakthrough follows when another big bank, ABN AMRO – which is not in on the city's plans – refuses to support the plans for the IJ bank. ABN AMRO threatens to leave Amsterdam if it cannot settle in the Zuidas, which at that time was a cluttered area on the south side of the Amsterdam city centre. The city gives in and the Amsterdam Waterfront Financieringsmaatschappij is discontinued a mere two years after its establishment. The city decides to support the development of the Zuidas. But the Zuidas must become more than just a business centre: the area has to be transformed into a new piece of mixed city where people can both live and work.

Koolhaas's plan does not survive and a less extreme redevelopment is launched on the south bank of the IJ. Later it will turn out that the total programme eventually realized here exceeds Koolhaas's proposal. The residents and users are not that interested in the size, their aim is to conserve the industrial buildings, connect the area to the existing city, and to develop it on the basis of existing use.

Damage to the Monumental Strip on the IJ

Though the city rejects Koolhaas's megalomaniacal proposal, it nevertheless demolishes a lot of historical buildings on the south bank of the IJ. As a result, there is little left of the area's original identity. The city was determined to get rid of Vrieshuis Amerika, which could have been an excellent music temple and float-in opera building. It took an entire year to pulverize the 2-metre-thick walls using a wrecking ball. The reason, said authorities, was that there were not enough construction sites to build the number of dwellings the city needed. They said this after the referendum about the realization of IJburg had already taken place and had resulted in a huge additional city centre construction site. The former Lloyd office at Pakhuis Argentina 'could not be preserved', either, even though the users had cherished and renovated the building for 30 years and had already made arrangements with the new owner about the future use of the property. Other monumental warehouses were knocked down as well, which made it hard to maintain that the city did its

worden', hoewel de gebruikers het gebouw 30 jaar gekoesterd en opgeknapt hebben en met de nieuwe eigenaar al afspraken hadden gemaakt over het toekomstige gebruik van het pand. Andere monumentale pakhuizen zijn eveneens tegen de vlakte gegaan, waardoor het moeilijk vol te houden is dat de gemeente haar best heeft gedaan door te ontwikkelen op het bestaande en waardevolle. Pakhuis de Zwijger, Pakhuis Azië, Pakhuis Afrika en Pakhuis Wilhelmina met hun waardevolle geschiedenis en architectuur zijn de enige overblijfselen op deze kilometers lange monumentale strip.

Zakencentrum naar de Zuidas

De voorkeur van ABN AMRO om de Zuidas te verkiezen boven de IJ-as gaat de geschiedenis in als de doodsteek voor de plannen voor een zakencentrum aan het IJ. De invloed van bewoners en gebruikers van de stad, en die van de zuidelijke IJ-oever in het bijzonder, mag daarbij niet onderschat worden. Juist onder invloed van het rigoureuze plan Koolhaas komt een tegenbeweging op gang. Niet een beweging die alleen maar tegen is, maar die tegelijk een duidelijk eigen verhaal of filosofie heeft ontwikkeld.

De oorsprong daarvan kan wel gevonden worden in de grootse plannen voor de zuidelijke IJ-oever. In de pakhuizen is een levendige wereld ontstaan waar kunstenaars en ambachtslieden werkruimte hebben gevonden, waar vluchtelingen kunnen wonen en werken en waar jongeren een indoor skatepark hebben gebouwd. Een bijzondere mix van gebruikers die elkaar zelfs versterken, ook al zijn hun activiteiten en achtergronden soms volledig verschillend.

Het Gilde van Werkgebouwen aan het IJ

Het is vooral de positie van de maakindustrie in het binnenstedelijke weefsel die door de voorgenomen herontwikkeling van de IJ-oever onder druk komt te staan. De gebruikers zien tevens in de gematigde plannen voor de zuidelijke IJ-oever nauwelijks betaalbare werkruimte terugkomen. Dat is niet alleen desastreus voor de gebruikers zelf die vervolgens op zoek moeten naar een andere locatie, het is ook een verlies voor de stad, vinden zij. Een levendige, sociale en inclusieve stad heeft in de binnenstad genoeg ruimte nodig voor subculturen en voor alternatieve manieren van leven en werken, is de gedachte. Die plekken zijn er lang geweest in Amsterdam, onder meer in kraakpanden. Critici vinden dat de stad steeds populairder en bovendien steeds meer aangeharkt wordt.

Er waait bovendien een meer op de markt gerichte politieke wind. Kraakpanden worden ontruimd, de openbare ruimte opgeknapt en subculturen naar een volgende rafelrand van de zich uitdijende stad gedrukt. Althans, dat is de vrees van de gebruikers van de voormalige pakhuizen, loodsen en silo's aan de IJ-oever. En dat terwijl kunstenaars en ambachtslieden de stad iets te bieden hebben. Dat zij een bijdrage leveren aan een levendige stad, wordt door de politiek op dat moment nog te weinig ingezien. Om daarin verandering te brengen wordt begin jaren '90 Het Gilde van Werkgebouwen aan het IJ – kortweg Het Gilde – opgericht.

Door samen een vuist te maken wil Het Gilde niet alleen laten zien wat voor een bijzondere wereld zich ontwikkeld heeft aan de zuidelijke IJ-oever in de periode dat de gemeente,

utmost to further develop the existing and the valuable. Pakhuis de Zwijger, Pakhuis Asia, Pakhuis Afrika and Pakhuis Wilhelmina, with their invaluable history and architecture, are the only remnants of the past left along this kilometre-long monumental strip.

Business Centre to the Zuidas

ABN AMRO's decision to choose the Zuidas rather than the IJ bank is seen as the death blow to the plans for a business centre on the IJ. However, the influence of the residents and users of the city and more specifically that of those using the south bank of the IJ must not be underestimated. It is under the influence of Koolhaas's drastic plans that a countermovement begins to grow that is not just an anti-movement, but one that develops a clear narrative or philosophy of its own.

Its origins are indeed found in the big plans for the south bank of the IJ. In the warehouses, a vibrant world has sprung up in which artists and artisans have found a place to work, where refugees can live and work and where young people have built an indoor skate park: a special mix of users that empower each other, even though their activities and backgrounds are sometimes completely different.

Het Gilde van Werkgebouwen aan het IJ

The proposal to redevelop the IJ bank puts a lot of pressure on the position of the makers and manufacturing industry in the inner-city fabric. Users cannot but notice that the moderate plans for the south bank of the IJ hardly provide any affordable work spaces at all. The users think this is not only disastrous for them, as they will have to look for

new locations, but also believe it is a loss for the city. They think that the centre of a vibrant, social and inclusive city needs plenty of space for subcultures and for alternative ways of living and working. Amsterdam has been providing places like that for a long time, for example in squats. Critics see the city becoming increasingly popular and, moreover, increasingly manicured.

The prevailing political wind, however, is market-oriented. Squats will be cleared, the public space refurbished and subcultures pushed to the next fringe of the expanding city – or so fear the users of the former warehouses, sheds and silos on the IJ bank. And that while artists and artisans have something to offer the city in return. At this time, politicians fail to see that they contribute to the vibrancy of the city. To change this, 'Het Gilde van Werkgebouwen aan het IJ' (The Guild of Industrial Buildings on the IJ) – shortened to 'Het Gilde' – is founded in the early 1990s.

By taking a stand together, Het Gilde not only wants to show how extraordinary the world is that has developed on the south bank of the IJ in the time that the city, banks and urban planners were hatching plans for the prospected development of the area, they expressly advocate development on the basis of existing structures, that is, on the basis of the existing buildings and, in addition, of existing social structures. And the united users of the work buildings also want to join the talks about the transformation of the port area as equal partners.

Podium Werken aan 't IJ

The idea is that the notions about alternative ways of developing that the

banken en stedenbouwkundigen op een nieuwe invulling van het gebied zaten te broeden, de gebruikers pleiten nadrukkelijk voor een ontwikkeling vanuit het bestaande. Vanuit de aanwezige gebouwen en daarnaast vanuit de sociale structuren ter plekke. En de verenigde gebruikers van de werkgebouwen willen ook op een gelijkwaardige manier kunnen meepraten over de transformatie van het havengebied.

Podium Werken aan 't IJ

De gedachte is dat de ideeën over een alternatieve manier van ontwikkelen, die onder de gebruikers van de werkgebouwen leven, een stevigere basis nodig hebben. Zo besluiten Het Gilde en woningbouwvereniging Het Oosten (tegenwoordig Stadgenoot) een denktank op te zetten die Podium Werken aan 't IJ gaat heten. Samen met wetenschappers, adviseurs, krakers, kunstenaars, ontwerpers, volkshuisvesters en enkele beleggers publiceren zij een nieuwe visie voor stadsontwikkeling. Het gaat om een manifest in twee delen: *De Stad als Casco I* (1994) en *De Stad als Casco II* (1997).

Frank Bijdendijk, destijds bestuurder van Het Oosten, schrijft in het voorwoord van het manifest: 'Een ontwikkelingsproces dat uitgaat van bestaande structuren, fysieke- zoals die van de stad en de gebouwen, en sociale- zoals die van de gebruikers. Beheer en ontwikkeling zijn niet van elkaar gescheiden en gaan voortdurend in elkaar over. Fysieke vormen blijven, maar het gebruik ervan verandert steeds. In het ontwikkelingsproces komt rendement uit zowel gebruik als waardeontwikkeling alle eigenaren, gebruikers en financiers ten goede. De betrokkenheid die daardoor ontstaat stimuleert de investeringen van onderop.'

Duurzame ontwikkeling

Ondanks verschillen tussen de betrokken partijen is men het erover eens dat aan de IJ-oevers een 'stad ligt te gloeien waar creativiteit en kleinschalige bedrijvigheid hand in hand kunnen gaan; waar wonen en werken elkaar niet zullen ontlopen en waar alle ingrediënten aanwezig zijn voor een nieuwe stedelijke structuur die voor de hele stad van levensbelang is.' Het Podium wil de kwaliteit van de gedachtevorming over het gebied stimuleren door zo veel mogelijk mensen bij de discussie te betrekken. Op die manier wil het de planvorming van de gemeentelijke diensten en particuliere investeerders kritisch volgen.

Het uitgangspunt in de ideeënvorming van Het Podium zijn de bestaande structuren die een startpunt vormen voor nieuwe ontwikkelingen. In deze bottom-up gedachte pleit de groep achter de 'Stad als Casco' voor een duurzame ontwikkeling en een open bouwproces, in plaats van een van tevoren bepaalde bestemming met een vastomlijnd eindbeeld. In de filosofie van De Stad als Casco wordt in gebiedsontwikkeling uitgegaan van oorspronkelijke kwaliteiten waarin de gebruiker leidend is, waarin diverse leef- en werkvormen een plek kunnen krijgen en waarin betaalbaarheid gewaarborgd blijft in een steeds populairder en duurder wordende stad.

Aansluiting bij de bestaande stad

Vanaf halverwege de jaren '90 ontwikkelt de gemeente een nieuw plan voor de transformatie van de zuidelijke IJ-oever. Hoewel dus toch een aantal bijzondere gebouwen gesloopt wordt, zijn structuren ter plaatse en aansluiting bij de bestaande stad wel uitgangspunt voor deze ontwikkeling. Langs de IJ-oevers ontstaat een mix

users of the work buildings adhere to need a more solid foundation. Therefore Het Gilde and housing association Het Oosten (now Stadgenoot) decide to set up a thinktank that will be called 'Podium Werken aan 't IJ' (Platform Working on the IJ). Together with scientists, advisers, squatters, artists, designers, housing associations and several investors, they publish a new strategy for urban development. It is a manifesto in two parts: *De Stad als Casco I* (1994) and *De Stad als Casco II* (1997).

In the foreword of the manifesto Frank Bijdendijk, director of Het Oosten at the time, writes: 'A development process based on existing structures, physical ones such as those of the city and its buildings, and social ones such as those of the users. Management and development are not separated from each other but constantly overlap. Physical forms remain, but their use continues to change. In the development process, returns from both use and value development benefit all owners, users and financiers. The commitment this creates stimulates grassroots investments.'

Sustainable Development

Despite differences among the parties involved they all agree that on the IJ banks a 'city thrives in which creativity and small-scale industry can go hand in hand; where living and working are not mutually exclusive and where all the ingredients for a new urban structure that is vital to the whole city are present.' Podium Werken aan 't IJ wants to improve the quality of thinking about the area by involving as many people as possible in the discussion, to ensure that the planning processes that municipal services and private

investors are involved in are critically followed.

The thinking of Podium Werken aan 't IJ itself is based on the idea that existing structures provide a starting point for new development. Through this bottom-up idea, the group behind *De Stad als Casco* advocates sustainable development and open construction processes, rather than a predetermined purpose and a fixed final image. In the philosophy of *De Stad als Casco*, area development is based on original qualities in which the user is leading, in which various forms of living and working have their place and in which affordability continues to be guaranteed in the increasingly popular and expensive city.

Connection to the Existing City

From the mid-1990s, the city develops a new plan for the transformation of the south bank of the IJ. Though sadly, a number of extraordinary buildings are demolished after all, local structures and the connection to the existing city are the point of departure for this development. This results in a mainly residential mix of old and new buildings along the IJ banks.

On the eastern side of the south bank of the IJ, Vrieshuis Amerika, Zeezicht and Pakhuis Argentinië are demolished, with Machinegebouw Panama and Pakhuis de Zwijger barely escaping the jackhammer. Pakhuis de Zwijger is located exactly where the Schaeferbrug lands, but in the end the decision is made to build the bridge through it – this is because it is not possible, owing to the noise zone of the sea cruise quay, to realize dwellings here anyway. Pakhuis de Zwijger is given a new use as a debate centre. The other

van oude en nieuwe gebouwen, voornamelijk gericht op wonen.

Aan de oostkant van de zuidelijke IJ-oever worden Vrieshuis Amerika, Zeezicht en Pakhuis Argentinië gesloopt, waarbij Machinegebouw Panama en Pakhuis de Zwijger ternauwernood aan de sloophamer weten te ontsnappen. Pakhuis de Zwijger staat precies op de aanlanding van de Jan Schaeferbrug, maar uiteindelijk is besloten de brug dwars door het pakhuis te laten lopen. Dit omdat daar geen woningen konden worden gerealiseerd vanwege de geluidszone van de zeecruisekade. Pakhuis de Zwijger krijgt een nieuwe bestemming als debatcentrum. Ook de andere pakhuizen vanaf de Jan Schaeferbrug tot aan het Centraal Station krijgen een niet-woonbestemming. In verband hiermee is ooit voorgesteld om de huurders van Pakhuis Wilhelmina te verhuizen naar Pakhuis Azië (eveneens 10.000 vierkante meter groot), zodat in Pakhuis Wilhelmina woningen konden worden gerealiseerd. Dit voorstel is afgeketst omdat het Grondbedrijf – een dienst van de gemeente – de noodzakelijke voorzieningen die in Pakhuis Wilhelmina al wel waren aangelegd, voor Pakhuis Azië niet wilde vergoeden. Op deze strip met geluidzone kom ik nog terug.

Aan de westkant van de zuidelijke IJ-oever krijgt de Graansilo een luxe woonbestemming. Het Veem zit evenzo in een strip langs het IJ waar geen woonbestemming mogelijk is en blijft een gebouw waar kunstenaars kunnen werken. Zij hebben in de jaren '80 immers hun gebouw al zelf aangekocht. Nieuwe woongebouwen in een hoge dichtheid onder andere op de plek van de gesloopte Douaneloods moesten dit compenseren en brengen de stad naar het IJ. Het gaat vooral om wonen, maar er komen bijvoorbeeld ook restaurants, een muziekgebouw en een cruiseterminal.

Het idee van De Stad als Casco, dat een fundamentele stap verdergaat dan de manier waarop de gemeente de zuidelijke IJ-oever uiteindelijk herontwikkelt, is ondanks de plannen die de gemeente gaat uitvoeren, niet verdwenen. Pakhuis Wilhelmina is een van de samenwerkende werkgebouwen van Het Gilde. Het voormalige opslaggebouw functioneert tot op de dag van vandaag als werkgebouw voor kunstenaars, heeft een eigen plek kunnen afdwingen aan de IJ-oever en is daarmee een inspiratiebron voor het experiment van De Stad als Casco op de NDSM-werf.

Behoud van Pakhuis Wilhelmina

Beeldend kunstenaar Carolien Feldbrugge heeft een doorslaggevende rol gespeeld in het proces om de functie van Pakhuis Wilhelmina te behouden en het werkgebouw te kopen van de gemeente. Pakhuis Wilhelmina is in 1988 gekraakt. In die tijd staan veel in onbruik geraakte havengebouwen leeg. Het is oorspronkelijk de bedoeling om het gebouw te huren, maar de vermeende eigenaar Blauwhoed, een ontwikkelaar, reageert niet. 'Toen hebben we het eerst gekraakt en vervolgens gevraagd of we het konden huren. Daar is nooit meer een reactie op gekomen. Uiteindelijk bleek veel later dat Blauwhoed het gebouw al over had gedaan aan de gemeente en dat de gemeente dus de eigenaar was', vertelt Feldbrugge die op het moment van de kraak van Pakhuis Wilhelmina nog in het voormalige en inmiddels gesloopte Rijkskledingmagazijn in de nabijgelegen Conradstraat werkt en moet vertrekken

warehouses between the Jan Schaefer-brug and Central Station are also given non-residential uses. A proposal once submitted in this context was to move the tenants of Pakhuis Wilhelmina to Pakhuis Azië (also measuring 10,000 square metres) so that dwellings could be realized in Pakhuis Wilhelmina. This proposal was rejected because the Municipal Development Company did not want to pay for facilities in Pakhuis Azië that had already been realized in Pakhuis Wilhelmina. I will come back to this strip and the noise zone later.

In the western part of the south bank of the IJ, the Graansilo is given a luxury residential destination. Het Veem is also located on a strip along the IJ that does not allow a residential destination and continues to function as a work building for artists. After all, they already bought their building in the 1980s. Highly compact new residential buildings, among other places at the site of the demolished Douaneloods (customs warehouse), have to compensate for this and bring the city to the IJ. Though mostly residential, the buildings also accommodate restaurants, a music venue and a cruise terminal.

The philosophy of *De Stad als Casco*, which goes one fundamental step further than the ideas on which the city ultimately bases the redevelopment of the south bank of the IJ, has not disappeared, despite the plans that the city will carry out. Pakhuis Wilhelmina is one of the work buildings that collaborate in Het Gilde. The former warehouse functions as a work building for artists to this day. It succeeded in consolidating its position on the IJ bank, and as such it is a source of inspiration for the *De Stad als Casco* experiments at the NDSM shipyard.

Preservation of Pakhuis Wilhelmina

Artist Carolien Feldbrugge played a decisive role in the process of preserving the function of Pakhuis Wilhelmina and buying the work building from the city. Pakhuis Wilhelmina was squatted in 1988. At that time, many abandoned port buildings were empty. The squatters originally intended to rent the building, but the supposed owner, Blauwhoed, a developer, did not respond. 'So it was squatted first and subsequently, we asked if we could rent it. No response ever came. Eventually, it turned out that Blauwhoed had already sold the building to the city and that the city was therefore the owner,' explains Feldbrugge, who at the time that Pakhuis Wilhelmina was squatted still worked at the former, now demolished Rijkskledingmagazijn in the nearby Conradstraat and had to move due to the approaching demolition and evacuation of that property. 'The primary squatter of Pakhuis Wilhelmina allowed me to move in on two conditions: everyone, including me, had to make a financial contribution to the general fund and I had to work on the property. I could either agree or walk away. Eventually, I was tasked with talking to the city. The other residents were not exactly lining up for the job.'

At that time, Pakhuis Wilhelmina is awaiting demolition, for which the city has a strong case legally. 'A so-called removal clause was applicable to the building. That meant that the land on which the property was built would revert to the city free of buildings after 100 years. My goal was to prevent the building from being demolished and ensure that the users could stay in Pakhuis Wilhelmina now that the city wanted to redevelop the IJ bank. We

vanwege de naderende ontruiming en sloop van dat gebouw. 'Van de hoofdkraker van Pakhuis Wilhelmina mocht ik er wel in, maar op twee voorwaarden: iedereen, ook ik, moest een financiële bijdrage leveren voor de algemene pot en ik moest mij inzetten voor het pand. Anders kon ik meteen vertrekken. Mijn taak werd uiteindelijk het overleg met de gemeente. Daar stonden de andere bewoners niet voor in de rij.'

Pakhuis Wilhelmina staat op dat moment op de nominatie om gesloopt te worden. Bovendien heeft de gemeente daar juridisch gezien een sterke zaak. 'Er zat een zogenoemde amoveringsbepaling op het gebouw. Dat betekende dat de grond waar het pand op stond na 100 jaar vrij van opstallen weer in handen van de gemeente zou komen. Mijn doel was om te voorkomen dat het gebouw gesloopt zou worden en ervoor te zorgen dat de gebruikers in Pakhuis Wilhelmina zouden kunnen blijven nu de gemeente de IJ-oever wilde gaan herontwikkelen. Aankoop van het pand door ons was toen nog niet aan de orde.'

Feldbrugge voert vele gesprekken met de gemeente, met politici en mengt zich tijdens openbare debatten in de discussie over de toekomstige ontwikkeling van de stad en de IJ-oevers in het bijzonder. 'Tijdens de bijeenkomst "Idealisten in zaken" in 't Veem sprak Frank Bijdendijk, hij was destijds bestuurder van woningcorporatie Het Oosten. Hij vertelde daar over het gebouw Tetterode in Amsterdam-West dat zijn woningcorporatie in bezit kon krijgen, mits hij een goed plan voor het gebouw kon overleggen. Hij zei daar belangrijke dingen over. Zo had hij na de aankoop nog geen functie bedacht die hij aan dat gebouw wilde geven,

toen hij zich ineens bedacht dat het pand al een functie had en dat de toekomstige bewoners er al in zaten. En ze verbouwen het gebouw ook nog eens zelf. Daarna had hij de brandweer en de politie te verstaan gegeven dat hij zich alleen nog aan twee soorten regels wilde houden: regels van veiligheid en hygiëne. Kortom, minimale regels waarmee hij in feite de ontwikkeling van dat gebouw door de gebruikers zelf mogelijk heeft gemaakt.'

Feldbrugge benadert Bijdendijk om een van de bedreigde gebouwen, de Douaneloods aan de westkant van het Centraal Station van Amsterdam, te helpen redden. Hoewel Bijdendijk daarvoor op dat moment geen mogelijkheden ziet, komt het wel tot samenwerking over het Westerdokseiland en in het verlengde daarvan de IJ-oever. Het Podium Werken aan 't IJ wordt opgericht door Feldbrugge, Bijdendijk, Lex Pouw en Wienke Bodewes van de Gemeentelijke Woningstichting (later Ymere). Feldbrugge: 'Met mijn deelname valideerde ik de denktank, want met mij erbij was die breder dan de corporaties alleen. De directeuren van de woningcorporaties waren blij met de input van Het Gilde en ons vermogen om uit te zoomen naar het grotere stedelijke perspectief.' Daarnaast heeft Feldbrugge met deze partijen afspraken gemaakt om ongewenste overname van Pakhuis Wilhelmina, door wie dan ook, tegen te gaan, en met succes.

Halverwege de jaren '90 kijken veel partijen met interesse naar de IJ-oevers. Koolhaas' Manhattan aan het IJ komt er niet, er komt helemaal geen zakelijk centrum, maar ontwikkelaars en woningcorporaties willen maar wat graag een bijdrage leveren aan de herontwikkeling van het gebied dat immers

Van boven naar beneden: Carolien
Feldbrugge op het dak van Pakhuis
Wilhelmina. Vrieshuis Amerika en Pakhuis
Argentinië worden gesloopt. De Graansilo
wordt ontruimd en herontwikkeld tot
appartementen.

Top to bottom: Carolien Feldbrugge on the
roof of Pakhuis Wilhelmina. Vrieshuis
Amerika en Pakhuis Argentinië will be
demolished. The Graansilo is vacated and
redeveloped into apartments.

had not yet discussed buying the property ourselves at that time.'

Feldbrugge continues to consult with the city and talk to politicians and, during public debates in particular, intervenes in the discussion about the future development of the city and the IJ banks. 'During the meeting "Idealisten in zaken"(Idealists in business) in 't Veem she hears Frank Bijdendijk speak, the then director of housing association Het Oosten. He was telling the audience about the Tetterode building in Amsterdam-West, which his housing association could acquire provided it could hand over a suitable plan for its intended use. He made some important points. For example: after the purchase, when he had not yet decided what function he wanted to give the building, he suddenly realized that the property already had a function and that the future tenants were already in it. And they were even renovating the building themselves. After that, he informed the fire department and the police that he only needed two types of rules observed: rules of safety and rules of hygiene. Minimal rules, in short, through which he actually made the development of that building by the users themselves possible.'

Feldbrugge asks Bijdendijk to help her save one of the threatened buildings, the Douaneloods on the western side of Amsterdam Central Station. Though Bijdendijk does not see any possibilities at this time, there is potential for future collaboration on Westerdokseiland and, in the same vein, the IJ bank. Feldbrugge, Bijdendijk, Lex Pouw and Wienke Bodewes of the Municipal Housing Association (later Ymere) then found Podium Werken aan 't IJ. Feldbrugge: 'By participating, I validated

dichtbij het centrum en aan het water ligt. Dat betekent tevens dat de druk op Pakhuis Wilhelmina en de gebruikers toeneemt. Lukt het Feldbrugge om steun te krijgen van de gemeente? Daarbij heeft zij te maken met ambtenaren van het Grondbedrijf die vooral onduidelijk zijn over de toekomst van het werkgebouw. Ze vraagt oud-Partij van de Arbeid-wethouder Walter Etty in eigen persoon de commissie van aanbeveling te vormen en zijn politieke invloed te gebruiken om eventuele andere plannen van de gemeente te voorkomen. Het belangrijkste argument daarbij is dat het gebied ook werkgebouwen nodig heeft, het Oostelijk Havengebied dreigt van een dynamisch havengebied te veranderen in een gebied dat vooral woningen kent. Feldbrugge: 'Een stad heeft een mix van wonen en werken nodig.'

Om het pleidooi voor duurzaam hergebruik van havengebouwen, zoals pakhuis Wilhelmina, kracht bij te zetten, doet Het Gilde onderzoek naar de rol van de gebruiker bij de herontwikkeling van oude havenpanden in Noordwest-Europa. Het onderzoek naar verschillende internationale voorbeelden als Liverpool, Rostock, Kopenhagen, Szczecin en Amsterdam, mondt uit in het boek *Het kerend tij*. Die publicatie laat niet alleen de potentie van voormalige havengebieden zien, maar legt evenzeer de nadruk op de betrokkenheid van de huidige gebruikers van die panden bij de herontwikkeling van voormalige havengebieden.

Aankoop van Pakhuis Wilhelmina

Inmiddels wordt de wens het gebouw aan te kopen bij Feldbrugge steeds groter. 'Ik heb op een gegeven moment aan de vergadering van de vereniging gevraagd: als ik aangeef dat wij het pand willen kopen, is dat dan goed? Daar kreeg ik een haast ongeïnteresseerd maar positief antwoord op. We hebben een stichting opgericht en zijn toen gaan proberen het gebouw te kopen.' Niet zozeer om vastgoed te bezitten, maar om controle te hebben op de ontwikkeling van het gebouw en daarmee zekerheid te creëren over de toekomst van het pand, de functie daarvan en de betaalbaarheid voor de gebruikers.

Feldbrugge slaat het aanbod van woningcorporaties af om het gebouw aan te kopen en te ontwikkelen. 'Waarom laat je ons dat niet doen? Het is ons vak', krijgt ze te horen. Maar Feldbrugge laat weten: 'Ik weet niet waar jullie het over hebben. Als er bij ons op de boerderij in Groningen een nieuwe loopstal moest komen dan zei moeder: "even aannemer belln, even Rabobank belln." Dat ging toch ook over miljoenen. Daar hadden we echt geen andere partijen voor nodig.' Nooit meer over gehad daarna. Overigens is de grap dat Feldbrugge niet op een boerderij is opgegroeid en dat haar moeder geen boerin is en ook gewoon ABN (algemeen beschaafd Nederlands) sprak.

Oneerbaar voorstel

Toenmalig Partij van de Arbeid-wethouder Ruimtelijke Ordening vraagt op een bijeenkomst in de ambtswoning van de burgemeester aan Feldbrugge waarom ze met haar groep niet naar Noord verhuist. Daar is nog ruimte genoeg en is de druk vanuit de binnenstad minder sterk. Feldbrugge antwoord 'Ja lekker. Door het daar te laten kraken probeert de gemeente goedkoop aan grond te komen en krijgen wij weer een rotschop als jullie het gaan herontwikkelen?

the thinktank, which with me in it was more than just the associations. The directors of the housing associations were pleased with the input of Het Gilde and with our capacity to zoom out to the larger urban perspective.'

In addition, Feldbrugge successfully made agreements with parties to counteract the unwanted acquisition of Pakhuis Wilhelmina, by anyone at all.

In the mid-1990s, many parties follow the IJ banks with hungry eyes. Koolhaas's Manhattan on the IJ fails to materialize and there will be no business centre at all, but developers and housing associations are more than happy to contribute to the redevelopment of this area, which is after all close to the centre and on the water. This also means increased pressure on Pakhuis Wilhelmina and its users. Will Feldbrugge succeed in gaining the support of the city? She has to deal with officials of the Municipal Development Company who are mostly unclear about the future of the Wilhelmina building. She asks former Dutch Labour Party councillor Walter Etty to personally form the recommendation committee and to use his political influence to prevent any other plans by the city. The main argument for this is that the area is in need of work buildings: the Oostelijk Havengebied is threatening to transform from a dynamic port area into a predominantly residential one. Feldbrugge: 'A city needs a mix of living and working.'

To enforce the plea for the sustainable reuse of port buildings such as Pakhuis Wilhelmina, Het Gilde examines the role of the user in the redevelopment of old port buildings in North-West Europe. The study of various international examples such as Bristol, Liverpool, Rostock, Copenhagen, Szczecin and Amsterdam results in the book *Het kerend tij* (The turning tide). This publication not only shows the potential of former port areas, but also highlights the involvement of the current users of those properties in the redevelopment of former port areas.

Buying Pakhuis Wilhelmina

Meanwhile, Feldbrugge's desire to buy the building continues to grow. 'At one point, I asked at the meeting of the foundation: If I tell them that we want to buy the building, are you with me? I received an almost uninterested, but positive answer. We set up a foundation and started to try to buy the building.' Not so much to own the property, but rather to control the development of the building and thereby secure its future, its function and its affordability for the users.

When the housing associations offer to buy and develop the building, Feldbrugge refuses. 'Why not let us do that? It's what we do,' she is told. But Feldbrugge tells them: 'I don't know what you're talking about. At our farm in Groningen, whenever we needed a new barn my mother would say: "Go on then, call the contractor, call the RABO bank." That was about millions, too. We really didn't need any other parties.' After that, they never raised the subject again. The joke is, by the way, that Feldbrugge neither grew up on a farm, nor has a mother that farms.

Indecent Proposal

During a meeting in the mayor's residence, the then Dutch Labour Party alderman for Urban Planning asks Feldbrugge if she and her group would consider moving to Amsterdam-Noord.

Geen sprake van! Ik vind dat je dat als gemeente niet kan maken. Mensen geven de beste jaren van hun leven aan zo'n project en brengen dat tot een succes. Zeker als je dan te horen krijgt: het was bedoeld als tijdelijk en nu zijn de grote jongens aan de beurt. En nee, jullie krijgen geen compensatie. Dan ben je totaal de klos omdat de investeringen die iedereen gedaan heeft, weggegooid geld zijn.' Het is een belangrijke reden om het vastgoed in eigen hand te hebben. En zonder subsidie. 'Wij werden gewezen op allerlei structurele subsidies waar we gebruik van konden maken. Maar wat als die subsidie stopt? Het is een middel van de politiek om invloed uit te oefenen, maar wij doen het liever zonder. De exploitatie van een gebouw moet zonder subsidie kunnen en dat hebben we ook zo gedaan.'

Voor de aankoop van Pakhuis Wilhelmina was een strijd met de gemeente nodig. Feldbrugge: 'De gemeenteraad van Amsterdam besluit in 1997 dat het pakhuis door de initiatiefnemers als een non-profit ateliergebouw aangekocht kan worden. De ambtelijke dienst, het Grondbedrijf, doet er echter alles aan om dit besluit te frustreren. Dit gebeurt onder andere door Pakhuis Wilhelmina mede te koop aan te bieden aan een andere huurder die niets met het non-profit initiatief te maken heeft. Hierdoor ontstaat de noodzaak om een vereniging van twee eigenaren op te zetten: het non-profit initiatief van Feldbrugge verwerft hiermee 85 procent van het eigendom, de andere eigenaar – een commerciële partij pur sang – verwerft het overige deel van het gebouw.

Het Grondbedrijf van de gemeente Amsterdam creëert hiermee een heel stroef onderhandelingstraject dat veel tijd in beslag neemt. Ondertussen had het rijk ons initiatief vanwege het winnen van een innovatie- en stimuleringsprijs in stedelijke ontwikkeling een geldbedrag van een miljoen toegekend. Door vertraging vanwege de onderhandeling over de Vereniging van Eigenaren dreigden we de subsidie mis te lopen. Het gemeentelijke Grondbedrijf is toen als eigenaar/verkopende partij op basis van onze plannen zelf gaan aanbesteden. Dit bracht het Grondbedrijf in de gelegenheid de bouwsom te verhogen met maar liefst acht ton. Het was geheel onduidelijk op basis waarvan die verhogingen tot stand gekomen waren. Ik heb de gemeente toen gezegd dat ze het zelf maar moesten oplossen, maar dat wij geen extra hypotheek zouden aangaan waardoor we een forse huurverhoging zouden moeten doorvoeren. Om gezichtsverlies te voorkomen heeft de gemeente deze bouwsomverhoging zelf weg gesubsidieerd. Opvallend is dat de commerciële mede-eigenaar van het pand naar rato subsidie toegekend krijgt. Ondanks tegenwerking van de gemeente en zonder hulp van een woningcorporatie hebben we het gebouw na 17 jaar lobbyen en onderhandelen in 2002 met heel veel energie en tijd aan kunnen kopen en non-profit kunnen ontwikkelen.'

De kunstenaars in Pakhuis Wilhelmina laten tot op de dag van vandaag zien dat zij een dergelijk gebouw niet alleen gezamenlijk kunnen aankopen maar ook betaalbaar kunnen houden voor de groep. Het is de opmaat geweest voor het eerste project dat bewust als Stad als Casco-project is opgezet: de Scheepsbouwloods op de NDSM-werf.

There is plenty of space there and less pressure from the city centre. Feldbrugge replies: 'Yeah, right. By getting people to squat properties there, the city is trying to get that land cheap and then once the redevelopment starts we'll get kicked out? No, thanks! I don't think you can do that, as a city. People spend the best years of their lives on such a project and make it successful. And then are told: "it was always meant to be temporary and now it's the big boys' turn. And no, you won't be compensated." That means you're totally finished, because the investments everyone made have been a waste of money.' It is an important reason to own the property outright. And unsubsidized. 'They brought all kinds of structural subsidies we could use to our attention. But what if that subsidy stops? It's a tool politicians use to exert influence, one we prefer to do without. It has to be possible to run a building without subsidy and so that's what we did.'

The purchase of Pakhuis Wilhelmina took a battle with the city. Feldbrugge: 'In 1997, the city council of Amsterdam decides that the initiators can buy the warehouse as a non-profit studio building. However the civil administration, in this case the Municipal Development Company, does its utmost to frustrate this decision, including offering Pakhuis Wilhelmina for sale to another tenant that has nothing to do with the non-profit initiative. This creates the need to establish a two-owner-occupiers' association: Feldbrugge's non-profit initiative thereby acquires 85 percent of the property and the other owner – a purely commercial party – acquires the remaining part of the building.

This way, Amsterdam's Municipal Development Company creates a very awkward negotiation process that takes a lot of time. Meanwhile, the national government had awarded our initiative the sum of 1 million euros, an incentive prize for innovation in urban development. Due to the delay caused by the negotiations involving a two-owner-occupiers' association, we ran the risk of missing out on that money. Subsequently, the Municipal Development Company, as the owner/selling party, itself began calling for tenders on the basis of our plans. This allowed the development company to increase the building cost by no less than 800,000 euros. It was entirely unclear what that cost increase was based on. I told the city that this was their problem to solve and that we would not take out an additional mortgage that would force us to substantially raise the rent. In order to prevent loss of face, the city itself subsidized this increase in the building cost away. Strikingly, the commercial co-owner of the property is granted subsidy pro rata. Despite the opposition of the city and without the help of any housing association we managed to buy the building and develop it on a non-profit basis in 2002 after 17 years of time- and energy-consuming lobbying and negotiating.'

To this day, the artists in Pakhuis Wilhelmina demonstrate that they can not only collectively buy a building of that size, but also keep it affordable for the group. This was the prelude to the first project that was deliberately established as a *De Stad als Casco* project: the shipbuilding warehouse at the NDSM shipyard.

Scene uit Noordwesterwals van Dogtroep op de NDSM-werf in 1994. In 2000 vestigen zich twee leden van Dogtroep als Nonstop 2000 in de Scheepsbouwloods.
Scene from Dogtroep's Noordwesterwals performed at the NDSM shipyard in 1994. In 2000, two members of Dogtroep set up Nonstop 2000 in the shipbuilding warehouse.

3 PRAKTIJK
PRACTICE

CULTURELE VRIJPLAATS KRIJGT VORM

DEVELOPING THE CULTURAL SANCTUARY

Diverse stad onder druk

Rond de eeuwwisseling is de diversiteit in de stad een belangrijk onderwerp geworden. De rigoureuze plannen van Koolhaas zijn van de baan en de financiële sector wil zich vestigen aan de Zuidas. Bovendien krijgen de plannen voor de zuidelijke IJ-oever een veel menselijker maat. Maar dat betekent niet dat de gemeente afziet van het ontruimen van diverse grote kraakpanden in de stad. En dus moeten veruit de meeste gebruikers van de havengebouwen aan de zuidelijke IJ-oever vertrekken. Dat zijn niet alleen kunstenaars maar eveneens ambachtslieden, theatergezelschappen, startende ondernemers en jongeren die met hun populaire skatepark – ook ouders met dure BMW's uit Amsterdam-Zuid zetten daar hun kinderen af – naar elders moeten verhuizen. De herontwikkeling van het Oostelijk Havengebied, het opknappen van oude stadswijken en de aanleg van uitbreidingswijk IJburg moeten bijdragen aan een aantrekkelijk woonklimaat, onder meer voor gezinnen, is de gedachte.

Opkomst van de creatieve sector

Tegelijkertijd staat de Amsterdamse economie op een keerpunt. Hoewel Amsterdam altijd een handelsstad is geweest en aan de Zuidas stevig ingezet wordt op de financiële sector, zal de creatieve industrie een steeds grotere rol moeten spelen. Het failliet van traditionele bedrijfstakken zoals de scheepsbouw hebben tot een hoge werkloosheid geleid. De sluiting van de NDSM-werf in Amsterdam-Noord halverwege de jaren '80 is een zware klap voor de werknemers, die niet zomaar een nieuwe baan kunnen vinden. In de jaren '80 is de werkloosheid in Nederland na decennia van economische vooruitgang erg hoog.

Maar in de jaren '90 komt daar verandering in. Zo komt een nieuwe creatieve sector op, onder meer door het gebruik van de computer die in die periode binnen ieders handbereik komt. Het gaat om beroepen in onderzoek, architectuur, entertainment en design die gericht zijn op het ontwikkelen van nieuwe ideeën en daarmee op innovatie en nieuwe werkgelegenheid. Amsterdam is niet de enige stad die deze creatieve economie omarmt.

In 2002 beschrijft Richard Florida in het invloedrijke boek *The Rise of the Creative Class* de creatieve klasse die dan al enige tijd in opkomst is. Één van de belangrijke punten die Florida maakt, is dat bedrijven die succesvol willen zijn, die creatieve klasse binnen moeten zien te halen. En dat lukt alleen als die bedrijven zich vestigen op locaties die creatieven interessant vinden. Niet de werknemers volgen de bedrijven, stelt Florida, het is andersom: bedrijven moeten zich vestigen op aantrekkelijke locaties. Daarbij spelen meer zaken een rol dan de bereikbaarheid op een anoniem bedrijventerrein. Florida noemt de drie T's: talent, een hoog opgeleide bevolking; tolerantie, een open en diverse omgeving; technologie, de aanwezigheid van een technologische infrastructuur die innovatie mogelijk maakt.

Daarbij wordt de leefomgeving steeds belangrijker: de beschikbaarheid van aantrekkelijke woningen, de nabijheid van groen voor ontspanning, een historische binnenstad is een plus en goede voorzieningen voor de kinderen een voorwaarde. De omgeving, voorzieningen en vertier worden onderdeel van de vestigingslocaties van bedrijven. Dat betekent mede dat gemeentes, in hun wens om bedrijvigheid aan hun stad

Diverse City under Pressure

Around the turn of the century, diversity in the city has become an important subject. Koolhaas's rigorous plans have been called off and the financial sector wants to settle in the Zuidas. In addition, the plans for the south bank of the IJ are given a much more human dimension. But that does not mean that the city has abandoned its plans for clearing several large squats in the city. And so the majority of the users of the port buildings on the south bank of the IJ have to leave. Not only artists, but the artisans, theatre companies, start-ups and the young people that run a popular skate park – even parents in expensive BMWs from Amsterdam-Zuid are seen dropping off their children here – have to move elsewhere. The idea is that the redevelopment of the Oostelijk Havengebied, the refurbishment of old city districts and the construction of the expansion district IJburg will contribute to an attractive living environment for, among others, families.

The Creative Sector Boom

At the same time, Amsterdam's economy has reached a turning point. Although Amsterdam has always been a trade city and the Zuidas is now firmly focused on the financial sector, the creative industry will have to play an increasingly important role. The bankruptcy of traditional industries such as shipbuilding has led to high unemployment. The closure of the NDSM shipyard in Amsterdam-Noord in the mid-1980s is a major blow to the workers, who have a hard time finding new jobs. In the 1980s, after decades of economic progress, unemployment in the Netherlands is very high indeed.

But this changes in the 1990s. A new creative sector develops as a result of, among other things, the use of the computer that comes within everyone's reach in that period. The jobs involved are in research, architecture, entertainment and design and involve the development of new ideas and therefore innovation and new jobs. Amsterdam is not the only city to embrace this creative economy.

In 2002, Richard Florida describes the creative class that has been developing for some time in his book *The Rise of the Creative Class*. One of the key points that Florida makes is that to be successful, companies will have to recruit that creative class. And the only way to do that is to settle in locations that creatives find interesting. Rather than have employees following companies, Florida says, it should be the other way around: companies ought to settle in locations that are attractive to employees. There is more at stake here than the accessibility of some anonymous industrial area. Florida refers to the three T's: talent, a highly educated population; tolerance, an open and diverse environment; and technology, the presence of a technological infrastructure that makes innovation possible.

In addition, the everyday environment is becoming increasingly important: the availability of attractive dwellings, the proximity of green for relaxation, a historical city centre is a plus and good facilities for the children a prerequisite. The environment, facilities and entertainment options become part of companies' business locations. This means that municipalities, in their desire to hold on to companies, will have to invest in order to organize that

De deels gerenoveerde Scheepsbouwloods op de NDSM-werf in 2013. De loods heeft een oppervlakte van 20.000 vierkante meter en varieert in hoogte tussen de 8, 19 en 25 meter.
The partly renovated shipbuilding warehouse at the NDSM shipyard in 2013. The warehouse has a surface area of 20,000 square metres and its height varies between 8, 19 and 25 metres.

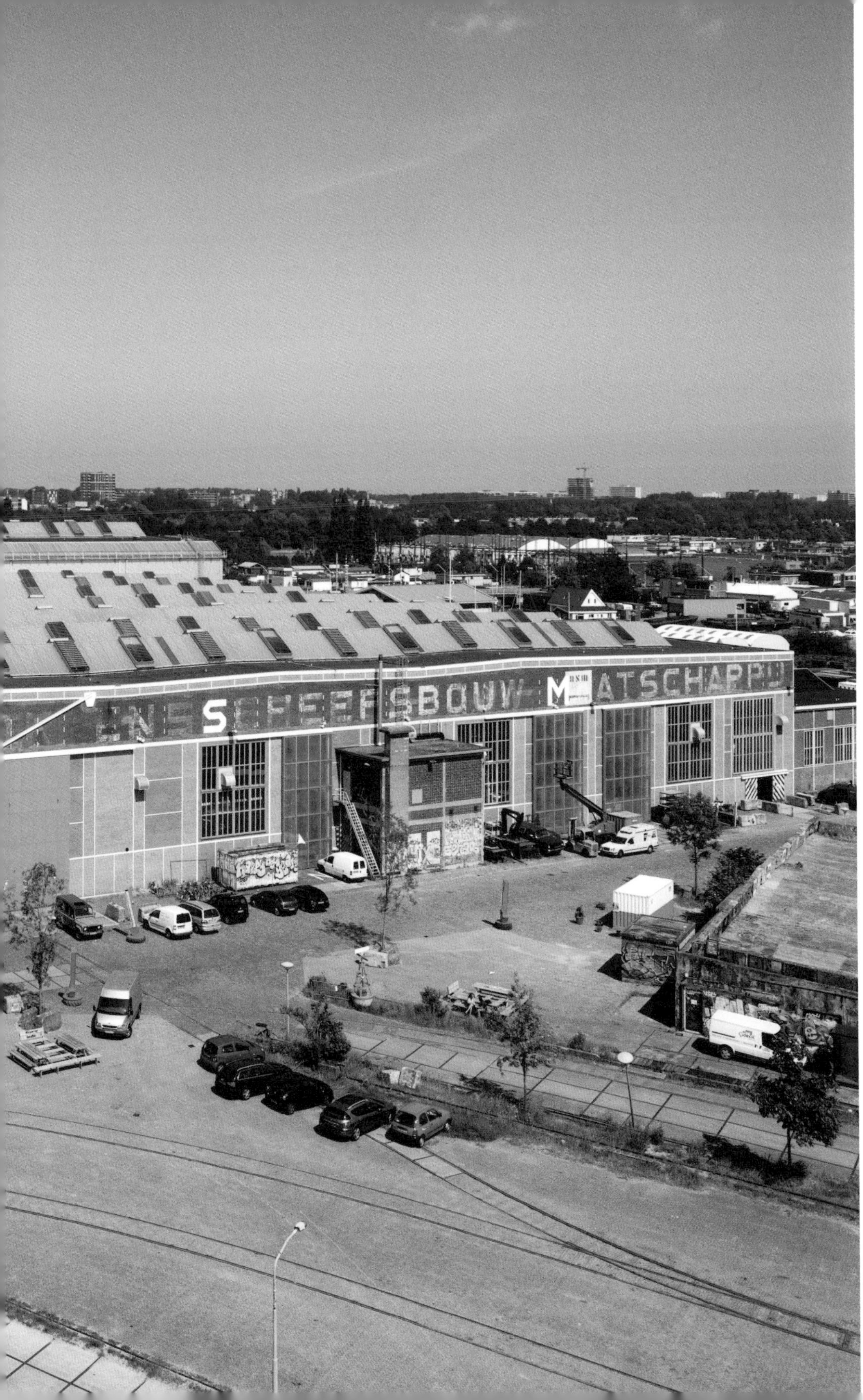

te binden, zullen moeten investeren om dat aantrekkelijke en gevarieerde leefklimaat te organiseren. Gebeurt dat niet, dan dreigt het vertrek van bedrijven, met alle economische tegenspoed van dien.

In *The Rise of the Creative Class* beschrijft Florida niet alleen een nieuwe ontwikkeling, het boek wordt daarnaast een inspiratiebron voor stedelijke overheden. Zij proberen een aantrekkelijk leefklimaat te creëren waarbinnen de nieuwe creatieve industrie kan gedijen. Dat betekent meer culturele instellingen, meer horeca en minder ruige kanten in de stad. Ik heb mij altijd heel ongemakkelijk gevoeld met de Florida-hype in Europa. Het is het kantelpunt geweest van de spontane en ongeplande bottom-up initiatieven en populaire vrijplaatsen die na het verschijnen van het boek van Florida bewust als instrument worden ingezet om gebieden aan te jagen en aantrekkelijk te maken voor investeerders. Wij werden zelfs door sommige wethouders aangemoedigd om panden die in particulier bezit waren en lang leegstonden te kraken, in de hoop dat de gemeente ze daarna voor een zacht prijsje zelf zou kunnen verwerven. Bovendien waarschuwde ik destijds al dat het pleidooi van Florida om vol in te zetten op de creatieve sector, de sociaal-economische ongelijkheid in steden vergroot. In 2017 komt Florida eindelijk zelf tot inkeer. De creatieve sector heeft negatieve effecten voor de stad gehad, die hij 15 jaar eerder niet wilde zien. Hier kom ik later nog op terug.

Cultureel klimaat onder druk

Met de nadruk op nieuwe creatieve bedrijvigheid komt de positie van andere, ongeplande initiatieven en subculturen juist onder druk te staan, zo is in het Amsterdam van de jaren '90 al duidelijk geworden. Het gaat om jonge en beginnende kunstenaars, ambachtslieden en andere creatieve makers die op hun eigen wijze een bijdrage aan de stad leveren, maar beroepen hebben waarmee zij de stijgende vastgoedprijzen niet kunnen betalen. De ontruiming van kraakpanden en de herontwikkeling van de zuidelijke IJoever leidt tot een tegenbeweging. Door het verlies van alternatieve woonen werkplekken luiden krakers, kunstenaars en ambachtslieden de noodklok.

Samen met Carolien Feldbrugge, Hessel Dokkum (kraakbeweging) en onder de vlag van Het Gilde van Werkgebouwen aan het IJ spreken we de Amsterdamse politiek aan op het verdwijnen van vrijplaatsen in de stad. De betaalbaarheid van werkruimtes staat onder druk, net als de diversiteit in de stad. Met de steun van bijna 700 mensen die door de plannen van de gemeente op straat komen te staan, vraagt Het Gilde aan de gemeenteraad om 'een constructief vestigingsbeleid voor deze doelgroep van jonge cultureel-economische aanwas'. Vlak voor de eeuwwisseling krijgen de ontruimde gebruikers, in een openbare hoorzitting van een uitgebreide gemeenteraadscommissie, de gelegenheid hun pleidooi toe te lichten. Op de hoorzitting maakt ook de vakbond FNV-Kiem, die een alliantie is aangegaan met de protesterende collectieven uit de woon-werk-cultuur-panden, duidelijk dat er in Amsterdam een groot tekort is aan betaalbare ateliers voor individuele makers. Daarnaast is er internationale kritiek op het culturele klimaat in Amsterdam van prominente mensen uit het kunstcircuit.

attractive and varied living environment. If they do not, they are in danger of losing the companies, with all of the economic adversity that implies.

The Rise of the Creative Class is not just Florida's description of a new development, the book is also an inspiration for urban governments. They try to create an attractive living environment within which the new creative industry can flourish. This means more cultural institutions, more hospitality industry and fewer urban rough edges. I have always felt very uncomfortable with the Florida hype in Europe. It has been a tipping point for spontaneous and unplanned bottom-up initiatives and popular sanctuaries: after the publication of Florida's book they were deliberately used as a tool to jumpstart certain areas and make them attractive to investors. Some city councillors even encouraged us to squat privately-owned properties that had stood empty for a long time because they hoped that the city would subsequently be able to acquire them at a low price. Moreover, even at the time I warned city officials that Florida's plea to focus entirely on the creative sector would increase socioeconomic inequality in cities. In 2017, Florida finally sees the error of his ways. The creative sector has had negative effects on the city, ones he did not want to see 15 years earlier.

Cultural Climate under Pressure

The emphasis on new creative activity suppresses the position of other unplanned initiatives and subcultures, which was already clear in Amsterdam in the early 1990s. This is about young and beginning artists, artisans and other creative makers that contribute to the city in their own way, but have professions that are insufficiently lucrative for them to be able to afford the rising real estate prices. The clearing of squats and the redevelopment of the south bank of the IJ leads to a countermovement. Squatters, artists and artisans sound the alarm when they lose their alternative places to live and work.

Together with Carolien Feldbrugge and Hessel Dokkum (the frontman of the squatting movement) and under the flag of Het Gilde van Werkgebouwen aan het IJ, we confront Amsterdam's politicians with the disappearance of sanctuaries in the city. The affordability of work spaces is under pressure and so is the diversity in the city. Supported by nearly 700 people that will be out on the streets as a result of the city council's plans, Het Gilde asks the council for a 'constructive settlement policy for this target group of young cultural-economic newcomers'. Just before the turn of the century, the evicted users are given the opportunity to plead their case in a public hearing of an extended city council committee. At the hearing, the union FNV-Kiem (art, information and media), which has formed an alliance with the protesting collectives from the sanctuaries for living, working and culture, also makes it clear that Amsterdam suffers a huge shortage of affordable work spaces for individual makers. There is also criticism of the cultural climate in Amsterdam by prominent people from the international art scene.

A Fund for Incubators

In 2000, following protest actions in Amsterdam and international criticism by prominent art critics, the city

In 2000 wint Kinetisch Noord de prijsvraag voor de tijdelijke invulling van de Scheepsbouwloods.
In 2000, Kinetisch Noord wins the competition for the temporary use of the shipbuilding warehouse.

De 'prijs' is een loods met een achterstallig onderhoud van miljoenen euro's.
The 'prize' is a warehouse with millions worth of overdue maintenance.

Scheepsbouwbedrijf in de Lasloods. In 2018 opent hier een tijdelijk museum voor streetart.
Shipbuilding company in the Lasloods. A temporary streetart museum will open here in 2018.

Afgedankte trams. De totale oppervlakte van de NDSM-werf Oost is 85.000 vierkante meter.
Scrapped trams. The total surface area of the NDSM shipyard East is 85,000 square metres.

Een fonds voor broedplaatsen

Naar aanleiding van de protestacties in Amsterdam en internationale kritiek van voorname kunstcritici besluit de gemeenteraad in 2000 tot het opzetten het project Broedplaats Amsterdam, nu Bureau Broedplaatsen, dat zorg moet dragen voor betaalbare atelier- ruimte voor kunstenaars. Daarmee wordt niet alleen betaalbare werkruimte in de stad gegarandeerd, het belang van (jonge) kunstenaars voor de stad wordt daarmee mede erkend.

Dat wil niet zeggen dat iedereen tevreden is met de manier waarop het broedplaatsenbeleid vorm krijgt. De initiatiefnemers van Het Gilde onder- steunen de intentie wel, nemen deel aan een klankbordgroep, maar zien na verloop van tijd de vrijheid van vrijplaat- sen ingeperkt worden.

Hoewel Bureau Broedplaatsen aan initiatieven van kunstenaars voor de oprichting van een broedplaats onder- steuning biedt bij de verbouwingskos- ten en exploitatie van gebouwen, blijkt de praktijk vaak anders. Carolien: 'Ik dacht dat het broedplaatsfonds een loket zou worden waar mensen eigen projecten konden aanmelden. Maar de gemeente wilde een paraplustichting en alles in de hand houden.' Bovendien had Het Gilde gepleit om een bredere groep aanspraak te laten maken op het broedplaatsfonds. Volgens ons heeft het midden- en kleinbedrijf eveneens te lijden onder stijgende vastgoed- prijzen en huren, maar met het facili- teren van een bredere groep gaat de gemeenteraad niet akkoord; het broed- plaatsenbeleid richt zich uitsluitend op kunstenaars.

Een ander kritiekpunt is dat broed- plaatsen ook aan regels moeten vol- doen die de vrijheid van de gebruikers in de weg staan en niet passen bij de filosofie van De Stad als Casco. Gespecialiseerde tussenbureaus, projectontwikkelaars en woningcor- poraties weten broedplaatsen voor de gebruikers te ontwikkelen, terwijl de gebruikers dat best zelf kunnen doen. Het zou veel beter zijn als panden openbaar worden aanbesteed, zoals in het geval van de Scheepsbouwloods. Dan heeft een collectief namelijk de mogelijkheid zelf een plan in te dienen en eigen spelregels op te stellen.

De tijdelijkheid van broedplaatsen

Bovendien zijn de broedplaatsen van de gemeente overwegend van tijdelijke aard. Op die manier kunnen kunste- naars gemakkelijk gebruikt worden om een gebied in de stad bekendheid te geven. Het gevolg is dat de pioniers weer kunnen vertrekken als investeer- ders dat gebied willen (her)ontwikke- len. De investeringen van kunstenaars en andere creatieven die in aanmerking komen voor een plek in een broed- plaats, gaan daarmee verloren. Het broedplaatsfonds heeft bij gebrek aan aanbod en door het stelselmatig ver- minderen van beschikbare ruimtes door de tijdelijkheid besloten dat kunste- naars niet langer dan vijf jaar gebruik mogen maken van een broedplaats. Ze moeten doorstromen en plaatsmaken voor jonge nieuwe aanwas. Dit wordt beredeneerd door het idee dat als je succesvol bent, je de ruimte niet meer nodig hebt. En door het idee dat als je niet succesvol bent, je een ruimte niet verdient. De gedachte achter De Stad als Casco is juist het doorontwikkelen van de stad, zonder daarbij de ene groep door een andere te vervangen.

council decides to set up a project called 'Broedplaats Amsterdam' (Amsterdam incubators), now known as 'Bureau Broedplaatsen' (incubator office), to provide artists with affordable studio space. This not only safeguards the availability of affordable work space in the city, it also goes to acknowledge the importance of (young) artists to the city.

But not everybody is happy with the way the incubator policy takes shape. The initiators of Het Gilde do support the intention and participate in a feedback group, but witness the restriction of the freedom of the sanctuaries over time.

Though Bureau Broedplaatsen offers to help artists that want to establish an incubator with the reconstruction costs and building exploitation, there is a gap between theory and practice. Carolien: 'I thought the Broedplaats Fund [incubator fund] would become a help centre where people could sign up their own projects. But the city wanted an umbrella foundation that had everything under control.' In addition, Het Gilde advocated the creation of a fund to which a larger group could lay claims. We believed small- and medium-sized businesses also suffered from rising real estate prices and rents, but the city would not agree to facilitate a larger group; the incubator policy focused exclusively on artists.

Another point of criticism is that the incubators also have to comply with rules that impede the freedom of the users and are not in accordance with the philosophy of *De Stad als Casco*. Specialized middlemen, project developers and housing associations get to develop incubators for the users, while the users are perfectly capable of doing this themselves. It would be much better if buildings were put up to public tender, like in the case of the NDSM shipbuilding warehouse. Then the collectives would have the opportunity to submit their own plans and establish their own rules.

The Temporariness of Incubators

The incubators provided by the city are generally temporary. This makes it easy to use artists to draw attention to a certain part of the city. As a consequence, the pioneers have to leave when investors are ready to redevelop the area and any investments by the artists and other creatives who qualify

1. Artists are important to the City. 'I make transcultural sculptures that…' 'Fine, fine, enough!' 'Next.'
2. Put them in the slums. 'Yeahh!' 'An affordable studio!'
3. This attracts kindred spirits… 'Great place, man!' 'Ideal for our new brewery start-up.'
4. … and gentrifies the neighbourhood. 'I'll have a latte macchiato, fair-trade and gluten free.' 'How much for this building?' 'Great investment, Andrew.'
5. Thanks, artists! 'And now get out!' 'You paupers don't belong in a nice place like this!'

Voor de verbouwing trekken skaters en kunstenaars in de loods om een start te maken met hun activiteiten én met het ontwerp van de loods.
Skaters and artists move into the shipbuilding warehouse prior to its renovation to start their activities as well as work on the building design.

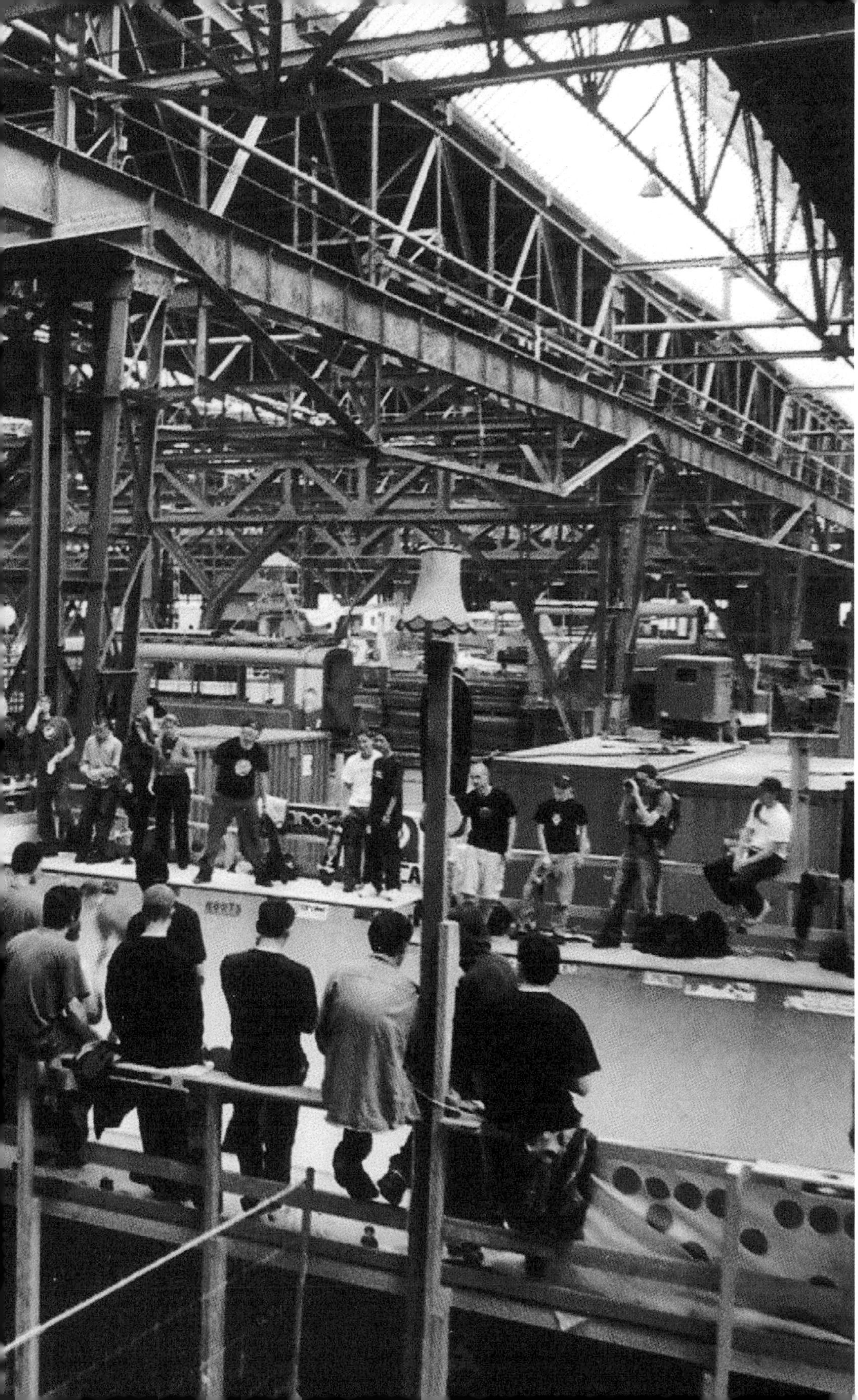

Van echte vrijplaatsen is in Amsterdam – zeker na het landelijke kraak-
verbod – nauwelijks nog sprake. Het
ADM-terrein, in het Westelijk Havengebied, is mogelijk de laatste grote
plek in Amsterdam waar geen controle
van gemeente of vastgoedeigenaar
is en waar de gebruikers het voor het
zeggen hebben. Hoe goed bedoeld
ook en hoewel kunstenaars en andere
creatieven van betaalbare werkruimte
gebruik kunnen maken, broedplaatsen
zijn kennelijk ingekapselde vrijplaatsen
geworden die ingezet kunnen worden
voor gebiedsstrategieën en city marketing. De Scheepsbouwloods op de
NDSM-werf is de grootste zelf georga-
niseerde vrijplaats van Europa. Is de
filosofie van De Stad als Casco daar
wel realiteit geworden?

Voor locatie-theatergezelschappen zoals
Dogtroep, Vis à Vis, Monsterverbond en Over
Het IJ Festival zijn ruige locaties zoals de
NDSM-werf ideale speel- en maakplekken.

Rough locations like the NDSM shipyard
make ideal performance and production
venues for location theatre companies such
as Dogtroep, Vis à Vis, Monsterverbond and
the Over Het IJ Festival.

Naar de ruige NDSM-werf

Mijn eerste kennismaking met de
NDSM-werf is in 1994. De werf is dan
al bijna tien jaar niet meer in gebruik
voor de bouw van schepen. De monumentale loodsen en kranen staan
er verweesd bij. Voor Dogtroep, een
theatergroep die bijzondere locaties
gebruikt voor haar voorstellingen, is het
een ideale plek. Voor veel bezoekers
is het de eerste keer dat zij zich op het
voormalige industrieterrein begeven,
als zij de voorstelling Noordwesterwals
zien. Het karakter van het voormalige
industrieterrein spreekt aan, hoewel
de sfeer met groepjes stadsnomaden
ook ruig is. De verlaten werf is een
vrijplaats in een deel van de stad dat
op dat moment niet erg populair is.
Het gebied is altijd sterk op de (haven)
industrie gericht geweest en dat geldt
evengoed voor de achterliggende woonwijken voor arbeiders die in fabrieken
en op de werven werken.

for a place in an incubator are then lost. Because there are not enough available spaces to begin with and making them temporary systematically reduces their numbers, the Broed-plaats Fund decides that artists are not allowed to rent space in an incubator for more than five years. They have to move on and make room for young, new people. This is based on the idea that if you're successful, you do not need the space anymore and if you're not, you don't deserve it. The philosophy of *De Stad als Casco*, in contrast, is to develop the city without replacing one group with another.

There are now hardly any real sanctuaries left in Amsterdam, especially after the introduction of a national ban on squatting. The ADM site, in the Westelijk Havengebied, is possibly the last major location in Amsterdam that is not under the control of the city or a property owner and in which the users are in charge. No matter how well-intended they are and even though they offer artists and other creatives affordable work space, the incubators appear to have become encapsulated sanctuaries that the city can use for its area strategies and city marketing. The shipbuilding warehouse at the NDSM shipyard is the biggest self-organized sanctuary in Europe. Has the philosophy of *De Stad als Casco* become a reality there?

To the Rough-Edged NDSM Shipyard

My first visit to the NDSM shipyard is in 1994. The shipyard has not been used for the construction of ships for almost ten years. The monumental sheds and cranes stand deserted. It is an ideal place for Dogtroep, a theatre group that performs at unusual venues. For many, their first visit to the former industrial site is when they come to see the performance Noordwesterwals. The character of the former industrial site is appealing, even though the groups of urban nomads add a rough edge to the place. The abandoned shipyard is a sanctuary in a part of the city that is not very popular at that time. The area has always been firmly oriented towards the (port) industry and so has the working-class district beyond it, where the labourers who work in the factories and the shipyards live.

The IJ is a tough psychological boundary, which cyclists and pedestrians can only cross by ferry to the centre of Amsterdam-Noord. People who live to the south of the IJ really have no business in Noord. There are hardly any cultural institutions or restaurants for which non-locals would venture across the IJ. This is still the case in 2017 to some extent, though conditions have improved by the arrival of the Eye Film Museum, the Adam Toren and restaurants like Hotel de Goudfazant. Neighbourhoods are now being renewed and, aided by the huge pressure on the housing market, Noord has become an increasingly viable alternative to many people. That the developments in the NDSM shipyard helped to change the image of Noord in a positive sense is an understatement. The development and exploitation of the shipbuilding warehouse by a collective of makers and doers from the former squats on the south bank of the IJ insti-gated a more positive image of Noord.

Although there are still very few people who recognize the potential of the transformation of the shipyard buildings in 1998, a few years after

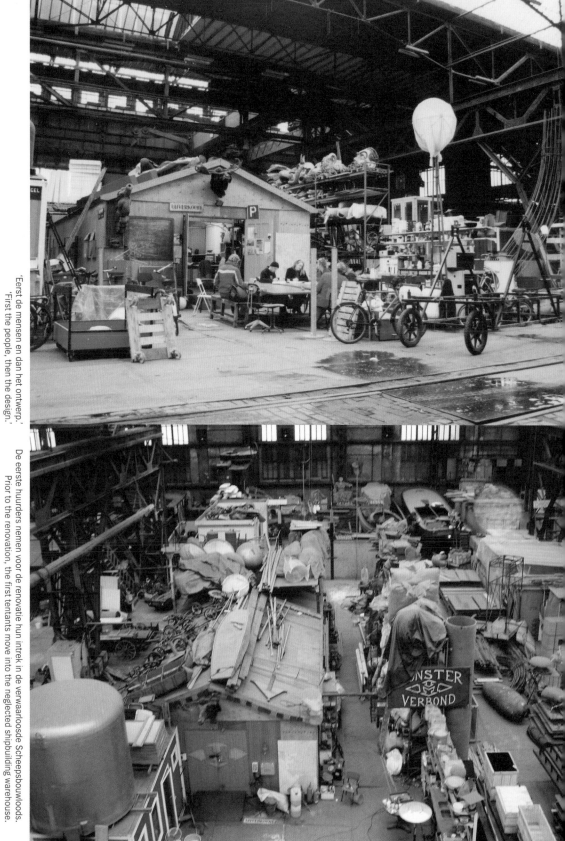

'Eerst de mensen en dan het ontwerp.'
'First the people, then the design.'

De eerste huurders nemen voor de renovatie hun intrek in de verwaarloosde Scheepsbouwloods.
Prior to the renovation, the first tentants move into the neglected shipbuilding warehouse.

Zo krijgen zij feeling met het gebruik van de loods.
This way, they develop a feeling for how to use the shipbuilding warehouse.

Met krijtjes op de betonnen vloer worden ruimtes afgebakend en gehuurd.
Tenants mark off and rent spaces by drawing chalk lines on the concrete floor.

Het IJ is een stevige psychologische grens, die voor fietsers en voetgangers alleen met de pont naar het midden van Noord overgestoken kan worden. Wie ten zuiden van het IJ woont, heeft in Noord eigenlijk niks te zoeken. Er zijn nog nauwelijks culturele instellingen gevestigd, of restaurants waarvoor niet-Noordelingen de oversteek over het IJ maken. Dat geldt anno 2017 overigens in steeds mindere mate, met de komst van Filmmuseum Eye, de Adam Toren en restaurants als Hotel de Goudfazant. Nu worden buurten vernieuwd en geholpen door de enorme druk op de woningmarkt, is Noord voor veel mensen een steeds beter alternatief geworden. Dat de ontwikkelingen op de NDSM-werf geholpen hebben het imago van Noord in positieve zin bij te stellen, is een understatement. Door de Scheepsbouwloods met een collectief van makers en doeners uit de voormalige kraakpanden aan de zuidelijke IJ-oever te gaan ontwikkelen en exploiteren, is aanzet gegeven tot een meer positief imago van Noord.

Als er in 1998 nauwelijks nog mensen zijn die de potentie van de transformatie van de werfgebouwen zien, is de NDSM-werf enkele jaren na de voorstelling van Dogtroep toch een van de mogelijkheden om naartoe te gaan als de ontruimingen aan de zuidelijke IJ-oever concreet beginnen te worden. Een deel van de gebruikers van de voormalige havengebouwen vertrekt naar andere kraakpanden zoals op het ADM-terrein in het Westelijk Havengebied, de voormalige filmacademie OT301 in Oud-West en de Plantage Doklaan in het centrum. Het merendeel van de verjaagde gebruikers staat gewoon op straat.

Wat de toekomst van de NDSM-werf zal zijn, is dan nog onduidelijk, maar als nog hard gewerkt wordt om de ontruimingen in de stad te voorkomen, komt het vizier voor mij steeds meer op de NDSM-werf te liggen. Van een ambtenaar bij stadsdeel Noord krijgen we te horen dat het stadsdeel van plan zou zijn een prijsvraag uit te schrijven voor de werf. Het gaat om een tijdelijke culturele functie in de Scheepsbouwloods en een deel van de buitenruimte van de werf. Hessel Dokkum biedt aan mij te helpen en we bespreken in de nabijgelegen snackbar De Klaproos wat de mogelijkheden zijn. Zo komen de eerste contouren van een plan voor de scheepsbouwloods op een placemat van Oudhollands Bont te staan.

Kinetisch Noord

Het is een fantastisch vooruitzicht om op de ruige voormalige scheepswerf met haar monumentale gebouwen een plek voor creatieve makers neer te zetten. Als initiatiefnemer wil ik snel doorpakken om een plan voor de prijsvraag voor te bereiden. Dat betekent inventariseren wie mee wil naar de noordelijke IJ-oever, het benaderen van architecten en kostendeskundigen die op basis van 'no cure no pay' willen helpen met de bouwcalculaties van onze eerste schetsen. We benaderen ook adviesbureaus om een eerste aanzet voor de organisatie en globale begroting op papier te krijgen. Een aantal mensen uit het netwerk van Het Gilde wil graag mee naar Noord.

Jolien van der Maden – nu de eigenaresse van café-restaurant Noorderlicht op de NDSM-werf – ziet haar plannen voor een strobalen paviljoen op het Stenen Hoofd aan de zuidelijke IJ-oever mislukken en maakt een plan voor een café-restaurant op het buitenterrein

Eva de Klerk, Hessel Dokkum en de werkorganisatie, bestaande uit externe medewerkers.

Eva de Klerk, Hessel Dokkum and the work organization comprising external employees.

the Dogtroep performance, the NDSM shipyard is one of the options people can move to when the evictions on the south bank of the IJ start to become concrete. Some of the users of the former port buildings depart for other squats, such as those at the ADM site in the Westelijk Havengebied, the former film academy OT301 in Oud-West and the Plantage Doklaan in the city centre. The majority of the evicted users are simply out on the streets. At that time it is still unclear what the future of the NDSM shipyard will be, but while work to prevent the evictions in the city is still ongoing, I increasingly focus on the NDSM site. We are told by an Amsterdam-Noord official that District Noord is planning to organize a competition for the shipyard. It involves a temporary cultural function in the shipbuilding warehouse and part of the shipyard's outdoor space. Hessel Dokkum offers to help me and we discuss the possibilities in nearby snack bar De Klaproos, where we sketch the first outlines of a plan for the shipbuilding warehouse on a checked gingham placemat.

Kinetisch Noord

The prospect of turning the rugged former dockland with its monumental buildings into a place for creative makers is fantastic. As an initiator, I want to act quickly and prepare a competition entry. That means identifying the people who want to move to the north bank of the IJ, approaching architects and financial experts who want to help with the building calculations for our first sketches on a no cure no pay basis. We also approach consultancies to get the organization started and an overall budget on paper. A number of

Het dak van de loods lekt en er zijn nauwelijks voorzieningen.
The roof of the shipbuilding warehouse leaks and there are hardly any facilities.

Er worden tijdelijke werkplaatsen ingericht met verplaatsbare units.
Temporary work spaces are set up using mobile units.

Huurders richten werkgroepen op voor bouw, beheer, werving en selectie.
Tenants establish work groups for construction, management, recruitment and selection.

Het bouwteam maakt het ontwerp voor de verbouwing en indeling van de loods.
The construction team creates the design for the renovation and layout of the warehouse.

van de Scheepsbouwloods, waar
eveneens andere initiatieven die elders
in de stad geen plek hebben, terecht-
kunnen. De jongens van het skatepark,
dat in Vrieshuis Amerika zat, zoeken
ook een nieuwe plek en Maik ter Veer
die het kunst- en technologiefestival
Robodock organiseert, ziet mogelijkheden op de NDSM-werf. Hij zoekt een
nieuwe locatie, omdat het ADM-terrein onder voortdurende dreiging van
ontruiming staat. Een aantal theatergezelschappen is tevens naarstig op zoek
naar een geschikte en tot de verbeelding sprekende ruimte. Zo hebben we
al snel het eerste clubje mensen bij
elkaar. Alice Roegholt van Museum
het Schip, het beroemde museum over
de architectuur van de Amsterdamse
School, bedenkt de intrigerende en
treffende naam 'Kinetisch Noord'. Kinetisch verwijst namelijk naar de natuur-
kundige formule Utot=Upot+Ukin. De
toegevoegde kinetische energie vormt
samen met de potentiële energie de
totale energie. Het is daarnaast een
verwijzing naar 'de ruige mix van kunst
en technologie' op de werf.

Prijsvraag

Als Amsterdam-Noord in 1999 inderdaad een prijsvraag uitschrijft voor een
tijdelijke culturele bestemming – vijf
jaar – van het NSM terrein (zoals de
werf toen nog heette), is er geld nodig
om een plan te maken. Medewerking
van architecten en adviseurs komt er
met de toezegging dat als er ooit geld
beschikbaar is, de mensen die meegewerkt hebben alsnog een vergoeding
krijgen. Daarnaast is er een paar 1000
gulden nodig voor het vormgeven en
drukken van de prijsvraaginzending.
Dat bedrag komt bij elkaar door vrienden en bekenden om een bijdrage te

Jolien van der Maden heeft zich gespecialiseerd in strobalenbouw. Café-restaurant
Noorderlicht wordt in 2006 gebouwd met
strobalen, leem en gerecyclede materialen.

Jolien van der Maden specializes in straw
bale construction. Café-restaurant
Noorderlicht is built in 2006 using straw
bales, loam and recycled materials.

people from the network of Het Gilde want to come to Noord with us.

Jolien van der Maden – currently the owner of restaurant Noorderlicht at the NDSM shipyard – sees her plans for a straw bale pavilion on Het Stenen Hoofd on the south bank of the IJ fail and draws up a plan for a café-restaurant in the outdoor space of the shipbuilding warehouse, which has room for various initiatives for which there is no place elsewhere in the city. The kids that ran the skate park in Vrieshuis Amerika are also looking for a new location and Maik ter Veer, the organizer of art and technology festival Robodock, sees opportunities at the NDSM shipyard as well. He is looking for a new location because the ADM site is under constant threat of being cleared out. A number of theatre companies are also urgently looking for a suitable and appealing space. We soon have the first club of people together. Alice Roegholt of Museum het Schip, the famous museum about the architecture of the Amsterdamse School, comes up with the intriguing and apt name 'Kinetisch Noord'. 'Kinetisch' refers to the physics formula $U_{tot}=U_{pot}+U_{kin}$. Added kinetic energy plus potential energy makes total energy. In addition, it is a reference to the shipyard's 'rough mix of art and technology'.

Competition

In 1999, when Amsterdam-Noord actually does organize a competition for the temporary (five years) cultural use of the NSM site (as the shipyard was called at the time), we need money to make a plan. Architects and advisors are willing to help out if we promise to compensate people who collaborate later, when money is available. In addition, we need a few 1,000 guilders to design and print the competition entry. We raise the money by asking friends and acquaintances to make a contribution – crowdfunding avant la lettre. The result is a substantial book, so big that it does not fit into a drawer, and 50 copies are printed. Its size is deliberate: the plan is not meant to disappear in the proverbial desk drawer. Because directors of art institutions, famous festivals and academies support us with a thick packet of recommendation letters, the submission becomes a very bulky document indeed. The plan is made under the flag of what was at that time still 'work group' Kinetisch Noord.

The introduction of the competition entry includes a brief summary of the plan: 'The proposal aims to realize, with and for cultural producers, a self-managed shared business building with a manifestation hall on the NSM site. The proposal prioritizes collectivity, the interaction between users and the public as well as the creation of employment for the potential users themselves. Cornerstones of the plan are the principles of De Stad als Casco, affordability and the position of makers that want to settle in the city: culture producers versus culture consumers, in conjunction with a high degree of public accessibility. Through art, culture and the organization of special and sporting events for street art and entertainment, the aim is to maximize the audience.'

The results of the competition are made public in early 2000. Why does the Kinetisch Noord plan win? There are various reasons. The clearance of the squat(s) in the city and, more in

Het opschonen van de loods omvat de asbestsanering van de weststrook van de loods, het verwijderen van gevaarlijke objecten en ernstige verontreinigingen.
The clean-up of the warehouse includes the removal of asbestos in the western strip of the warehouse and the removal of hazardous objects and serious contaminations.

vragen, crowdfunding avant la lettre. Het resultaat is een kloek boekwerk in een oplage van 50 stuks dat zo'n groot formaat heeft dat het niet in een la past. En dat is met opzet: het is niet de bedoeling dat het plan in de spreekwoordelijke bureaula verdwijnt. Omdat directeuren van kunstinstellingen, bekende festivals en academies ons steunen met een dik pak aanbevelingsbrieven, wordt de inzending zelfs een heel lijvig document. Het plan wordt gemaakt onder de vlag van toen nog 'werkgroep' Kinetisch Noord. In de inleiding van de inzending van de prijsvraag wordt het plan kort samengevat: 'Het voorstel beoogt op het NSM terrein een bedrijfsverzamelgebouw met een manifestatiehal in zelfbeheer te realiseren met en voor cultuurproducenten. Hierbij staan de collectiviteit, de interactie van de gebruikers met het publiek, maar ook het creëren van werkgelegenheid van de potentiële gebruiker zelf hoog in het vaandel. Belangrijke pijlers van het plan zijn de principes van De Stad als Casco, betaalbaarheid en de vestigingspositie van makers in de stad: de cultuurproducenten versus de cultuurconsumenten, in samenhang met een hoge mate van toegankelijkheid voor publiek. Door middel van kunst, cultuur en het organiseren van bijzondere en sportieve evenementen ten behoeve van de straatkunst en het vermaak wordt er gestreefd naar publieksmaximalisatie.'

Begin 2000 wordt de uitslag van de prijsvraag bekendgemaakt. Waarom wint het plan van de werkgroep Kinetisch Noord? Daar zijn verschillende antwoorden op te geven. De ontruimingen van de (kraak)panden in de stad en aan de zuidelijke IJ-oever in het bijzonder hadden Amsterdam met een 'trauma' opgezadeld, schrijft de Volkskrant destijds. Door de commotie die de gebruikers van de Gildepanden hebben teweeggebracht, is het besef bij de politiek doorgedrongen dat 'cultuur zonder subcultuur' niet zou kunnen bestaan, zoals de toenmalige burgemeester Schelto Patijn het omschrijft. De intensieve lobby van Het Gilde in de richting van de politiek werpt zijn vruchten af. Het plan van de werkgroep Kinetisch Noord is zelfs het enige uitgewerkte plan voor de gehele loods dat is ingediend. De concurrenten houden het bij losse ideeën.

Expeditie Kinetisch Noord

Vlak na het winnen van de prijsvraag organiseren we de manifestatie Expeditie Kinetisch Noord. We willen aan politici duidelijk maken wat in de Scheepsbouwloods kan ontstaan. Van vrienden en sympathisanten hebben we bootjes geleend en politici opgehaald achter het Centraal Station. Ondanks de storm en regen varen we naar de NDSM-werf, die dan nog met gemak als gribus omschreven kan worden. De manifestatie speelt met dat imago en laat tegelijkertijd zien wat mogelijk is. Er is een lichtpad gemaakt waarlangs de gasten naar de loods geleid worden met muziek van Warner & Consorten en Silo Theater in de oude hijskranen. Eenmaal in de loods trekken gigantische poppen van het Monsterverbond de deuren open waardoor ooit delen van oceaanstomers en mammoettankers naar buiten gingen. Het is mooi en een beetje angstaanjagend tegelijk. Door een poort van strobalen van Jolien van der Maden ontvangen we de gasten. Aan lange gedekte tafels serveert Theatre of Hell soep met ratten

Bezoek van een enthousiaste burgemeester Schelto Patijn. Met zijn uitspraak 'Geen cultuur zonder subcultuur' start in 2002 het Amsterdamse broedplaatsbeleid.

Visit by an enthusiastic mayor Schelto Patijn. In 2002, his statement 'No culture without subculture' marks the start of Amsterdam's incubator policy.

particular, on the south bank of the IJ has left Amsterdam traumatized, as *de Volkskrant* newspaper writes at the time. The commotion caused by the users of the buildings of Het Gilde has raised politicians' awareness of the fact that there can be no 'culture without subculture', as then-mayor Schelto Patijn puts it. The intensive lobby of Het Gilde among politicians is paying off. The Kinetisch Noord plan is in fact the only submission with a fully developed plan for the entire shipbuilding warehouse. The competitors stick to disparate ideas.

'Expeditie Kinetisch Noord'

Directly after winning the competition, we organize the event 'Expeditie Kinetisch Noord'. We want to explain to politicians what the possibilities of the shipbuilding warehouse are. We borrow boats from friends and sympathizers and pick up politicians behind Central Station. Despite the storm and rain we cross the water to the NDSM shipyard, which at that time can only be described as a dump. The event plays with that image and demonstrates what is possible at the same time. We create a light path along which we lead guests to the building, with music by Warner & Consorten and Silo Theater performing in the old cranes. Once our guests arrive at the shipbuilding warehouse, the huge puppets of Het Monsterverbond open the doors through which parts of ocean steamers and mammoth tankers once left the building. It's beautiful and a little frightening at the same time. We receive the guests as they come in through a straw bale gate by Jolien van der Maden. At long, set tables, Theatre of Hell serves soup with rats (made of plastic) while the

De Scheepsbouwloods wordt gefaseerd ontwikkeld. Het skatepark wordt ingepakt voor de bouw van de Kunststad. De theaterwerkplaatsen in de oostvleugel zijn al opgeleverd.
The shipbuilding warehouse is developed in stages. The skate park is screened off for the construction of the Art City. The theatre workshops in the east wing have already been completed.

(van plastic), terwijl acrobaten van Corpus aan de stalen balken van de loods hangen en skaters door de ruimte razen op hun eerste zelfgebouwde ramp. Het leidt tot veel goodwill bij de bobo's en de politiek.

Na de expeditie zijn we eigenlijk gewoon in de loods gebleven, terwijl we nog bezig zijn de meest elementaire zaken te regelen en om aan de uitwerking van onze plannen te gaan werken. Op dat moment, nog voor de verbouwing van de loods, zijn we met een groep van ongeveer 70 creatieve makers in de oude en zwaar verwaarloosde loods getrokken. We maken van de kleine bestaande aanbouw van de loods een kantoor, terwijl de verwarming het daar nog niet doet. Ik leg vervolgens warm water aan in het kantoorgebouwtje en ik haal overal en nergens oude archiefkasten, bureaus en stoelen vandaan. Hoewel er nog geen sanitair is en de wind vrij spel heeft in het gebouw, vestigen zich al mensen in de loods. Dat hebben we met opzet zo gedaan. Meedoen vanaf het allereerste begin leidt tot betrokkenheid en gevoel voor ontwerp en inrichting.

De voorwaarde is: wie wil meedoen mag in de loods zitten, maar moet wel meehelpen en commitment tonen door een financiële bijdrage te geven. Op die manier bouwen we een geldpot op en creëren we tijdelijke werkplekken. Met een krijtje op de grond geven de eerste gebruikers aan hoeveel ruimte hij/zij voorlopig wil huren, destijds voor 25 gulden per vierkante meter per jaar. Zij nemen hun plek in de loods in met de meest uiteenlopende verblijfplekken: een portakabin, tent, dubbeldekker, caravan of iets anders.

De theatermakers verruilen hun tijdelijke ruimtes in de loods voor een definitieve zelfbouwplek in de oostvleugel.

The theatre makers exchange their temporary spaces in the warehouse for permanent DIY spaces in the east wing.

acrobats of Corpus hang from the steel beams of the building and skaters whizz through the space on their first self-built ramp. The event creates a lot of goodwill among bigwigs and politicians.

After the event we more or less remain in the shipbuilding warehouse, while we are still busy organizing the most basic issues and working on the development of our plans. At that time, before the conversion of the shipbuilding warehouse, a group of some 70 creative makers move into the old and severely neglected building. We turn the small, existing extension of the shipbuilding warehouse into an office, even though there's no heating. I subsequently install hot water in the office building and conjure up old filing cabinets, desks and chairs from nowhere. Though there are no bathroom fixtures in the building and the place is exposed to the wind, people are already moving in. That is intentional. Participating from the very beginning leads to commitment and a sense of design and layout.

There is a condition: anyone is welcome to move into the shipbuilding warehouse, but they have to help and show commitment by making a financial contribution. That way, we build up a slush fund and construct temporary work spaces. Using chalk, the earliest users indicate on the floor how much space they initially want to rent, the rate at the time is 25 guilders per square metre per year. They occupy their spaces in the shipbuilding warehouse using a wide variety of accommodations, including portacabins, tents, double-deckers and caravans.

From NSM to NDSM

We use the slush fund to finance the website www.ndsm.nl and call the shipyard NDSM instead of NSM. There are several reasons for this: the shipyard used to be called NDSM before it merged with the ADM shipyard; after the clearance wave on the south bank of the IJ, some people moved to the ADM and some to the NSM; in order to confirm the relationship we found NDSM a better name; and the third reason: the words 'Nederlandse Dok- en Scheepsbouwmaatschappij' are written on the front of the building in giant letters. The URL was acquired by a property developer who never paid compensation or mentioned credits in 2010.

Kinetisch Noord Crosses the IJ

The first creative makers start to use the shipbuilding warehouse, but in this period we are also faced with a number of problematic issues. The work group Kinetisch Noord was only able to draw up a global budget for the competition. A feasibility study is needed to get more clarity about a cost-effective approach. As the winner of the competition, Kinetisch Noord is the only party that is allowed to carry out such a study and it receives a contribution from the newly established Broedplaats Fund to pay the architects and advisors that contributed to the competition. The study is called 'De IJsprong van Kinetisch Noord' (ed.: the name refers to new beginnings through the likeness between 'IJsprong' ('sprong' means 'jump', so 'IJ jump' viz. 'jump across the IJ') and 'eisprong' ('egg jump', viz. 'ovulation').

The result is disappointing: the sanitation of the polluted soil, the renovation of the building and its conversion into usable work spaces require a lot more money than initially estimated. Ultimately, it will take 15 million guilders to deal with overdue maintenance,

Het casco bestaat uit een stalen frame met betonvloeren, basis aansluitpunten en een lift.
The shell consists of a steel frame with concrete floors, basic connection points and a lift.

In het cascoraamwerk bouwen huurders hun eigen werkruimtes zelf af.
Inside the shell, tenants complete their own work spaces.

Huurders zijn 'eigenaar' van hun eigen werkruimte.
Tenants 'own' their work spaces.

Er zijn vooraf afspraken gemaakt over de waarde van de afbouw en overnamekosten
Agreements about the value of completion and take-over costs were made in advance.

Van NSM naar NDSM

Uit de geldpot financieren we de website www.ndsm.nl en noemen we de plek NDSM in plaats van NSM. Daar zijn verschillende redenen voor: vroeger heette de werf NDSM, toen die ooit samengevoegd werd met de ADM-werf; na de ontruimingsgolf op de zuidelijke IJ-oevers ging een deel naar ADM en een deel naar NSM; om de relatie te bekrachtigen vonden we NDSM een betere naam. En als derde reden: 'Nederlandse Dok- en Scheepsbouwmaatschappij' staat met koeienletters op de voorgevel geschreven. De URL is in 2010 in handen gekomen van de projectontwikkelaar, zonder dat daar ooit een vergoeding of vermelding van credits tegenover heeft gestaan.

De IJsprong van Kinetisch Noord

De eerste creatieve makers kunnen de Scheepsbouwloods gaan gebruiken, maar er dient zich in deze periode ook direct een aantal lastige kwesties aan. De werkgroep Kinetisch Noord heeft voor de prijsvraag alleen een globale begroting kunnen maken. Om meer duidelijkheid te krijgen over een rendabele aanpak is een haalbaarheidsonderzoek nodig. Kinetisch Noord is als winnaar van de prijsvraag de enige partij die een dergelijk onderzoek mag uitvoeren en krijgt daarvoor een bijdrage uit het net opgerichte broedplaatsenfonds waarmee de architecten en adviseurs die meegewerkt hebben aan de prijsvraag, betaald kunnen worden. Het onderzoek krijgt de naam 'De IJsprong van Kinetisch Noord' mee.

De uitkomst valt tegen: voor het saneren van de vervuilde grond, het renoveren van het gebouw en het geschikt maken voor gebruik is veel meer geld nodig dan aanvankelijk is gedacht. Het gaat uiteindelijk om een bedrag van 15 miljoen gulden achterstallig onderhoud, vervuilde grond, een nieuw dak en restauratie van alle gevels. Ons voorstel is dat de eigenaar, stadsdeel Noord, het achterstallige onderhoud op een voordelige manier aan Kinetisch Noord zou kunnen overdoen door de loods uit te geven tegen een zogenaamde 'negatieve gebouw-/grondwaarde'. Dit betekent dat we geld toe zouden moeten krijgen om het achterstallig onderhoud zelf weg te werken. Een bedrag van 15 miljoen gulden kan geen enkele culturele ondernemer of projectontwikkelaar binnen vijf jaar terugverdienen.

Voor het ontbrekende deel willen we een lening afsluiten en privévermogen inbrengen. Met een paar 100 huurders zijn inkomsten voor langere tijd immers gegarandeerd. Daarbij wordt wel uitgegaan van 30.000 vierkante meter verhuurbare oppervlakte, wat mogelijk is door in de loods verschillende lagen te bouwen. De kosten voor de casco-inbouw van meerdere verdiepingen met werkruimtes, basis aansluitpunten en brandveiligheidsmaatregelen bedragen nog eens 15 miljoen gulden.

Het stadsdeel wil de loods niet aan ons verkopen, omdat het een streep zou zetten door de nieuwbouwplannen op de werf. Op dat moment worden namelijk grootse plannen voor het gebied boven het IJ gemaakt. Het grootste deel van de werf, waaronder de Scheepsbouwloods, zou na verloop van tijd gesloopt moeten worden en plaatsmaken voor nieuwbouw. Hier zien stadsbestuurders het liefste nog een Manhattan aan het IJ verrijzen.

Uiteindelijk leiden gesprekken hierover tot een compromis: het bonte gezelschap van kunstenaars, ambachtslieden, skaters, ondernemers die met

polluted soil, a new roof and the restoration of all façades. Our proposal is that the owner, District Noord, will pass the overdue maintenance on to Kinetisch Noord by selling the shipbuilding warehouse with a so-called 'negative building/land value'. This means they will have to give us money to eliminate the overdue maintenance. After all, no cultural entrepreneur or project developer can earn back an amount of 15 million guilders inside five years.

To cover the deficit, we want to take out a loan and bring in private capital. We have a few 100 tenants, so our income is guaranteed for a longer period of time. This plan is based on 30,000 square metres of rentable floor space, which is feasible if we build several levels into the shipbuilding warehouse. The cost of building several floors with work spaces including basic connections to networks and fire safety measures into the building shell amount to another 15 million guilders. District Noord does not want to sell us the shipbuilding warehouse, because that would be the end of its plans for new construction on the shipyard site. At that moment, big plans are being conceived for the area above the IJ. The best part of the shipyard, including the shipbuilding warehouse, would eventually have to be demolished to make room for new construction. City officials still have their sights set on building a Manhattan on the IJ.

Ultimately, talks lead to compromise: the colourful group of artists, artisans, skaters, entrepreneurs that work with recycled materials and theatre makers can stay for ten years. Though that feels like a long time, we still face a deficit even if we operate

the building for ten years. When the euro replaces the Dutch guilder in 2002, the numbers stay the same for the sake of convenience, but calculations are no longer in guilders but in euros. The 15 million guilder deficit becomes a 15 million euro deficit on a total budget of 30 million.

Political Choice

The fact that the NDSM shipyard and the intended incubator are pawns in a political game becomes all the more clear when near the end of 2000 the then Dutch Labour Party alderman responsible for Urban Planning informs me that we will receive a subsidy of 15 million guilders to make the shipbuilding warehouse ready for use. In an earlier public hearing of the city council I indicated, on the basis of calculations by the councillor himself, that with a building of 20,000 square metres Kinetisch Noord is probably entitled to an amount of 15 million guilders from the Broedplaats Fund. The fact that the alderman promises us such a huge amount of money is surprising, but turns out not to be a coincidence.

When, one day after the alderman has promised us the money, news hits the papers that Kinetisch Noord will receive 15 million guilders and that a large squat called De Kalenderpanden in the eastern city centre has been cleared, this of course causes discord in the city's alternative scene. It's a clear signal: anyone who participates in the plans of the city can count on funding, anyone who does not will sooner or later be swept off the chess board.

Looking for Security

The initiators of the sanctuary in the shipbuilding warehouse want a fixed

Eva bouwt haar eigen werkruimte in met drie containers op twee verdiepingen.
Eva building her own work space using three containers on two floors.

De botenbouwers van de werf helpen mee met vorkheftrucks.
The boat builders of the shipyard help out with forklift trucks.

gerecyclede materialen bouwen en theatermakers mag tien jaar blijven. Dat lijkt dan nog een lange periode, maar zelfs voor de exploitatie van tien jaar is er nog steeds een tekort. Als de euro in 2002 de Nederlandse gulden vervangt, wordt gemakshalve met dezelfde bedragen maar dan met de veel duurdere euro gerekend. Het tekort van 15 miljoen gulden wordt een tekort van 15 miljoen euro op een totaal budget van 30 miljoen.

Politieke keuze

Dat de NDSM-werf en de beoogde broedplaats onderdeel van een politiek spel zijn geworden, blijkt eens te meer als de toenmalige Partij van de Arbeid-wethouder van Ruimtelijke Ordening eind 2000 laat weten mij een subsidie van 15 miljoen gulden toe te kennen voor het gebruiksklaar maken van de Scheepsbouwloods. Korte tijd daarvoor heb ik in een openbare hoorzitting van de gemeenteraad op basis van de berekeningen van de wethouder zelf aangegeven dat Kinetisch Noord met een loods van 20.000 vierkante meter recht zou moeten hebben op een bedrag van 15 miljoen gulden uit het broedplaatsfonds. Dat de wethouder dit enorme bedrag toezegt is verrassend, maar lijkt geen toeval te zijn.

Als een dag na het bericht van de wethouder in de krant staat dat Kinetisch Noord 15 miljoen gulden krijgt, terwijl de avond ervoor het grote kraakpand De Kalenderpanden in de oostelijke binnenstad ontruimd is, zet dat logischerwijs kwaad bloed binnen de alternatieve scene in de stad. Het signaal is duidelijk: wie meewerkt aan de plannen van de gemeente kan op financiering rekenen, wie dat niet doet wordt vroeg of laat van het schaakbord geveegd.

Op zoek naar zekerheid

De initiatiefnemers van de vrijplaats in de Scheepsbouwloods willen een vaste en betaalbare plek in de stad en overheidsbeleid dat dit garandeert. Door steeds van rafelrand naar rafelrand te moeten trekken is sprake van kapitaalvernietiging en op die manier kunnen de makers niet duurzaam ondernemen. Met de eenmalige subsidie voor het wegwerken van het achterstallig onderhoud en de nutsvoorzieningen kan de loods geschikt gemaakt worden voor verhuur en kan er een contract worden getekend voor een periode van tien jaar. Voor de exploitatie en zelfbouw van de ateliers hebben wij nooit subsidie gevraagd. In plaats daarvan wordt een collectieve lening voorgesteld op basis van de huuropbrengsten en hebben huurders tot op heden met de realisatie van slechts de helft van het ontwikkelplan vijf miljoen privé geïnvesteerd. Met de realisatie van het hele plan lopen de investeringen van de huurders op tot tien miljoen, exclusief de lening die de huurders ook zelf financieren.

Er is bewust voor gekozen geen structurele subsidies aan te vragen, omdat dit tot een afhankelijkheidsrelatie met de subsidiegever leidt die de geldkraan ook zomaar dicht kan doen. We hebben zelfs groepen geweigerd die van structurele subsidie afhankelijk zijn. Het uitgangspunt is altijd geweest om de exploitatie rendabel te maken zonder de betaalbaarheid van de gebruikers uit het oog te verliezen. Door plekken te creëren voor 500 verschillende initiatieven in een optimaal ontwikkelde Scheepsbouwloods zou dat eveneens kunnen. Het contract van Stichting Kinetisch Noord met stadsdeel Amsterdam-Noord voor de huur van de Scheepsbouwloods wordt uiteindelijk in 2003 getekend.

and affordable place in the city and central government policy to safeguard it. Having to move from one fringe to the next causes the destruction of capital and prevents makers from running sustainable businesses. With the one-off subsidy for the elimination of overdue maintenance and for utilities, the shipbuilding warehouse can be made suitable for renting and contracts for a ten-year period can be signed. We have never asked for subsidies for the running and self-building of the studios. Instead, a collective loan is proposed based on rental income, and hitherto, with only half of the development plan realized, tenants have invested 5 million privately. The realization of the entire plan will represent tenant investments worth up to 10 million, excluding the loan that the tenants also finance themselves.

We deliberately decide not to apply for structural subsidies, because they lead to a dependency relationship with a subsidizer that can stop the flow of money at any time. We even refused groups that depended on structural subsidies. The premise has always been to make running the building profitable without losing sight of affordability for users. By creating spaces for 500 different initiatives in an optimally developed shipbuilding warehouse, this was feasible. The rental agreement between the Kinetisch Noord Foundation and District Noord for the shipbuilding warehouse is eventually signed in 2003.

Differences of Opinion

In 2000, work group Kinetisch Noord is formalized into the Kinetisch Noord Foundation. Then the city, having granted subsidy for the elimination of overdue maintenance, requires us to set up a board consisting of external board members to prevent any conflicts of interest. Soon, a difference of opinion arises about the course to take. Hessel Dokkum chooses an approach that is more top-down and in which the foundation takes the lead. But I want to develop the shipbuilding warehouse together with the users and therefore bottom-up, in accordance with the philosophy of *De Stad als Casco*. In my view, the users must have optimal freedom to develop the shipbuilding warehouse given different shell structures. After all, the project is about the end users, they will be working on the site and have to be allowed to design their own environment in consultation with each other, within the agreed financial and architectural conditions.

It leads to a breakup of the collaboration between Hessel and me, with the board choosing the bottom-up approach that focuses on the user. To show that I mean business, I shove aside all previously drafted design plans except for the basic principles from the feasibility study, which include group size, the financial strength of the group and the number of square metres that need to be realized to meet the financial goals.

Action Plan with Tenants

The next step is to set up an umbrella implementation organization and to draw up an Action Plan for the next ten years with the users. This is the beginning of the community building process. We see District Noord, the owner of the building, as our natural partner. The Action Plan includes a description of the structure of the organization, the way the design process is established together with the users, and the

Verschil van inzicht

Werkgroep Kinetisch Noord is in 2000
geformaliseerd in Stichting Kinetisch
Noord. Dan komt er met de toezegging van de subsidie om het achterstallig onderhoud weg te werken een
voorwaarde van de gemeente om
een bestuur samen te stellen dat uit
externe bestuursleden bestaat om
eventuele belangenverstrengeling
te voorkomen. Al snel ontstaat een
meningsverschil over de koers. Hessel
Dokkum kiest voor een benadering
die meer top-down is en waarin de
stichting de leiding neemt. Maar ik wil
de loods samen met de gebruikers en
dus van onderop ontwikkelen, volgens
de filosofie van De Stad als Casco. De
gebruikers moeten in mijn visie opti-
male vrijheid krijgen voor de invulling
van de loods binnen verschillende
cascostructuren. Het gaat immers om
de eindgebruikers, zij gaan op die plek
werken en moeten in samenspraak
met elkaar en binnen de financiële en
bouwkundige randvoorwaarden hun
eigen omgeving kunnen vormgeven.

Het leidt tot een breuk in de samenwerking tussen Hessel en mij, waarbij
het bestuur voor de bottom-up aanpak
kiest waarin de gebruiker centraal
staat. Om te laten zien dat ik dat meen,
schuif ik alle voorgaande ontwerp-
plannen opzij met uitzondering van de
basisprincipes uit het haalbaarheidsonderzoek: grootte van de groep, de
financiële armslag van de groep en het
aantal te realiseren vierkante meters
om aan de financiële doelstellingen te
kunnen voldoen.

Plan van Aanpak met de huurders

De volgende stap is het opzetten van
een overkoepelende uitvoeringsorganisatie en het met de gebruikers samen

Een collectief van kunstenaars dat zich in
de Kunststad wil vestigen bouwt en schildert
het tijdelijke atelierdorp Dazzleville op het
buitenterrein.

An artist collective that wants to settle in the
Art City builds and paints temporary studio
village Dazzleville in the outdoor area.

phased way in which the end-users will develop the building. The recruitment and selection of and by users are also described in detail. All of this is based on a multi-annual budget and planning. The plans are established by all the people involved. In 2002, when the Action Plan is finished after a year of consultation and writing, we have ourselves a 'bible' and above all the commitment of the shipbuilding warehouse community.

Next follow the physical design process and finding an architect that can translate the building projects of the users into a building permit application (Dynamo Architecten). Inside the existing shell of the building (roof and façades), new-build shells are realized that consist of foundations, steel frameworks with concrete floors, of streets, storeys and squares in which individual users build their own, owner-occupied work spaces.

Design Process with Users

Artists Rienke Enghardt and Bob Bakhuijsen have been involved in the NDSM from the very beginning and have worked intensively on the design for the shipbuilding warehouse. They work together with hired workshop leader Filip Bosscher, a philosopher-architect who understands and underwrites the principles of De Stad als Casco. The design team consists of a core of end users, including Rienke and Bob.

Because the development of the shipbuilding warehouse will take some more doing than initially estimated because of the polluted soil and the atrocious state of the roof, Rienke and Bob invent Dazzleville, a temporary studio village made of portacabins in the outdoor space. It is a miniature version of the later Kunststad. That way, people can work on location while they await their move to the adjacent building. With a nod to the shipbuilding history of the NDSM, the containers are dazzle painted in the camouflage colours and patterns of battle ships from the First World War, used to make ships invisible to the enemy.

Bosscher's way of working fits well with the philosophy of De Stad als Casco. Ideas are based on the existing building and environment. The soul searching begins: What is the strength of the place and what are the specific components of the building? What kind of feeling do they evoke? 'The idea was to think from observation to association and then to concept,' says Rienke, 'we mapped the building: the higher part we called the "cathedral" and there was a "hidden place", too. We looked carefully at the light, the square, the crane houses and the original structure. Things like the railway tracks that run through the building and natural sight lines. We looked very carefully at what was already there and at the qualities things have. And we really took our time.'

In the search for a concept for the shipbuilding warehouse, two sources of inspiration were of key importance. Constant Nieuwenhuys, because of his ideas for New Babylon and about the organic ways cities can grow and adapt to new needs; and Louis le Roy, because of the gardens in which he, constructing his eco cathedrals, makes nature and culture work together. 'Nieuwenhuys and Le Roy are sometimes depicted as dreamers, but they were visionaries with an eye for a future in which labour no longer ranks first

opstellen van een Plan van Aanpak voor de komende tien jaar. Hiermee start het proces van *community building*. Het stadsdeel, eigenaar van het gebouw, zien wij als natuurlijke partner. In het Plan van Aanpak staat onder meer hoe de organisatie vormgegeven wordt, hoe het ontwerpproces met gebruikers tot stand komt en de manier waarop de loods door de eindgebruikers gefaseerd ontwikkeld zal worden. Ook de werving en de selectie van en door de gebruikers worden uitvoerig beschreven. Dit alles op basis van een meerjarenbegroting en een planning. De plannen worden met alle betrokkenen op de kaart gezet. Als het Plan van Aanpak in 2002 na een jaar overleg en schrijven af is, hebben we de 'bijbel' en vooral het commitment van de community van de Scheepsbouwloods in handen.

Daarna volgt het fysieke ontwerpproces en het vinden van een architect die de bouwprojecten van de gebruikers kan vertalen in een bouwaanvraag (Dynamo Architecten). Onder het bestaande casco van de loods (dak en gevels) worden nieuwbouwcasco's gerealiseerd die bestaan uit funderingen, stalen staketsels met betonnen vloeren, met straten, verdiepingen en pleinen waarbinnen individuele gebruikers hun eigen werkplek bouwen en daar tevens eigenaar van zijn.

Ontwerpproces met de gebruikers

Rienke Enghardt en Bob Bakhuijsen zijn kunstenaars en NDSM'ers van het eerste uur en hebben zich intensief beziggehouden met het ontwerp voor de loods. Dat doen zij samen met een ingehuurde workshopleider Filip Bosscher, een filosofisch architect die de uitgangspunten van De Stad als Casco begrijpt en onderstreept. Het ontwerpteam bestaat uit een kern van eindgebruikers, waaronder Rienke en Bob.

Omdat de ontwikkeling van de Scheepsbouwloods meer voeten in de aarde heeft dan aanvankelijk gedacht, vanwege de vervuilde grond en de belabberde staat van het dak, bedenken Rienke en Bob Dazzleville, een tijdelijk atelierdorp van portakabins op het buitenterrein. Het is de latere Kunststad in het klein. Op die manier kan toch al op de locatie gewerkt worden, in afwachting van de verhuizing naar de naastgelegen loods. De containers worden geschilderd in schutkleuren en motieven van oorlogsschepen uit de Eerste Wereldoorlog. Die patronen werden gebruikt om schepen voor de vijand onzichtbaar te maken. Het is een knipoog naar het scheepsbouwverleden van de NDSM.

De manier van werken van Bosscher sluit goed aan bij de filosofie van De Stad als Casco. Zo wordt gedacht vanuit hetgeen al aanwezig is in de loods en omgeving. Begonnen wordt met *soul searching*: wat is de kracht van de plek en wat zijn specifieke onderdelen van de loods? Wat voor gevoel roepen die op? 'Het idee was om vanuit observatie naar associatie en vervolgens naar concept te denken', zegt Rienke, 'we hebben de loods in kaart gebracht: het hogere deel noemen we de kathedraal, er was ook een "verborgen plek". Het licht, het plein, de kraanhuisjes en ook de oorspronkelijke structuur hebben we goed bekeken. Het gaat dan om sporen die door de loods lopen en natuurlijke zichtlijnen. We hebben heel goed gekeken naar wat er al was en wat de kwaliteiten daarvan zijn. En daar hebben we echt de tijd voor genomen.'

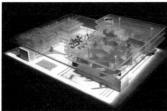

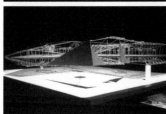

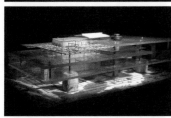

Het ontwerp van de loods is geïnspireerd op New Babylon van Constant Nieuwenhuys. Het ontwerpteam bezoekt zijn tentoonstelling vlak voor zijn dood in 2005.

The design of the warehouse is inspired by Constant Nieuwenhuys' New Babylon. The design team visits his exhibition just before his death in 2005.

and has been replaced by creativity. They offer an alternative, a new reality in which organic growth is essential. In our own way, we wanted to do that too,' says Rienke, 'this is about ongoing social renewal.'

It is not the intention to provide only artists with spaces, for example. Rienke: 'We wanted to bring different kinds of users together. We wanted connection and diversification: no shine without friction. The design team invented the envelope framework that emphatically makes room for change and in which everyone is welcome. We started a process without an end point. That is quite something for a young and vulnerable organization, which is what the Kinetisch Noord Foundation was at the time. In this respect Constant Nieuwenhuys, Louis le Roy and Johan Huizinga's Homo Ludens – men at play – appear to be soulmates for life.'

Our starting point for diversification results in a first difference of opinion with District Noord, which wants to focus on the creative industry and believes this does not include the already present boat builders, social enterprise Stichting Kerk en Buurt (church and neighbourhood foundation), knife grinders and flea market. We oppose them because, starting from the envelope approach, we take on development on the basis of existing physical and social structures.

The Shell Projects

The logical layout of the shipbuilding warehouse consists of five building clusters that form naturally on the basis of disciplines and professional practices. This format still exists today. The theatre makers, inventors and circus artists find each other in the east

In de zoektocht naar een concept voor de loods zijn twee inspiratiebronnen van groot belang geweest. Constant Nieuwenhuys vanwege zijn ideeën voor New Babylon en een organische manier waarop steden kunnen groeien en zich kunnen aanpassen aan nieuwe behoeftes. En Louis le Roy vanwege zijn tuinen waarin hij natuur en cultuur laat samenwerken in de bouw van zijn ecokathedralen. 'Nieuwenhuijs en Le Roy worden wel eens afgespiegeld als dromers, maar het waren mensen met visie met het oog op een toekomst waarin arbeid niet meer op de eerste plaats staat en creativiteit die plek inneemt. Zij bieden een alternatief, een nieuwe realiteit waarin organische groei de essentie is. Dat wilden wij op onze manier ook doen', zegt Rienke, 'het gaat hier om voortdurende maatschappelijke vernieuwing.'

Het is daarbij niet de bedoeling bijvoorbeeld alleen kunstenaars een plek te geven. Rienke: 'We wilden verschillende soorten gebruikers bij elkaar brengen. Het ging om verbinden en diversificatie: zonder wrijving geen glans. In het ontwerpteam hebben wij het cascoraamwerk bedacht waarin nadrukkelijk ruimte is voor dynamiek en waarbinnen iedereen welkom is. We hebben een proces in gang gezet zonder eindbeeld. Dat is best iets voor jonge en kwetsbare organisaties zoals Stichting Kinetisch Noord toen was. Constant Nieuwenhuys, Louis le Roy en Homo Ludens – de spelende mens – van Johan Huizinga blijken hierin soulmates for life.'

Ons uitgangspunt voor diversificatie is het eerste verschil van inzicht met het stadsdeel dat wil inzetten op creatieve industrie, waarin volgens het stadsdeel geen ruimte is voor de al aanwezige botenbouwers, sociaal-maatschappelijke onderneming Stichting Kerk en Buurt, messenslijpers en vlooienmarkt. Daar verzetten wij ons tegen, omdat wij volgens de casco-aanpak uitgaan van een ontwikkeling vanuit bestaande fysieke en sociale structuren.

De cascoprojecten

Als het gaat om een logische indeling van de loods, ontstaan op natuurlijke wijze vijf bouwclusters op basis van disciplines en beroepspraktijken. Het is de indeling die nu nog steeds bestaat. De theatermakers, uitvinders en circusartiesten groeperen zich in de oostvleugel van de loods waar zij ook een stuk buitenruimte kunnen gebruiken voor opslag van materiaal, decorstukken en dergelijke in containers. Aan de zuidgevel ontstaat een groep die zich de Vrije Kavels noemt. Zij hebben behoefte aan hoge grote industriële ruimtes met hoge loodsdeuren in de gevel. Het gaat bijvoorbeeld om botenbouwers, groot kunsttransport of zoals een van de huurders tegenwoordig doet: het 3D-printen van een brug voor een van de Amsterdamse grachten. De huurders van de Vrije Kavels vragen daarnaast elk zelf een bouwvergunning aan.

De skateboarders willen een eigen en afgesloten ingang, zodat de jongeren niet door de hele loods kunnen zwerven. Zo ontstaat een skatepark aan de westgevel van de loods. Het is de bedoeling dat het skatepark deel uitmaakt van een jongerencluster. Het plan is dat onder het skatepark ruimte komt voor oefenruimtes voor popmuzikanten en naast het skatepark een klimhal.

In het midden van de loods verrijst

In het midden van de Scheepsbouwloods verrijst de stedenbouwkundige structuur van de Kunststad met drie verdiepingen.

In the middle of the shipbuilding warehouse sits the urban structure of the three-storey Art City.

wing of the building, where they can also use part of the outside space to store materials and pieces of scenery and the like in containers. A group that calls itself the Vrije Kavels (Free Plots) gathers along the southern façade. The members need large, high, industrial spaces with high doors in the façade. The people involved build boats, for example, have to transport large pieces of art or, as one of the current tenants is doing, 3D-print a bridge across one of Amsterdam's canals. In addition, the tenants of the Vrije Kavels apply for building permits themselves.

The skateboarders want a private, closed entrance to ensure that kids cannot roam all over the shipbuilding warehouse. The skate park is therefore created on the western side of the building. The skate park is meant to be part of a youth cluster. The plan is to make room for rehearsal spaces for pop musicians underneath the skate park and build a climbing hall adjacent to the skate park.

The urban planning structure of the three-floor Kunststad is built in the middle of the shipbuilding warehouse: mainly artisan workshops on the ground floor and space for studios and work and office spaces on the first and second floors. The shell framework of the Kunststad is both literally and physically a translation of the principles of *De Stad als Casco*.

The fifth building project is the northern strip in the higher part of the building, with a six-storey 'Tower of Babylon' still in the pipeline. This tower is a densification in the northern strip that allows the establishment of a large event and exhibition space. The starting point has always been to continue to display the open and monumental

Plattegrond bouwprojecten van Dynamo Architecten: 1. Oostvleugel. 2. Ruimtes onder skatepark. 3. Zuidgevel met vrije kavels. 4. Kunstad. 5. Noordstrook met ruimte nieuwe huurders.
Floorplan construction projects Dynamo Architecten: 1. Eastern wing. 2. Spaces beneath the skate park. 3. Southern façade with free plots. 4. Art City. 5. Northern strip with spaces for new tenants.

belending: Docklands hal

merk J   merk H   merk G   merk F

C16 C15 C14 C13 C12 C11 C10 C9 C8

vluchtweg try-out-city

vluchtweg multizaal

vluchtweg multizaal

21D noordstrook
multi-zaal 3 (600 m2)
B1 500 personen

15E

21D noordstrook
kleedruimtes zalen (60m2)
verblijfsruimte
publieksruimte
B2 30 personen

21D noordstrook
entreegebouw (150 m2)
verkeersruimte

21D noordstrook
expo-ruimte (270 m2)
kantoor
B2 100 personen

15F

21D noordstrook
EHBO (20m2)
kantoor
B3 2 personen

1

21D noordstrook
expo-opslag (50 m2)
berging

21D noordstrook
opslag zalen (100 m)
berging

merk K

B13

B12

B11

21B- Sectie 4
try-out-city (440 m2)
B3 83 personen

15D

B10

B9

merk L

2   **3**   **4**

blok H11:
geen vide-type

blok I21 vervalt:
bestrating doorgezet

B8

B7

B6

21B- Sectie 4
try-out-city (440 m2)
B3 83 personen

15C

B5

B4

B3

Hoofddraagconstructie gevel in compartiment
30 minuten brandwerend omkleden

21B- Sectie 4
klimhal (450 m2)
B5 33 personen

15B

Hoofddraagconstructie gevel in compartiment
30 minuten brandwerend omkleden

7

TOILETTEN DOCKLANDS

B2

B1

5A   **17**   **15**   merk B

kantoor
5x24=120m2

15

kantoor Stichting Kinetisch Noord

nevenpaneel
brandmeldinstallatie

bijgebouw : bestemming onbekend

A8
brandmeld
ontruiming
detectie -
installatie

ketel-

hoofdinvoe
electra/wa
incl. bemet

BA-01

dynamo architekten

AFBOUW: begane grond

E   D

C5   C4   C3   C2   C1

noordstrook
nifestatie(650m2)
:00 personen

21D noordstrook
horeca (250m2)
publieksruimte
B1 250 personen

15G

19-17

21A Oostvleugel
werkplaatsen B5

vluchtgang 2

werkplaats 10

werkplaats 9

werkplaats 8

werkplaats 7

21A Oostvleugel
werkplaatsen B5

werkplaats 6

19-11

hekwerk botenbouwer

vluchtgang 1

merk E

merk D

bk

5   6

19-9

21A Oostvleugel
werkplaatsen B5

werkplaats 4

werkplaats 3

werkplaats 2

bk

19-1

21A Oostvleugel
werkplaatsen B5

internationale werkplaats 1

merk C

erwarming

brandinfra

bijgebouw : bestemming onbekend

30

11   12   13   14   15   16   17   18   19

E   D

de stedenbouwkundige structuur van de Kunststad met drie verdiepingen: op de begane grond vooral de ambachtelijke werkplaatsen en op de eerste en tweede verdieping ruimte voor ateliers, werk- en kantoorruimtes. Het cascoframework van de Kunststad is zowel een letterlijke als een fysieke vertaling van de principes van De Stad als Casco.

Het vijfde bouwproject is de noordstrook in het hogere deel van de loods, waar een 'Babylon toren' van zes verdiepingen op de rol staat. Deze toren is een verdichting in de noordstrook, zodat er een grote manifestatie- en tentoonstellingsruimte kan ontstaan. Het uitgangspunt is altijd geweest om het open en monumentale karakter van de loods zichtbaar te houden met zo veel mogelijk behoud van oude artefacten van de loods zoals scheepskranen, staalpersen, katrollen en kraanhuisjes.

Ook naast de loods en op het buitenterrein worden vijf bouwprojecten in het Plan van Aanpak benoemd. Dat zijn de naastgelegen Docklandshal die we voor tien jaar erbij mogen huren voor grote evenementen en dancefeesten, de twee scheepshellingen X en Y waarin een tiental kunstenaars lang voor de oprichting van Kinetisch Noord een atelier heeft, en het café-restaurant De Houten Kop, later het beroemde café Noorderlicht, dat opgericht is door twee strobouwvrouwen die zich gespecialiseerd hebben in het bouwen met recyclede materialen en strobalen. Het vijfde bouwproject is het tijdelijke atelierdorp Dazzleville van Rienke en Bob. Alle tien bouwprojecten zijn samen goed voor het totaal van ruim 30.000 vierkante meter nieuwe betaalbare en experimentele ruimte voor

500 creatieve en startende bedrijfjes in Amsterdam. En dat allemaal zelf ontworpen en grotendeels gefinancierd door de eindgebruikers.

Stimuleringssubsidie van het rijk

Het collectieve ontwerpproces en de voorgenomen bouw van een 'Stad als Casco' in een oude loods en op een deel van het buitenterrein, met een groep zo groot als de onze, zijn uniek in de wereld. Omdat dit een geheel nieuw concept in Nederland is waaraan later anderen een voorbeeld kunnen nemen, krijgt de loods – net als Pakhuis Wilhelmina – een stimuleringssubsidie van het rijk. Het innovatieve karakter wordt daarmee erkend en aangemoedigd. Wij krijgen de innovatiesubsidie niet alleen vanwege de omvang van het project maar ook omdat wij een duurzame energievoorziening willen aanleggen. Het is mooi dat wij deze aanmoediging van het rijk krijgen en het bevestigt het innovatieve karakter van de 'stad in de loods'. Destijds bestaat daar nog geen regelgeving voor. Het heeft wel veel langer dan gepland geduurd voordat de bouwvergunningen voor het nieuwe gebruik van de loods verleend zijn. Uiteindelijk is de aanvraag voor de vergunning ongewijzigd verleend; we hadden namelijk de allerbeste adviseurs hiervoor ingehuurd.

Voor de ontwikkeling van de loods is gekozen voor een gefaseerde aanpak. De redenen hiervoor zijn dat de winkel als het ware open moet blijven tijdens de verbouwing, zodat de gebruikers kunnen blijven doorwerken en om ruimte te houden voor nieuwe initiatieven die zich tijdens de verbouwingsperiode aandienen. In 2004 wordt de oostvleugel als eerste opgeleverd en

Op het buitenterrein vestigen zich meer tijdelijke horecaondernemers zoals Pllek. Zij organiseren kleinschalige activiteiten, muziekoptredens en festivals op de NDSM-werf.

More temporary restaurants such as Pllek set up in the outdoor area. They organize small-scale activities, music performances and festivals at the NDSM shipyard.

character of the building and to preserve as many of the shipbuilding warehouse's old artefacts, such as ship cranes, steel presses, pulleys and crane houses, as possible.

Adjacent to the shipbuilding warehouse and in the outside space, five more building projects are mentioned in the Action Plan. They are the adjacent Docklandshal that we can rent for ten years for major events and dance parties; the two slipways X and Y, in which a dozen artists have had studios since long before the establishment of Kinetisch Noord, and restaurant De Houten Kop, later the famous Noorderlicht restaurant founded by two straw bale women who specialize in building with recycled materials and straw bales. The fifth building project is Rienke and Bob's temporary studio village Dazzleville. All of the ten building projects together account for a total of 30,000 square metres of new, affordable and experimental space for 500 creative companies and start-ups in Amsterdam. And all of it is self-designed and largely funded by the end users.

The National Government's Stimulation Prize for Innovative City Development

The collective design process and planned construction of a 'City as a Shell' in an old building and part of its outside spaces with a group as large as ours is unique in the world. Because this is a whole new concept in the Netherlands, an example that others can later follow, the shipbuilding warehouse, like Pakhuis Wilhelmina, is awarded a special stimulation subsidy by the national government. Its innovative character is thus recognized

schuift een deel van de huurders door. In het jaar daarna volgt het skatepark en de eerste bouwsels in de Vrije Kavel komen in 2006 gereed, op de voet gevolgd door de oplevering van het cascoframework van Kunststad in 2007. De grootste broedplaats van Europa is dan een feit.

Uitvoeringsorganisatie opbouwen

Het opzetten van een nieuwe organisatie, en zeker voor een dergelijk experimenteel en innovatief project als NDSM, brengt uitdagingen met zich mee. In het Plan van Aanpak is duidelijk opgeschreven hoe de structuur, planning en financiën georganiseerd moeten worden. Nadat Stichting Kinetisch Noord in 2002 de formele subsidietoezegging krijgt van het broedplaatsfonds van de gemeente Amsterdam, stelde het fonds als voorwaarde dat het bestuur van Stichting Kinetisch Noord niet uit gebruikers mocht bestaan, maar uit externen. Het broedplaatsenfonds is duidelijk geen fan van bottom-up organisaties en zelfbeheer. Het bestuur van Stichting Kinetisch Noord wordt uiteindelijk een mix van mensen uit de kunstwereld, de financiële sector, organisatieontwikkeling en personen die Amsterdam goed kennen.

Carolien Feldbrugge blijft als ideële projectontwikkelaar in het bestuur. Voor de uitvoering van het Plan van Aanpak is een uitvoeringsorganisatie nodig. Ik stap uit het bestuur en neem een betaalde uitvoeringstaak op mij voor de bouw, financiering en artistieke ontwikkeling. Ik krijg ondersteuning van een zakelijk leider die helaas na korte tijd moet vertrekken, waarna zij door een nieuwe zakelijk leider wordt opgevolgd. Er zijn ook twee betaalde

mensen uit Het Veem in dienst genomen die verantwoordelijk zijn voor het beheer en de programmering. De reflex volgde al snel om meer personeel in te huren.

Financiering van de bouw, exploitatie en programmering

In het meerjarenplan voor de ontwikkeling van de loods is in de budgetten voor de artistieke ontwikkeling en de bouw voorzien. In de exploitatie – beheer en verhuur – is rekening gehouden met een tekort in de eerste jaren. Dat kan na vijf jaar gedekt worden uit de huurinkomsten, als de loods volledig ontwikkeld is op de manier zoals in het Plan van Aanpak bedoeld is. De tekorten in de eerste jaren zijn een logisch gevolg van de gefaseerde oplevering van de bouwprojecten en daarmee samenhangende huuropbrengsten. Een oplossing hiervoor is een huurgewenningssubsidie die gefinancierd wordt uit de subsidie van het broedplaatsfonds. Daarnaast moet voorfinanciering geregeld zijn om de exploitatietekorten te dekken in de eerste vijf jaar.

Huurders werven

De interesse is groot: in korte tijd melden zich 450 mensen aan die een plek in de loods willen huren. We hebben daarvoor maar een paar criteria: mensen die niet in staat zijn de hoge marktprijzen te betalen zijn welkom en mensen die graag zelf bouwen. Dat zijn ondernemers uit de creatieve hoek, maar onze scope is nadrukkelijk breder. Wij willen ambachtslieden ook ruimte bieden, voor henzelf maar ook om een goede mix tot stand te brengen. In het begin hebben we bijvoorbeeld ook de

and encouraged. We not only receive the subsidy because of the size of the project, but also because we want to create a sustainable energy supply. Receiving encouragement from the central government is a good thing and it confirms the innovative character of 'the city in the shipbuilding warehouse'. At the time, there are no existing rules for such projects. It did take a lot longer than planned to get the building permits for the new use of the building. In the end, the license is granted unchanged; we had, after all, hired the very best advisors available.

The development of the shipbuilding warehouse is phased. The reasons for this are that the shop has to stay open during the renovation, so to speak, to ensure that users can continue to work, and that there is always room for new initiatives that emerge during the redevelopment period. In 2004, the eastern wing is completed first and part of the tenants move in. In the next year, the skate park is completed and the first buildings of the Vrije Kavels are delivered in 2006, followed closely by the shell framework for the Kunst-stad in 2007. The biggest incubator of Europe has become a fact.

Building an Executive Organization

Setting up a new organization, especially for a project as experimental and innovative as NDSM, involves challenges. The Action Plan clearly describes the organization of its structure, planning and funding. After the Broedplaats Fund of the city of Amsterdam made its promise to support the Kinetisch Noord Foundation official in 2002, the fund stipulated that the board of the foundation was to consist of non-users rather than users.

The Broedplaats Fund is clearly no fan of bottom-up organization and self-rule. The board of the Kinetisch Noord Foundation will eventually become a mix of people from the world of art, the financial sector, organizational development and people who are well-known in Amsterdam.

Idealistic project developer Carolien Feldbrugge retains her position on the board. Implementing the Action Plan requires an implementation organization. I resign from the board and take over a salaried executive job overseeing construction, financing and artistic development. I am aided by an administrator who, unfortunately, has to leave soon and is succeeded by a new administrator. Two more salaried people are engaged, from Het Veem, and they are put in charge of maintenance and programming. Soon, the reflex to hire more staff follows.

Funding Construction, Operation and Programming

The multi-annual plan for the development of the shipbuilding warehouse provides budgets for artistic development and construction. Expectations are that the operation of the building – managing and renting it – will lose money in the first years. The losses can be covered by the rental income after five years, when the building is fully developed as described in the Action Plan. The deficits of the early years are a logical consequence of the phased completion of the building projects and the associated rental income. A solution to this is a graduated rent subsidy funded using the Broedplaats Fund's subsidy. In addition, pre-financing has to be arranged to cover operating deficits in the first five years.

Stichting Kerk en Buurt die kleding inzamelt en met vluchtelingen recyclet in de loods. Daaruit is de prachtige theatervoorstelling 'De onzichtbare man' van NDSM-kunstenaar Michiel Voet en Toneelgroep Orkator voortgekomen.

Ik vind nog steeds dat dat soort functies heel goed passen. Hoewel het broedplaatsfonds zich heel sterk op kunstenaars richt, hebben wij meteen al gezegd: wij hanteren onze eigen criteria, wij willen zelf kunnen bepalen hoe we de loods invullen, uiteraard met inachtneming dat betaalbare huur de doelgroep ten goede komt en niet ondernemers die zich in de markt kunnen redden. De afspraak is dat iedereen maximaal 100 vierkante meter mag huren. Op deze manier ontstaat natuurlijk verloop, omdat gebruikers die meer gaan verdienen en meer ruimte willen hebben, op zoek gaan naar een andere plek.

Het hele project lijkt voorspoedig te verlopen. Voor de werving van huurders kiest het selectieteam, bestaande uit de huurders van het eerste uur samen met de uitvoeringsorganisatie, in korte tijd ruim 100 mensen die aan de criteria voldoen. De nieuwe huurders zijn na het vastleggen en uittekenen van het ontwerp op de vloer van de naastgelegen Docklandshal uitgenodigd om zelf een plek van maximaal 100 vierkante meter te kiezen. Iedereen kan zelf bepalen waar en naast wie hij of zij wil zitten.

Huurders bouwen zelf

In korte tijd zijn huurders gevonden en wordt een groot deel van de loods ontwikkeld. Tussen 2004 en 2007 bouwen de huurders aan de inbouw en inrichting van hun eigen ruimtes in de Scheepsbouwloods: 12 hoge theaterwerkplaatsen in de oostvleugel, 80 ruimtes in het stalen frame van de Kunststad, twee zelfgebouwde torens en drie werkplaatsen in de Vrije Kavel voor keramiek, kunsttransport en staal en een skatepark in de westvleugel. In de zomer van 2007 wordt gevierd dat de grootste zelf-georganiseerde 'broedplaats' van Europa een feit is. Maar dan valt de ontwikkeling van de broedplaats stil en ontstaat er een gat tussen de huurders en de stichting.

Recruiting Tenants

There is a lot of interest: in no time 450 people sign up for a work space in the shipbuilding warehouse. We only have a few criteria: people who are unable to pay the high market prices and self-builders are welcome. These include entrepreneurs active in the creative sector, but our scope is emphatically wider. We also want to provide spaces to artisans, for their benefit as well as to create a good mix. In the beginning we also accommodate the Stichting Kerk en Buurt, for example, which collects clothes and recycles them in the shipbuilding warehouse with the help of refugees. This results in the magnificent theatre performance 'De onzichtbare man' (the invisible man) by NDSM artist Michiel Voet and theatre group Orkater.

I still consider this type of function very suitable. Although the Broedplaats Fund is primarily oriented towards artists, we have said from the onset that we have our own criteria, we want to be able to decide how we fill the shipbuilding warehouse, of course with due regard for the fact that the affordable rent has to benefit the target group, rather than entrepreneurs that can get by in the market. It is agreed that everyone can rent a maximum of 100 square metres. This way, the number of users will diminish through attrition; after all, users that start to earn more and want more space will move elsewhere.

The project seems to be off to a good start. To recruit tenants the selection team, consisting of tenants that have been with us from the beginning along with the implementation organization, quickly selects more than 100 people who meet the criteria. After they have registered and drawn their designs on the floor of the adjacent Docklandshal, the new tenants are invited to select up to 100 square metres of work space. It's up to them where and next to whom they want to be located.

Tenants Building for Themselves

In a short space of time, tenants have been found and development has started on a large part of the shipbuilding warehouse. Between 2004 and 2007, tenants construct and design their own spaces in the shipbuilding warehouse: 12 high theatre work spaces in the eastern wing, 80 spaces in the steel frame of the Kunststad, two self-built towers and three work spaces in the Vrije Kavels for ceramics, art transport and steel, and a skating park in the western wing. In the summer of 2007, we celebrate that Europe's largest self-organized incubator is a fact. But then its development stagnates and a rift forms between the tenants and the foundation.

Het ontwerp van de Kunststad volgt de bouwstructuren van de dakramen, de oude kraanbanen en spoorrails, en ook het stratenpatroon in het omliggende gebied.
The design of Art City follows the architectural structures of the skylights and the old crane and rail tracks as well as those of the street pattern in the surrounding area.

4

PRAKTIJK
PRACTICE

POPULARITEIT VAN DE NDSM-WERF NEEMT TOE

THE GROWING POPULARITY OF THE NDSM SHIPYARD

Amsterdam-Noord in het vizier

De wereld van de NDSM-werf begint in de eerste jaren na de eeuwwisseling flink te veranderen. Nederland en zeker ook Amsterdam zijn in de jaren '90 de economische malaise van de jaren '80 te boven gekomen. Na een dip als gevolg van de internetbubbel aan het begin van de 21ste eeuw zet de groei weer door. Het is een periode waarin het geloof in marktwerking steeds groter wordt. In Amsterdam wordt flink gebouwd en de omslag naar een economie gericht op de creatieve industrie is in volle gang.

Amsterdam-Noord, lange tijd een gebied waar de meeste Amsterdammers niets te zoeken hebben, komt in het vizier. Dicht tegen het centrum en binnen de Ring A10 is Noord een goed gelegen gebied, oudere wijken kunnen mede vanwege sociale problemen wel een opknapbeurt gebruiken en beleidsmakers zien mogelijkheden om veel nieuwe woningen toe te voegen. Noord moet dan ook het imago van een gebied van industrie en arbeiders van zich afschudden en een gemengde bevolkingssamenstelling krijgen. Daarom schreef het stadsdeel ook een prijsvraag uit voor een culturele ondernemer die het gebied op de kaart kan zetten.

Het gewenste effect is realiteit geworden: vijf jaar na het neerstrijken van Kinetisch Noord vestigt MTV Networks zich in 2006 in de voormalige Timmerwerkplaats op de NDSM-werf. Daarmee dreigt de omgeving van de werf ook te veranderen. Zo kan de toenmalige stadsdeelvoorzitter van Noord zich nog een opmerking van een van de bestuurders van MTV herinneren nadat de komst van het bedrijf beklonken was. De bestuurder zei gecharmeerd te zijn van het alternatieve karakter en de industriële uitstraling van het gebied, maar dat het toch ook tijd werd dat er keurige parkeerplaatsen met goede verlichting zouden komen. Alsof hij een bestelling deed. De druk om het ruige karakter van de voormalige scheepswerf op onderdelen toch wat aan te harken op verzoek van de commercie, neemt met de komst van gevestigde bedrijven toe.

Noordelijke IJ-oever in wording

De aandacht van steeds meer partijen voor de ontwikkelingen op de NDSM-werf verbaast niet. De gehele noordelijke IJ-oever is lange tijd door bedrijvigheid gedomineerd, maar wordt steeds meer gezien als een nieuw gebied waar de stad kan groeien en waar geld verdiend kan worden. Van de oude bedrijvigheid zoals de industrie en scheepsbouw blijft nog maar een deel over. Sommige bedrijven houden op te bestaan, andere vertrekken naar de haven aan de westkant van de stad en enkele ondernemingen trekken zich terug op een kleiner gebied. Dat laatste geldt bijvoorbeeld voor Shell dat decennialang een laboratorium recht tegenover het Centraal Station aan de noordkant van het IJ heeft, inclusief de nog oudere Tolhuistuin.

Als Shell zich terugtrekt, heeft de stad vlak bij het IJ niet alleen een weelderig parkje teruggekregen, in de oude Shell-gebouwen ontstaat een cultureel centrum met nieuwe horeca en een concertzaal, er komt ruimte voor de spectaculaire nieuwbouw van het Filmmuseum en voor de nieuwe wijk Overhoeks waar ook hoge woontorens moeten komen. Het bestuur van het stadsdeel promoot Noord intussen door er fijntjes op te wijzen dat de

Amsterdam-Noord Attracts Attention

The world of the NDSM shipyard begins to change considerably in the first years after the turn of the century. In the 1990s, the Netherlands and especially Amsterdam have overcome the economic malaise of the 1980s. After going through a bad patch due to the Internet bubble in the early 21st century, their economic growth continues. It is a period in which faith in market mechanisms continues to build. There is a lot of construction going on in Amsterdam and the transition to an economy aimed at the creative industry is in full swing.

Amsterdam-Noord, an area most of the people living in Amsterdam have not shown interest in for a long time, starts to attract attention. Close to the city centre and inside the A10 ring road, Noord is a well-positioned area. Partly because of their social problems, the old neighbourhoods could do with a makeover and policymakers see opportunities to add a large number of new dwellings in the process. Noord now has to shake off its image of industrial and working-class area and attract a mixed population. Hence, District Noord authorities organize a competition for cultural entrepreneurs that can put the area on the map.

The desired effect materializes: in 2006, six years after Kinetisch Noord settled there, MTV Networks moves into the Timmerwerkplaats, the former carpenter's yard at the NDSM ship-yard. Its arrival threatens to change the environment of the shipyard. The then District Council Chairman of District Noord remembers a remark, for example, made by one of the MTV directors after the company's arrival had been finalized. This manager said he found the area's alternative character and industrial appearance charming, but believed that it was also time to add some neat parking spaces with good lighting. As if placing an order. The pressure to clean up the rough character of the former shipyard at the request of commercial parties increases with the arrival of estab-lished companies.

North Bank of the IJ in the Making

Unsurprisingly, more and more parties pay attention to the developments on the NDSM shipyard. The entire north bank of the IJ has been dominated by companies for a long time, but is now increasingly considered an area where the city can grow and where there is money to be made. Of the old sectors, such as industry and shipbuilding, only parts are left. Some companies go out of business, others move to the port on the western side of the city, and some retreat onto smaller plots. The latter applies to Shell, for example, which for decades had a laboratory right across from Central Station to the north of the IJ that included the even older Tolhuis garden.

When Shell retreats, the city not only recovers a lush little park close to the IJ, but a cultural centre is created in the former Shell buildings. It will accommodate new hospitality industry and a concert hall, there will be room for the spectacular new Film Museum and for the new Overhoek district, which includes high residential towers. The Amsterdam-Noord council, mean-while, promotes Noord by cleverly remarking that unlike the south bank, the north bank is the sunny side of the IJ. Buiksloterham, the area between the Shell grounds and the NDSM

De Kunststad in de Scheepsbouwloods.De diagonale straat verbindt de hoofdingang met de zij-ingang in de oostvleugel.
The Art City in the shipbuilding warehouse. De diagonal street connects the main entrance to the side entrance in the eastern wing.

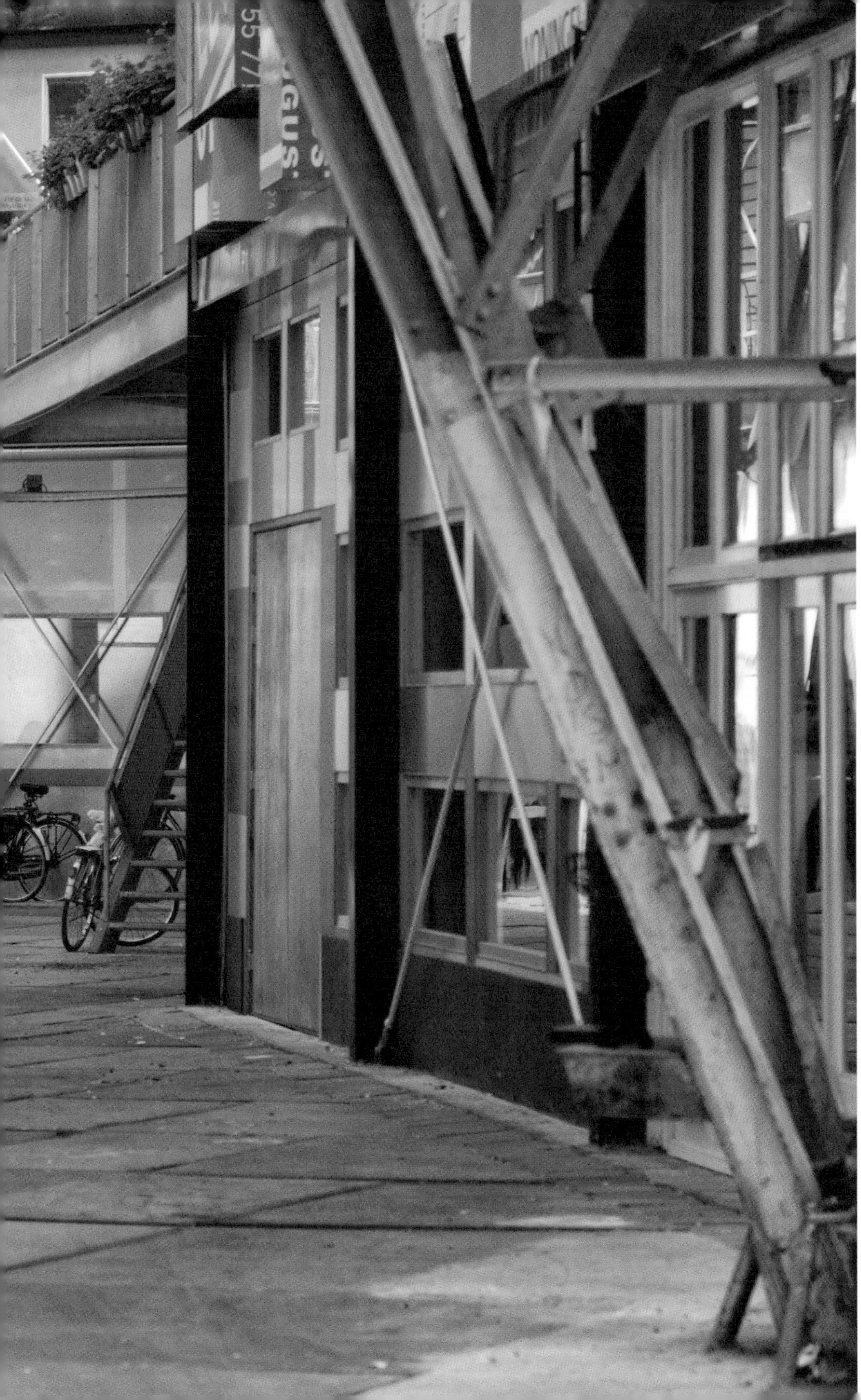

noordelijke IJ-oever – in tegenstelling tot de zuidoever – aan de zonnige kant van het IJ ligt. Ook Buiksloterham, het gebied tussen het Shell-terrein en de NDSM-werf, moet een nieuwe stadswijk worden, terwijl het op dat moment nog vooral een groot bedrijventerrein is. Hetzelfde geldt voor het Hamerstraatgebied dat meer aan het oosten van de noordelijke IJ-oever ligt.

Noord is een van de belangrijkste gebieden in Amsterdam waar meer woningen gebouwd kunnen worden, vindt de gemeente, waardoor de stad in inwonertal kan groeien en waarvoor geen groengebieden rond de stad bebouwd hoeven worden.

Noord kan ook op steeds meer interesse van Amsterdammers rekenen, mede doordat woningen in Noord in vergelijking met het deel van de stad ten zuiden van het IJ nog betaalbaar zijn. Het vervoer van voetgangers en fietsers over het IJ met veerponten neemt immers ieder jaar toe en in het jaar dat de Kunststad geopend wordt, krijgt de NDSM-werf ook een eigen veerverbinding met het centrum van de stad. Intussen wordt de werf steeds belangrijker als terrein voor festivals. Theaterfestival Over 't IJ heeft de werf al sinds begin jaren '90 als thuisbasis, maar ook andere buitenfestivals en evenementen zoals Sail en het kinetische festival Robodock vinden op de NDSM-werf plaats. Dat betekent ook meer bekendheid en bezoekers.

Cascoaanpak voor de hele werf

De NDSM-werf wordt op de lange termijn ontwikkeld tot een gemengd gebied van wonen, werken en recreeren. Lang voor de komst van MTV waren wij ons ervan bewust dat ook de ontwikkeling van de hele NDSM-werf

moest worden gepland. Om dit te realiseren zijn we samen met het stadsdeel op zoek gegaan naar een vorm van samenwerking om dit met meerdere partijen te realiseren. Wij wilden dat in samenwerking doen met de overheid, gebruikers, corporaties en ideële projectontwikkelaars. In 2002 werd hiervoor de eerste aanzet gedaan. Dit heeft geresulteerd in de Beheervereniging (BV) Durf, waaraan stadsdeel Noord, Kinetisch Noord en drie woningbouwverenigingen deelnamen.

Het doel was het uitzetten van een gemeenschappelijke strategie op basis van gelijkwaardigheid en respect voor elkaars doelstellingen, wat wil zeggen zowel financieel als maatschappelijk rendement. Na een aantal sessies trok het stadsdeel tot ieders verbazing in 2003 de stekker uit de samenwerking. Dit had alles te maken met de nieuwe politieke wind die in stadsdeel Noord ging waaien. Een nieuw stadsdeelbestuur heeft de ontwikkelrechten voor een groot deel van de werf overgedragen aan een projectontwikkelaar. De BV Durf was de eerste oefening om het grondbankmodel op basis van De Stad als Casco-gedachte te realiseren. In laatste hoofdstukken komen we daar op terug.

De projectontwikkelaar komt met steeds andere plannen naar buiten: van marina tot luxe woningbouw en studentenhuisvesting aan toe. De NDSM-werf moet in die gedachte veranderen van een vrijplaats in een oud industrieel gebied naar een hip onderdeel van de stad. In 2005 heeft Habiforum, een voormalige organisatie op het gebied van ruimtelijke vernieuwing, een voorstel gedaan om een Proeftuin NDSM te starten met de ontwikkelende partijen van de NDSM-werf Oost (Kinetisch Noord, Media Wharf, stadsdeel), met

shipyard, which is still a major industrial area at the time, is to become a new residential district. The same goes for the Hamerstraat area more to the east of the north bank of the IJ.

The city considers Noord as one of the most important areas in Amsterdam in which more dwellings can be constructed. Building in Noord will allow the population of the city to grow without encroaching on the green areas around the city.

Noord can also count on the increased interest of Amsterdam's existing population, partly because dwellings in Noord are affordable compared with those in the part of the city south of the IJ. Indeed, the pedestrian and cyclist traffic that crosses the IJ by ferry increases every year and in the year the Kunststad opens, the NDSM shipyard is even given its own ferry connection to the city centre. Meanwhile, the shipyard becomes increasingly important as a venue for festivals. The shipyard has been home to theatre festival Over 't IJ since the early 1990s and other outdoor festivals as well as events such as Sail and the art and technology festival Robodock continue to take place at the NDSM shipyard. This means more publicity and visitors.

The Shell Approach Applied to the Entire Shipyard

In the long term, the NDSM shipyard will be developed into a mixed area for living, working and recreation. Long before the arrival of MTV we were aware that the development of the NDSM shipyard as a whole had to be planned as well. To that end, we went looking for a form of collaboration in which we could realize this with various parties together with District Noord.

We wanted to work with the central government, users, (housing) associations and idealistic project developers. The project was initiated in 2002. This resulted in management alliance BV Durf, in which District Noord, the Kinetisch Noord Foundation and three housing associations participated.

The goal was to formulate a joint strategy based on equality and respect for each other's goals, both financially and regarding social returns. In 2003, to the surprise of everyone involved, District Noord pulled the plug on the BV Durf project after only a few sessions. This had everything to do with the new political wind that was blowing in District Noord. A new district council transferred the development rights for a large part of the shipyard to a project developer. BV Durf was the first attempt to realize the participation company on the basis of the philosophy of *De Stad als Casco*. I will return to this model in the last chapters.

The property developer continues to come up with different plans: from media wharf to marina to luxury housing and student housing. In those plans, the NDSM shipyard has to change from a sanctuary in an old industrial area into a hip part of the city. In 2005 Habiforum, a former spatial innovation organization, proposes to launch Proeftuin NDSM (testing ground NDSM) with the developing parties of the eastern NDSM shipyard (Kinetisch Noord Foundation, property developer Media Wharf, District Noord) with the aim of stabilizing relationships and conducting research into forms of joint development, management and programming for the area. Eventually, years later, this leads to the creation of a management foundation for the outside area.

Rechts de bouw van de werkplaatsen in de vrijekavelstrook. MX3D werkt hier aan de 3D-geprinte brug voor een van de Amsterdamse grachten.
On the right, the construction of the work spaces in the free plot strip. MX3D is working on the 3D-printed bridge for one of the Amsterdam canals.

als doel de verhoudingen te stabiliseren en onderzoek te doen naar een vorm van gezamenlijke ontwikkeling, beheer en programmering van het gebied. Dit heeft uiteindelijk jaren later geleid tot de oprichting van een beheerstichting voor het buitenterrein.

Een kruiwagen vol kikkers

Intussen vraagt het initiatief in de Scheepsbouwloods alle aandacht. De periode na het vaststellen van het Plan van Aanpak in het stadhuis in juni 2002 tot de officiële opening van de Kunststad in 2007 vraagt veel tijd en energie van zowel de uitvoerings-organisatie als van de huurders van de Scheepsbouwloods: de financie-ring regelen, de contractvorming, de voorbereiding en bouw van de verschil-lende bouwprojecten, de vergunning-aanvragen voor de brandveiligheid en infrastructuur, de werving en selectie van ruim 200 huurders en de interne organisatie van de stichting. Vraag-stukken over aankoop van de loods, het toekomstige beheer met zo'n grote groep huurders en de onzekerheid over het eigendom en de toekomst van de loods komen daar nog eens bij.

De uitvoering van zo een groot project is inderdaad complex. Er zijn drie, of eigenlijk vier entiteiten, die met elkaar door een deur moeten. Om te beginnen de organisatie die huurders bij elkaar moet brengen om hun eigen plan ten uitvoer te brengen: de *commu-nity building* waar het allemaal om te doen is. Dan is er de overkoepelende uitvoeringsorganisatie voor de hele hal en buitenruimte die almaar dreigt uit te dijen en die naast de community eigen problemen signaleren of zelfs creëren. De derde is het externe bestuur dat niet op één lijn zit. Binnen het bestuur

strijden verschillende voorkeuren om voorrang: de artistieke profilering, inzetten op de verhuur van ateliers of het zo snel mogelijk aankopen van de loods om de bestemming veilig te stel-len. Daar komt een vierde bij, namelijk de druk van buitenaf: politici die snel willen scoren, ambtenaren die met de vergunningen niet doorkomen en niet te vergeten de toenemende populariteit van de plek en de projectontwikkelaars die met meetlinten het gebied steeds meer domineren. En alles moet snel, snel, snel en veel.

Organisatieperikelen

Er komen steeds meer mensen in dienst bij de uitvoeringsorganisatie van Stichting Kinetisch Noord, veelal parttimers, waardoor het aantal mensen dat er bij betrokken is, en het aantal verschillende meningen, nog groter worden. Hier was de uit-voeringsorganisatie niet op toegerust. Ik krijg de geest niet meer in de fles omdat ik uit het bestuur ben gestapt. Als werknemer in de uitvoeringsorgani-satie is mijn invloed op de totale gang van zaken stukken minder geworden. Dat is de keerzijde van een betaalde functie als je zelf de initiatiefnemer bent. Dat heeft Carolien Feldbrugge nooit gedaan, zij is in Pakhuis Wilhel-mina altijd in haar bestuur gebleven. Het stichtingsbestuur besluit dat er een algemeen directeur wordt aangetrokken die alles op één lijn krijgt.

Ik word verantwoordelijk voor de visie- en conceptontwikkeling en voor het organiseren van nieuwe huurders en met hen samen de financiering van nieuwe bouwprojecten rond te krijgen om de loods volledig tot ontwikkeling te brengen.

A Wheelbarrow Full of Frogs

Meanwhile, the initiative in the ship-building warehouse monopolizes our attention. The period between the adoption of the Action Plan in the city hall in June 2002 and the official opening of the Kunststad in 2007 requires a lot of time and energy from both the implementation organization and the tenants of the shipbuilding warehouse: we arrange funding, draw up contracts, prepare and build various construction projects, apply for licenses for fire safety and infrastructure, recruit and select more than 200 tenants and internally organize the foundation. And then there are the issues concerning the purchase of the shipbuilding warehouse, the future management of such a large group of tenants and the uncertainty about the ownership and future of the building.

The implementation of this large a project is indeed complex. There are three, or actually four, entities that have to work together. First of all, the organization that has to bring tenants together to implement their own plans: the community building that this is all about. Then there is the umbrella implementation organization for the whole shipbuilding warehouse and the outside space that is always in danger of expanding and that signals or even creates its own problems in addition to those of the community. The third is the external board that is not on a single wavelength. Within the board of directors, various preferences compete: artistic profiling, focusing on the renting of studios, buying the shipbuilding warehouse as soon as possible to safeguard its destiny. There is a fourth factor, namely external pressure: politicians that want a quick score,

officials that fail to issue licenses, not to mention the increasing popularity of the location and the number of property developers that, armed with tape measurers, dominate the area more and more. And things have to happen as soon and as big as possible.

Organizational Ups and Downs

The implementation organization of the Kinetisch Noord Foundation employs more and more people, often part-timers, increasing both the number of people involved and the number of different opinions. The implementation organization is not equipped for this. I cannot put the genie back into the bottle because I have retired from the board. As an employee in the implementation organization, my influence on the overall course of action is substantially limited. That is the backside of taking a paid job after having been an initiator. Carolien Feldbrugge never did that, she always remained on the board of Pakhuis Wilhelmina. The founding board decides that a general director must be hired to make everybody toe the line.

I become responsible for the strategy and concept development and for recruiting new tenants and working with them to arrange funding for new construction projects to fully develop the shipbuilding warehouse.

New Director

We invite applications for the vacancy of director. We are looking for an independent person from outside the organization that at the same time understands the finer points of the development of the shipbuilding warehouse. This brings us to a charming and committed official who has been

Het atelier van theatermaker Hetty van Bommel in de oostvleugel.
Theatre maker Hetty van Bommel's studio in the eastern wing.

Nieuwe directeur

Voor de functie van directeur wordt een vacature uitgezet. We zoeken een onafhankelijk persoon van buiten, die tegelijkertijd wel snapt waar het om gaat bij de ontwikkeling van de Scheepsbouwloods. Daarmee komen we uit bij een charmante en bevlogen ambtenaar die voor de gemeente Amsterdam onder meer directeur grotestedenbeleid is geweest. Hij solliciteert op de vacante functie en wordt de eerste directeur van Stichting Kinetisch Noord. Het vertrouwen in hem is aanvankelijk groot, hij kiest voor een organisatie die compacter is, maar dat verandert als hij daaraan een andere invulling geeft en al snel een eigen koers gaat varen.

Hij schuift het Plan van Aanpak van de huurders aan de kant, zet in op cultureel programmeren, vergeet de tijdelijke contracten van de werknemers tijdig op te zeggen, waardoor veel tijd besteed wordt aan ontslagen en juridische procedures. Bovendien huurt hij te dure managers in van gerenommeerde accountantsbureaus die ook nog fouten maken in het bijhouden van de financiën. Tegelijkertijd lopen, buiten zijn schuld, de vergunningsaanvragen vertraging op, met als gevolg dat de planning en begroting uit de pas beginnen te lopen. Er ontstaat binnen twee jaar na zijn aantreden een schuld van twee miljoen euro, wat door de directeur wordt afgedaan als bouwkostenoverschrijding. De schuld ontstaat mede doordat hij een kwestie over het betalen van belasting over subsidiegelden en de btw belaste huur vergeet aan te pakken en de voorfinanciering voor het tekort op de exploitatie niet regelt.

Een andere tegenvaller is dat de naastgelegen Docklandshal, die verhuurd wordt voor evenementen en als melkkoe wordt beschouwd, vroegtijdig gesloopt moet worden, waardoor de stichting een belangrijk deel van haar begrote inkomsten mist. Bovendien vragen de eisen op het gebied van brandveiligheid veel meer investeringen dan gedacht. De exploitatietekorten die ontstaan, vult de nieuwe directeur aan met investerings- en projectsubsidies uit respectievelijk de bouw en de programmering. Eigenaar stadsdeel Noord ontvangt ook de beloofde huurinkomsten niet waarmee de lening gefinancierd wordt. De directeur voert het Plan van Aanpak niet uit.

Carolien Feldbrugge vindt dat het bestuur daar niet adequaat mee omgaat en geen passende actie onderneemt. Zij besluit in 2005 om uit het bestuur van Kinetisch Noord te stappen, waardoor ik mijn spindoctor en conceptbewaker in het bestuur kwijtraak. De huurders zijn niet vertegenwoordigd in het bestuur en hebben ook geen invloed op het reilen en zeilen van de organisatie, laat staan inzage in de financiën.

De directeur krijgt tegelijkertijd wel zaken voor elkaar die van belang zijn voor de ontwikkeling van de Scheepsbouwloods. Ambtenaren van de gemeente, handhavers, mensen van de brandweer en adviseurs mogen pas uit zijn kantoor vertrekken als de laatste hobbels voor de vergunning genomen zijn. Zo dwingt hij af dat de vergunning voor de bouw wordt afgegeven. Ook zet hij de bouw van het skatepark door, voordat de vergunning daarvoor is afgegeven. Op die manier kan de loods zich verder ontwikkelen. Toch controleert het bestuur de werkwijze van de directeur te weinig.

Hierdoor ontstaat een veel groter financieel tekort dan aanvankelijk is

De pioniers van de NDSM-werf zijn kop-lopers op het gebied van recycling en duurzame energie. Het rijk beloont hen in 2003 met een innovatiesubsidie voor de aanleg van een warmtepomp in de loods waarmee de ateliers verwarmd worden. Beneden: Jolien van der Maden heeft zich gespecialiseerd in strobalen bouw. Café-restaurant Noorderlicht wordt in 2006 gebouwd met strobalen, leem en gerecyclede materialen.

The pioneers of the NDSM shipyard are trail blazers in the field of recycling and sustainable energy. In 2003, the national government rewarded them with an innovation subsidy for the construction of a heat pump in the warehouse with which the workshops are heated. Bottom: Jolien van der Maden specializes in straw bale construction. Café-restaurant Noorderlicht is built in 2006 using straw bales, loam and recycled materials.

the director of metropolitan policies for the city of Amsterdam. He applies for the position and becomes the first director of the Kinetisch Noord Foundation. Initially he is greatly trusted, his organizational style is more compact, but that soon changes when he begins to interpret this in new ways and does as he pleases.

He sets aside the tenant's Action Plan, focuses on cultural programming and forgets to terminate the temporary contracts of employees on time, which means that a lot of time is spent on firing people and on legal procedures. In addition, he hires overly expensive managers from reputable accountancy firms, who furthermore make mistakes in keeping the accounts up to date. At the same time the license applications are delayed, which is not his fault, but the result is that planning and budget begin to run out of sync. Within two years of his appointment we face a debt of 2 million euros, which the director calls 'construction cost over-run'. The debt is partly the result of his overlooking matters such as paying tax on subsidies and VAT on rental income and his failure to arrange pre-financing for the operating deficit.

Another piece of bad luck is that the adjacent Docklandshal, which is being rented out for events and considered a cash cow, has to be demolished earlier than planned, leaving the foundation short of a significant part of its expected income. In addition, fire safety require-ments demand a far greater investment than anticipated. The new director makes good the operating deficits that arise by using investment and project subsidies earmarked for construction and programming, respectively. Owner District Noord does not receive the

Het atelier van Thierry van Raaij (Nonstop 2000) in de oostvleugel van de loods. De ruimtes in de oostvleugel zijn acht meter hoog, waarin de huurders zelf verdiepingen hebben aangebracht.
The studio of Thierry van Raaij (Nonstop 2000) in the eastern wing. The spaces in the eastern wing are eight meters high and the tenants have constructed the storeys themselves.

voorzien en daarop wordt niet tijdig
geanticipeerd. Door de financiële
problemen die zijn ontstaan wordt
besloten pas op de plaats te maken en
de verdere ontwikkeling van de loods
– en mijn rol daarin – stop te zetten,
met als gevolg dat het meerjaren Plan
van Aanpak volledig uit de pas loopt en
er onvoldoende financiële dekking is
voor de exploitatie. Stichting Kinetisch
Noord wordt het hoofdpijndossier van
het stadsdeel, het broedplaatsfonds
en de stichting die de benodigde huuropbrengsten misloopt.

Deze kwestie leidt tot imagoschade.
Door het falende financiële beleid van
de nieuwe directeur en het bestuur
ontstaat onterecht het beeld dat de
huurders – de kunstenaars, de culturele ondernemers en de skateboarders – geen gezond financieel beleid
kunnen voeren. Maar niet alleen dat.
Er ontstaat ook een volgend risico voor
het gehele project, namelijk verkoop
van de loods aan een ontwikkelaar.

Dreigende verkoop van de Scheepsbouwloods

Vlak voordat de Kunststad in 2007
officieel geopend wordt, blijkt dat
stadsdeel Noord – met medeweten
van de directeur – in onderhandeling
is met een projectontwikkelaar over de
verkoop van de Scheepsbouwloods. Dit
wordt volgens insiders bekokstoofd in
een café op de dijk waar de directeur en
de stadsdeelvoorzitter allebei wonen.
De aanleiding: het tekort op de begroting – een terechte zorg – van stadsdeel
Noord dat ontstaan is doordat de huur
aan het stadsdeel niet wordt betaald.
Die huurinkomsten zijn bedoeld om de
lasten van de lening, die het stadsdeel
voor Kinetisch Noord bij de gemeente
heeft aangevraagd, te financieren.

Huurders protesteren tegen de verkoop van
de loods door toenmalig eigenaar stadsdeel
Amsterdam-Noord: 'Onze werkplaatsen
verkopen is kunst opknopen' en 'Deelraad
Noord = Cultuurmoord'.

Tenants protest against the sale of the
warehouse by the then owner, Amsterdam
District Noord: 'Selling our work spaces is
strangling art' and 'District Noord = Killing
Culture'.

promised rental income with which the loan is financed. The director does not implement the Action Plan.

Carolien Feldbrugge feels that the board is not dealing with matters adequately and is failing to take appropriate action. In 2005, she decides to retire, leaving me without my spin doctor and conceptual safeguard on the board. The tenants are no longer represented on the board and have no influence on the organization's goings on, let alone access to its finances. At the same time, the director is managing to get things done that are important to the development of the shipbuilding warehouse. He corners city officials, enforcement officers, firefighters and advisors in his office until all of the wrinkles are ironed out and the permits are forthcoming. He manages to wring the building permit from them. He also pushes through the construction of the skate park before the permit has even been issued. In this way, the development of the shipbuilding warehouse continues. Still, the board does not exercise sufficient supervision over the director's work.

The deficit created is much larger than initially anticipated and timely measures remain forthcoming. The financial problems we face lead to the decision to mark time and stop the further development of the shipbuilding warehouse – and end my role in it – with the result that the multi-annual Action Plan is completely out of sync and that there is insufficient funding to run the building. The Kinetisch Noord Foundation becomes the headache of the District North (owner of the shipbuilding warehouse) and the Broedplaats Fund, and the foundation misses out on the necessary rental income.

These issues lead to image damage. The lack of financial discipline of the new director and the board gives rise to the idea that the tenants – the artists, the cultural entrepreneurs and the skateboarders – are unable to conduct sound financial policies. But there is more. A new risk for the entire project emerges, namely that of the sale of the shipbuilding warehouse to a developer.

Shipbuilding Warehouse in Danger of Being Sold

Just before the Kunststad is officially opened in 2007, we find out that the District Noord – with the knowledge of the director – is negotiating with a property developer about the sale of the shipbuilding warehouse. Insiders say this was engineered in a bar on the dike along which both the director and the district council chairman live. The reason: the budget deficit – a justifiable concern of District Noord's – that has arisen because the District is not being paid any rent. The rental income is meant to finance the cost of the loan that the District has taken out with the city on behalf of the Kinetisch Noord Foundation.

During the festive opening of the Kunststad, I angrily inform the invited guests that the shipbuilding warehouse is in danger of being sold. I'm still working at the Kinetisch Noord Foundation at that time, but have been kept out of any plans to sell. I'm told about the plans to sell just before the opening ceremony, something the other tenants know nothing about at the time. This leads to a lot of unrest among the tenants, who have recently invested heavily in the building of their studios. They wonder what this possible sale will mean to the development of the shipbuilding warehouse and their own investments.

Thierry van Raaij van Nonstop 2000 aan het werk in zijn werkplaats in de oostvleugel.
Thierry van Raaij of Nonstop 2000 at work in his studio in the eastern wing.

Tijdens de feestelijke opening van de Kunststad laat ik de genodigden woedend weten dat verkoop van de loods dreigt. Ik ben dan nog werkzaam bij Kinetisch Noord, maar word buiten de verkoopplannen gehouden. Ik krijg vlak voor de openingsceremonie over de verkoopplannen te horen, iets wat de andere huurders op dat moment nog niet weten. Dat leidt tot veel onrust onder de huurders, die nog maar net flink geïnvesteerd hebben in de inbouw van hun ateliers. Zij vragen zich af wat de eventuele verkoop gaat betekenen voor de ontwikkeling van de loods en hun eigen investeringen.

Omdat de huurders verwachten dat ik op de hoogte ben van alle ontwikkelingen – wat sinds het aantreden van de nieuwe directeur niet meer het geval is – krijgt het vertrouwen in mij vanzelfsprekend een flinke deuk. Dat geldt ook voor de huurders van de twee voormalige scheepshellingen, pal tegenover de Scheepsbouwloods, waarover Kinetisch Noord zich vanaf de start ook ontfermd heeft. De kunstenaars die in de hellingbanen werken, zijn fel gekant tegen verkoop van de loods, omdat zij vrezen dan los te komen staan van de loods.

Stadsdeel Noord – eigenaar van de loods – vraagt minimaal een bedrag van 5,7 miljoen euro voor het monumentale bouwwerk. Dat is het bedrag dat stadsdeel Noord nog tegoed heeft van Stichting Kinetisch Noord voor de afgesloten lening. De subsidie en investeringen van de huurders worden op deze manier vervreemd. De Principaal, de ontwikkelpoot van woonstichting De Key, is in onderhandeling met stadsdeel Noord en wil de loods verder en voor een deel commercieel ontwikkelen. Een deel van de huurders is hoe dan ook tegen de verkoop

aan De Principaal, volgens hen een commerciële partij. Een ander deel, waaronder ik, gaat het vooral om de mogelijkheid zelf invloed uit te oefenen op de aankoop en ontwikkeling van de loods en daarmee de huren ook op termijn betaalbaar te houden. Ik ben verontwaardigd over de voorgenomen onderhandse verkoop en zeg tegen de stadsdeelvoorzitter dat ik samen met de huurders een bod wil doen.

Zelf een bod doen op de Scheepsbouwloods

Ik krijg een groot deel van de huurders uit de loods mee en ik vraag aan het bestuur van Pakhuis Wilhelmina of ze me hierin kunnen helpen. De huurders van Pakhuis Wilhelmina is het eerder gelukt hun pand te kopen. Ik krijg van de stadsdeelvoorzitter een paar weken te tijd. Het lukt in die korte periode om 50 handtekeningen van huurders te verzamelen en met woningcorporatie Het Oosten – die woningcorporatie gaat in 2008 op in Stadgenoot – een bod te doen. Dat gebeurt onder de vlag van de aankoopstichting NIGAM die we daarvoor speciaal hebben opgericht. NIGAM staat voor: 'niet geschoten altijd mis'.

Bijdendijk is directeur van Het Oosten en is betrokken geweest bij het ontwikkelen van de filosofie van De Stad als Casco. Als ik hem vraag mij te helpen om in korte tijd een alternatief bod op tafel te krijgen, dan laat hij kosten en baten doorrekenen. Volgens Bijdendijk is het heel goed mogelijk om de loods als betaalbare broedplaats rendabel te exploiteren en is het niet nodig een commerciële partij te betrekken, zoals De Principaal en stadsdeel Noord stellen. Bijdendijk zegt de Scheepsbouwloods te kunnen kopen voor 6,4 miljoen euro. Dit is een achtervangconstructie,

Since the tenants expected me to be informed of all developments – which has not been the case since the appointment of the new director – their trust in me decreases significantly. This also applies to tenants of the two former slipways directly opposite the shipbuilding warehouse, which Kinetisch Noord has taken responsibility for from the start. The artists with studios on the slipways are strongly opposed to the sale of the shipbuilding warehouse because they fear they will be cut off from the foundation.

District Noord – the owner of the shipbuilding warehouse – is asking for a minimum of 5.7 million euros for the monumental building. That is the same amount the District is still owed by the Kinetisch Noord Foundation for the contracted loan. The tenants' subsidies and investments are thus annexed. De Principaal, the development branch of housing association De Key, is negotiating with District Noord and wants to continue to develop the shipbuilding warehouse, partly commercially. Some of the tenants are against selling to De Principaal in any case because they consider it a commercial party. Others, including me, are primarily concerned about the possibility to exert influence on the sale and development of the shipbuilding warehouse and thus keep rents affordable in the long term. I am outraged about the intended surreptitious sale and tell the District Council Chairman that I want to make a bid together with the tenants.

Making a Bid for the Shipbuilding Warehouse

I manage to convince a large number of tenants and I ask the board of Pakhuis Wilhelmina if it can help me. The tenants of Pakhuis Wilhelmina have succeeded in buying their building. The District Council Chairman gives me a couple of weeks. In this short period of time, I manage to collect 50 signatures from tenants and make a bid together with housing association Het Oosten – which will become part of housing association Stadgenoot in 2008. The bid is made under the auspices of the NIGAM purchasing foundation that we have set up for the occasion. NIGAM stands for 'niet geschoten altijd mis' – 'nothing ventured, nothing gained'.

Bijdendijk, the director of Het Oosten, has been involved in the development of the philosophy of De Stad als Casco. When I ask him to help me put an alternative bid on the table in a short period of time, he has someone calculate the costs and benefits. According to Bijdendijk, it is indeed possible to operate the shipbuilding warehouse as an affordable incubator and it is not necessary to involve a commercial party, as De Principaal and District Noord say. Bijdendijk says he can buy the shipbuilding warehouse for 6.4 million euros. This is a back-up construction, for it is agreed that the tenants will repay that amount at a normal interest rate in a couple of years and then become the owners of the shipbuilding warehouse, or become co-owners. The benefits are evident: the bid is higher than that of De Principaal and the tenants get to stay in control of the development of the shipbuilding warehouse.

It is an 'offer they can't refuse', but the selling plans of the board of the Kinetisch Noord Foundation and District Noord have caused a lot of unrest among tenants, especially those of the slipways. They are afraid that if the shipbuilding warehouse tenants buy

De openbare ruimte in de Scheepsbouwloods wordt gebruikt voor tentoonstellingen, markten en manifestaties. De Scheepsbouwloods is een privaat gebouw dat overdag opengesteld wordt voor publiek. The public space in the shipbuilding warehouse is used for exhibitions, markets and events. The shipbuilding warehouse is a private building that is open to the public during the day.

want afgesproken wordt dat de huurders dat bedrag plus een normale rente binnen enkele jaren terug kunnen betalen en de loods dan in bezit krijgen, of mede-eigenaar worden. De voordelen zijn evident: het bod is hoger dan dat van De Principaal en de huurders houden de controle over de ontwikkeling van de loods.

Het is een 'offer they can't refuse', maar de verkoopplannen van het bestuur van Stichting Kinetisch Noord en het stadsdeel hebben veel onrust veroorzaakt onder de huurders, vooral onder de huurders in de scheepsbouw hellingen. Zij zijn bang dat, als de huurders uit de loods het gebouw kopen, het hele ensemble van loods en hellingen uiteenvalt en uit elkaar gespeeld wordt. Omdat we niet op één lijn komen en er meerdere kampen ontstaan, trekken we het bod met veel tegenzin in. De tijd die ons gegeven is om zelf met een bod te komen, blijkt veel te krap om de gemoederen te bedaren en huurders op een lijn te krijgen. Het Oosten besluit niet zelf een bod te doen, omdat draagvlak en commitment onder huurders een voorwaarde is om de loods met en voor de huurders te kopen.

Scheepsbouwloods van bottom-up naar top-down

De gemeente haalt opgelucht adem, want zij vreest juridische stappen omdat ze op dat moment al twee jaar in gesprek is met De Principaal. De onenigheid onder huurders leidt ertoe dat het stadsdeel, het bestuur en de directie van Stichting Kinetisch Noord nauwelijks nog met de huurders overleggen. Het Stad als Casco-principe om met de gebruikers te ontwikkelen is daarmee verder weg dan ooit en er wordt teruggegrepen op het bekende top-down organisatiemodel. De stadsdeelvoorzitter heeft de oud-burgemeester van Zaandam als voorzitter van Kinetisch Noord de opdracht gegeven het bestuur en de uitvoeringsorganisatie van de stichting te vervangen. Het bestuur wordt samengesteld door oud-ambtenaren en politici en ik krijg mijn ontslag aangezegd.

Als blijkt dat de spanningen tussen de huurders over het beste alternatief voor de toekomst van de loods en de politieke framing alleen maar toenemen, besluit ik mijn ontslag niet langer aan te vechten. Het betekent in 2008 het einde van mijn werkzaamheden voor de Scheepsbouwloods en ik ben vanaf dat moment gewoon een huurder van de loods. Het resultaat is dat de broedplaats volledig onder controle komt te staan van het stadsdeel.

De verkoop van de loods aan De Principaal blijft boven de markt hangen. Intussen wordt de directeur vervangen door een nieuwe directeur, afkomstig van het Grondbedrijf van de gemeente. De sloop van de Scheepsbouwloods is inmiddels definitief een gepasseerd station. De oorspronkelijke plannen voor nieuwbouw op de plek van de monumentale werfgebouwen blijken niet langer houdbaar. De creatieven die in de Scheepsbouwloods werken, krijgen de wind in de rug. Stadsdeelbestuurder Kees Diepeveen, tegenwoordig wethouder in Utrecht, krijgt het, met steun van erfgoedorganisaties, voor elkaar dat het industriële erfgoed een monumentenstatus krijgt. Het gaat om een deel van de werf dat bestaat uit twee scheepshellingen, twee hijskranen en vier verschillende loodsen die in 2007 tot rijksmonument verklaard worden.

their building, the entire ensemble of shipbuilding warehouse and slipways will disintegrate and be disassembled. We are not all on the same page and there are multiple camps, and therefore we very reluctantly withdraw the bid. The time we have been given to make a bid ourselves is way too short to calm people's feelings and get tenants to toe the line. Het Oosten decides not to make the bid because the support and commitment of the tenants is a prerequisite for buying the shipbuilding warehouse with and for the tenants.

Shipbuilding Warehouse from Bottom-Up to Top-Down

The city is relieved: it feared legal action because it had already been negotiating with De Principaal for two years. The disagreement among the tenants means that District Noord, the board and the management of the Kinetisch Noord Foundation more or less stop discussing things with the tenants anymore. The goal to develop in accordance with the principles of *De Stad als Casco* is now further away than ever and authorities go back to the familiar top-down organizational model. The District Council Chairman has ordered the former mayor of Zaandam to replace all members of both the board and the implementation organization of the Kinetisch Noord Foundation. The new boards consist of former officials and politicians and I am fired.

When it turns out that the tension among tenants about the best alternative for the future of the shipbuilding warehouse and the political framing only increase, I decide not to fight my dismissal anymore. It means my work for the shipbuilding warehouse comes to an end in 2008, and from then on I'm just another tenant. As a result, the incubator is now completely under the control of District Noord.

The sale of the shipbuilding warehouse to De Principaal continues to loom. Meanwhile, the director is replaced by a new director who comes from the Municipal Development Company. By then, the demolition of the shipbuilding warehouse is definitively off the table. The original plans for new construction on the site of the monumental shipyard buildings appear to no longer be feasible. The creatives working in the shipbuilding warehouse are in luck. District councillor Kees Diepeveen, now a member of the Utrecht city council, manages to get the industrial monuments listed as heritage with the support of heritage organizations. This involves a part of the shipyard including the two slipways, two cranes and four different buildings, which are all listed as national monuments in 2007.

De diagonale straat van de Kunststad verbindt de hoofdingang met de zij-ingang in de oostvleugel.
The diagonal street of the Art City connects the main entrance to the side entrance in the eastern wing.

Onder de galerij van de eerste verdieping van de Kunststad bevinden zich de aansluitpunten voor water, elektra, vloerverwarming en riool.
The connection points for water, electricity, underfloor heating and sewerage are located beneath the gallery of the Art City's first floor.

De galerij op de tweede bouwlaag van de Kunststad, met de lift die ook bestemd is voor de derde bouwlaag die nog gerealiseerd moet worden.
The gallery on the second floor of the Art City, with the elevator that is also intended for the third building layer that still has to be realized.

PRINCIPAA
MET ONS

Als de loods in 2007 door stadsdeel Noord buiten medeweten van de huurders verkocht dreigt te worden, ontstaat er onder de huurders veel onrust en protest. Unbeknownst to the tenants, the shipbuilding warehouse is in danger of being sold by District Noord in 2007 and this creates a lot of unrest among the tenants.

De Scheepsbouwloods heeft een magnetische werking op de vestiging van commerciële bedrijven. Met de culturele ondernemers richten zij in 2013 de coöperatie NDSM Energie op.

The shipbuilding warehouse has a magnetic effect on branches of commercial companies. Together with the cultural entrepreneurs, they set up the NDSM Energy cooperative in 2013.

5

PRAKTIJK
PRACTICE

AANKOOP VAN DE SCHEEPS-BOUWLOODS

BUYING THE SHIPBUILDING WAREHOUSE

Crisis

In het najaar van 2008 breekt de kredietcrisis uit. De speculatieve handel in hypotheken in de Verenigde Staten leidt tot enorme verliezen bij banken en miljoenen Amerikanen kunnen hun maandelijkse lasten niet meer betalen. Ook Europa en Nederland krijgen te maken met de gevolgen van de crisis in de VS. Niet alleen hebben Nederlandse banken belangen in dubieuze hypotheken, banken lenen nauwelijks nog geld aan elkaar uit, waardoor zij in de problemen komen. De economische crisis en bezuinigingen komen daar nog eens overheen.

Voor de NDSM-werf en de broedplaats in de Scheepsbouwloods heeft de crisis verschillende gevolgen. Vooral de positie van woningcorporaties is daarbij van belang. De Principaal heeft een optie op de koop van de Scheepsbouwloods. Als de crisis uitbreekt, houdt De Principaal de koop van de loods enkele jaren aan. Van belang om te vermelden is dat de positie van de Nederlandse woningcorporaties tijdens de crisis sterk ter discussie staat. De meeste corporaties zijn aan het begin van de 20ste eeuw opgericht met het doel betaalbare en goede woningen te bouwen voor arbeiders. Halverwege de jaren '90 besluit de overheid de corporaties te verzelfstandigen, maar niet volledig: de overheid houdt invloed op het takenpakket van de sociale bouwers. Aan het einde van de 20ste en het begin van de 21ste eeuw breiden veel corporaties hun werkgebied fors uit. Enkele corporaties gaan te ver en nemen voordat de crisis uitbreekt enorme financiële risico's, waardoor zij in grote problemen komen. Zowel in slechte financiële producten als in grote projecten die wel erg ver afstaan van de primaire taken van corporaties.

Woningcorporaties zijn immers bedoeld om mensen met een smalle beurs goede huisvesting te bieden. Overigens hebben (lokale) overheden steeds meer van woningcorporaties gevraagd. Gemeentes kijken naar corporaties als er nieuwe scholen gebouwd moeten worden, investeringen nodig zijn in leefbaarheidsprojecten in wijken. Bovendien bouwen de corporaties niet alleen gesubsidieerde sociale huurwoningen maar tevens koopwoningen met als doel meer gemengde wijken te krijgen. Daarbij zijn investeringen in bioscopen of hotels geen uitzondering. Soms gaat het om vele miljoenen waarmee grote risico's genomen worden, zo blijkt juist in de crisis. Het roer gaat om: woningcorporaties moeten zich van de overheid voortaan beperken tot hun kerntaak, namelijk het verhuren van betaalbare woningen voor mensen met een lager inkomen. Bovendien moeten zij afzien van grote financiële avonturen en zowel hun commerciële en maatschappelijke vastgoed afstoten.

Zelfbouw

Dat de corporaties, decennialang goed voor een fors deel van de bouw van nieuwe woningen in Amsterdam, pas op de plaats moeten maken, heeft groot effect op de nieuwbouw in de stad. In 2008 worden nog grootse nieuwbouwplannen voor een deel van de NDSM-werf gepresenteerd, maar die gaan door de crisis de ijskast in. Marktpartijen investeren eveneens nauwelijks meer, waardoor de gemeente naar andere mogelijkheden zoekt om de bouw van nieuwe woningen, waaraan nog wel grote behoefte bestaat omdat de Amsterdamse bevolking blijft groeien, op gang te brengen.

Crisis

In the autumn of 2008, the world is plunged into a credit crisis. The subprime mortgage disaster in the United States leads to huge losses for banks and millions of Americans who can no longer pay their monthly expenses. Europe and the Netherlands also face the effects of the crisis in the United States. Not only do Dutch banks have interests in dubious mortgages, banks are no longer willing to lend each other money and hence run into trouble. The economic crisis and cutbacks make things even worse.

The crisis has a number of consequences for the NDSM shipyard and the incubator in the shipbuilding warehouse. The part that the housing associations play is particularly important. De Principaal has an option on the shipbuilding warehouse, but when the crisis breaks out, it postpones the purchase of the building for several years. What is also important to mention is that the position of Dutch housing associations is under critical discussion during the crisis. Most associations were established at the beginning of the 20th century with the aim of building affordable and good dwellings for labourers. In the mid-1990s, the government decides to privatize the associations, but not completely: the government maintains its control over the range of the social developers' duties. By the end of the 20th century and the beginning of the 21st, many associations substantially expand their sphere of activity. Some associations overstep their boundaries and take huge financial risks. As a result, they find themselves in major difficulties when the crisis breaks out because they are involved in both inferior financial products and in large projects that are very far removed from their primary tasks.

After all, housing associations are meant to provide good housing for the less affluent. But (local) authorities have been asking more and more of them. Municipalities involve associations when new schools need to be built and they are also expected to invest in liveability projects in residential neighbourhoods. In addition, the associations not only build subsidized social housing, but also owner-occupied properties, in order to create more mixed neighbourhoods. In this context, investments in cinemas or hotels are no exception. This sometimes involves many millions and big risks being taken, and this becomes apparent during the crisis. The central government changes tack and housing associations are confined to their core business, that is: renting affordable dwellings to people with low incomes. They must furthermore refrain from major financial adventures and sell both their commercial and social real estate.

Self-Building

The fact that the housing associations that have been building a big chunk of all of the newly constructed dwellings in Amsterdam for decades have to stop doing so has a big impact on new construction in the city. In 2008, major new construction plans are presented for part of the NDSM shipyard, but owing to the crisis, all plans are shelved. Market parties are hardly investing anymore, either, so the city is looking for other opportunities to kickstart the construction of new dwellings. These are still in great demand, since the population of Amsterdam continues to grow.

Skatepark Amsterdam moet in 2013 noodgedwongen uit de loods vertrekken om plaats te maken voor commerciële huurders. De verdieping staat eind 2017 nog steeds leeg.
Skate Park Amsterdam is forced to leave the warehouse in 2013 to make room for commercial tenants. The floor is still empty at the end of 2017.

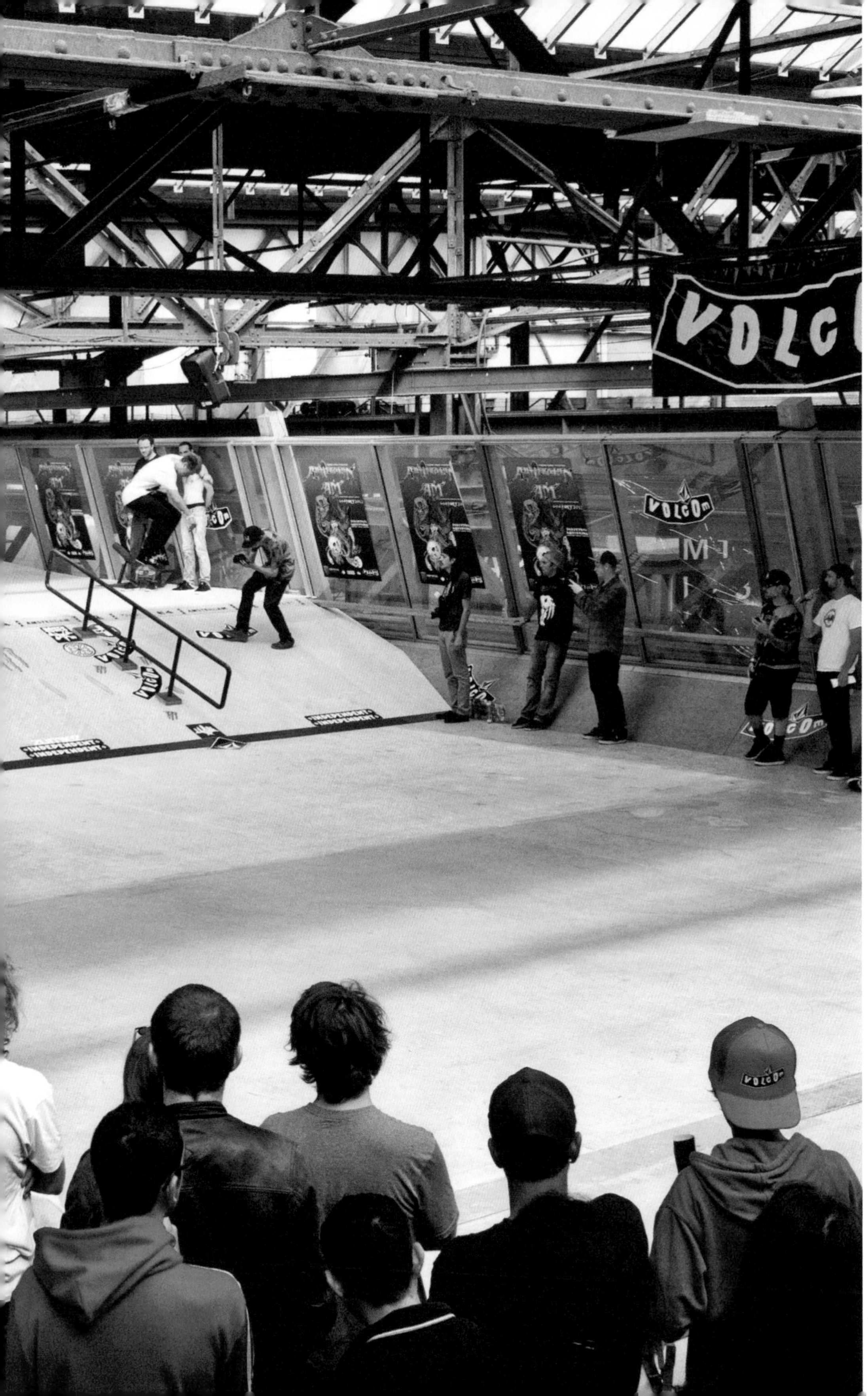
VOLCOM

Zelfbouw is zo'n mogelijkheid: Amsterdammers kunnen individueel of als groep een kavel kopen en met een aantal randvoorwaarden hun eigen woning (laten) bouwen. In campagnes wordt zelfbouw aan de man gebracht als een nieuwe manier van stadsontwikkeling. Het voldoet namelijk zeker aan een behoefte, maar de gemeente gebruikt het vooral als een noodgreep om de productie van woningen op gang te houden. Zelfbouw zoals de gemeente het presenteert, blijft bottom-up ontwikkelen dat van bovenaf is opgelegd en aan duidelijke eisen van de overheid moet voldoen. Vanuit de filosofie van De Stad als Casco zijn wij op de NDSM-werf allang bezig om echt samen met de gebruikers een stad te ontwikkelen.

Gevolgen voor de NDSM-werf

De aankoop van de loods door De Principaal hangt in ieder geval nog een aantal jaar boven ons hoofd. Er is weer een ambtenaar benoemd tot directeur en het is een periode waarin er relatief weinig gebeurt. De Principaal komt wel met een plan voor de verdere ontwikkeling van de loods, maar de huurders willen die ontwikkeling vooral in eigen hand houden. Door de financiële problemen die zijn ontstaan kan Stichting Kinetisch Noord de loods niet zelf verder ontwikkelen. De tweede nieuwe directeur past intussen op de winkel, maar toont zich niet erg daadkrachtig. Stadsdeel Noord is eveneens in afwachting van de voorgenomen koop door De Principaal. De meeste huurders gaan, net als ik, intussen gewoon weer verder met de creatieve projecten waarvoor zij in eerste instantie naar de loods gekomen zijn.

Van Robodock naar dance

Het wil niet zeggen dat er helemaal geen nieuwe ontwikkelingen zijn. De projectontwikkelaar die de ontwikkelrechten van een groot deel van de werf in handen krijgt, ontwikkelt tijdens de crisis stapje voor stapje door. De marina met restaurant komt er, net als een nieuw hoofdkantoor van Greenpeace, nieuwe horeca zoals Pllek en enkele hotels, bijvoorbeeld het design hotel in de voormalige NDSM-kraan met drie luxe hotelkamers. Door deze nieuwe functies verandert de NDSM-werf geleidelijk van karakter. De pioniers van weleer zijn onderdeel geworden van een groter geheel. En de greep van de ontwikkelaar en het stadsdeel op de ontwikkeling van de werf wordt daarbij groter.

Het karakter van het soort festivals dat op het buitenterrein georganiseerd wordt, verandert bijvoorbeeld. De werf is in 2006 nog de plek waar de grootste editie van het kunst- en technologiefestival Robodock gehouden wordt. Het kunstzinnige en vernieuwende spektakel past bij het ruige en experimentele karakter van de werf. Maar enkele jaren later slaat de balans door naar de andere kant. Het Over 't IJ festival heeft de werf nog steeds als thuisbasis, maar het aantal grote commerciële festivals neemt snel toe. Mega dancefeesten zijn lucratief, maar ze passen niet goed bij het culturele profiel van de broedplaats in de Scheepsbouwloods.

Een stichting voor de openbare ruimte

In navolging van de BV Durf en de Proeftuin NDSM van Habiforum in de periodes daarvoor wordt uiteindelijk in 2009 op de NDSM-werf een nieuwe stichting opgericht voor het beheer en

Self-building is one of those opportunities: individually or as a group, residents of Amsterdam can buy a plot and build their own dwelling – under a number of conditions. In campaigns, self-building is sold as a new way of urban development. It certainly meets a need, but the city mainly uses it as an emergency solution to boost the production of dwellings. Self-building as the city introduces it is a bottom-up development that is imposed top-down and has to meet clear government requirements. On the basis of the philosophy of *De Stad als Casco*, the users of the NDSM shipyard have actually been developing a piece of the city together for a long time.

Consequences for the NDSM Shipyard

In any case, the purchase of the shipbuilding warehouse by De Principaal hovers over our heads for a number of years. With yet another official being appointed director, this is a period in which relatively little happens. De Principaal does come up with a plan for the further development of the shipbuilding warehouse, but the tenants want to control its development themselves. Because of the financial problems that have arisen, the Kinetisch Noord Foundation cannot continue to develop the building. Meanwhile, the second new director minds the shop, but not very energetically. District Noord, too, is awaiting the intended purchase by De Principaal. Most of the tenants, like me, simply continue to work on the creative projects that brought them to the shipbuilding warehouse in the first place.

From Robodock to Dance

This does not mean that there are no new developments at all. The property developer that holds the development rights to a large part of the shipyard continues to develop the property step by step during the crisis. The marina and restaurant materialize, as does a new Greenpeace headquarters, new hospitality industry such as Pllek and several hotels, for example a three-room luxury design hotel in a former NDSM crane. Owing to these new functions, the character of the NDSM shipyard gradually changes. The earliest pioneers have become part of a larger whole. And with that, the hold the developer and District Noord have over the development of the shipyard has increased.

The character of the kind of festivals organized in the outside area changes, for example. In 2006 the shipyard is still the place where the biggest edition ever of the Robodock art and technology festival is held. The artistic and innovative spectacle fits the rough and experimental character of the shipyard. But a few years later, the scale tips. The site is still the home ground of Festival Over 't IJ, but the number of major commercial festivals is increasing rapidly and even though mega dance parties are lucrative, they don't really fit in the cultural profile of the incubator in the shipbuilding warehouse.

A Foundation for the Public Space

Following the BV Durf and Habiforum's Proeftuin NDSM in the previous periods, a new foundation for the management and programming of the public space of the site is eventually established at the NDSM shipyard in 2009: the NDSM shipyard Foundation

de programmering van de openbare ruimte van de werf: Stichting NDSM-werf wordt gevormd door de verschillende gebouweigenaren en partijen die aan het buitenterrein liggen of daarbij betrokken zijn.

Het idee is dat al die partijen een stem hebben bij het profiel van de activiteiten en dat een professionele uitvoeringsorganisatie de activiteiten op het buitenterrein faciliteert. Dat past op zich goed in De Stad als Casco-gedachte, maar in de praktijk is deze stichting een vooruitgeschoven post van het stadsdeel en vooral van de projectontwikkelaar. De creatieven in de Scheepsbouwloods liggen al langere tijd met elkaar en met Stichting Kinetisch Noord overhoop over de toekomst van de loods. Daardoor verslapt de inbreng vanuit de culturele hoek en gaat de beheerstichting van het buitenterrein steeds meer een commerciële koers varen.

Opgewekt aan het IJ, een duurzame werf

In dezelfde periode ontstaan ook heel andere nieuwe initiatieven. De NDSM-werf doet haar naam als broedplaats eer aan door een experimenteerruimte voor hernieuwbare energie te worden. De huurders in de Scheepsbouwloods zijn de eersten op de werf die met duurzame energie bezig zijn. De Scheepsbouwloods zelf is tot rijksmonument verklaard, waardoor sloop van de baan is en het zinvol wordt om te investeren in energievoorzieningen van de toekomst. Zo krijgt de loods een warmte-koude-opslag en ontstaan op de werf uiteenlopende initiatieven die een uitstraling in heel Amsterdam hebben.

Zo organiseert de voormalige bouwcoördinator van Stichting Kinetisch Noord met haar bedrijf NEWNRG de energietentoonstelling Opgewekt. nu op de NDSM-werf. Dit bureau dat lokale duurzame energieprojecten aanjaagt, is inmiddels met 'Wij Krijgen Kippen' een van de belangrijkste voorvechters van de energietransitie in Nederland. Ook ligt de energie-autarkische woonboot, de geWoonboot, aan de kade van de werf die gekocht is door een voormalige botenbouwer van de NDSM-werf en zijn partner met wie ik mijn kantoor deel in de Scheepsbouwloods. In de zomer van 2007 trapt kenniscentrum voor duurzame energie Urgenda tijdens de Midzomernacht af in de loods, starten duurzame energieorganisaties zoals Metabolic op de NDSM-werf, net als de circulaire en eveneens tijdelijke broedplaats De Ceuvel. Dat ligt verderop in Noord en wordt door architecten die op dat moment op de werf gevestigd zijn, opgezet. En natuurlijk de duurzame coöperatie NDSM Energie die in 2012 van start gaat en tot doel heeft zo veel mogelijk gebruik te maken van hernieuwbare energie.

De ambitie is om het eerste zelfvoorzienende bedrijventerrein van Nederland te worden, een bijzonder initiatief van zowel creatieve, commerciële en nog aanwezige scheepsbouwbedrijven samen.

Aankoop van de loods

Tijdens de crisis stoten de woningcorporaties mede hun maatschappelijke vastgoed af of zien af van aankopen die niet primair te maken hebben met hun kerntaak: het verhuren van sociale huurwoningen. Daarmee is, na jaren afwachten, ook de aankoop van de Scheepsbouwloods door De Principaal van de baan. Uiteindelijk

consists of various property owners and parties that are located in the outside area or involved in it in some way.

The idea is that all parties will have a say in the profile of the activities and that a professional implementation organization will facilitate the activities in the outside area. This is in keeping with the philosophy of De Stad als Casco in principle, but in practice the foundation is an advance post of District Noord and especially of the property developer. The creatives in the shipbuilding warehouse have been at odds with each other and the Kinetisch Noord Foundation about the future of the shipbuilding warehouse for quite some time. As a result, the input of the cultural world becomes smaller and the foundation that manages the outside area takes an increasingly commercial line.

'Opgewekt aan het IJ', a Sustainable Shipyard

In the same period, many other new initiatives arise as well. The NDSM shipyard lives up to the name Broedplaats (incubator) by becoming a space for experiments with renewable energy. The tenants of the shipbuilding warehouse are the first at the shipyard to get involved in renewable energy. Now that the shipbuilding warehouse has been listed as a national monument and demolition is off the table, it makes sense to invest in its future energy supply. The building is provided with a heat and cold storage installation and various initiatives that are developed at the shipyard resonate throughout Amsterdam.

With her firm NEWNRG, the former construction coordinator of the Kinetisch Noord Foundation organizes an energy exhibition, 'Opgewekt.nu', at the NDSM shipyard. NEWNRG is an office that stimulates local renewable energy projects and is now one of the leading advocates of the energy transition in the Netherlands. In addition, a self-sufficient houseboat, the geWoonboot, bought by a former boat builder of the NDSM shipyard and his partner – with whom I share an office in the shipbuilding warehouse – is moored at the shipyard's wharf. In the summer of 2007 Urgenda, a knowledge centre for renewable energy, is launched in the shipbuilding warehouse on midsummer night, and renewable energy organizations such as Metabolic are established at the NDSM shipyard, just like circular and also temporary incubator De Ceuvel. Located further to the north, the latter is set up by architects who have offices at the shipyard at the time. And the sustainable energy cooperative NDSM Energie starts in 2012, with the aim to make as much use of renewable energy as possible.

The ambition is to become the first self-sufficient industrial site in the Netherlands, an exceptional joint initiative of creative and commercial enterprises as well as existing shipbuilding companies.

Buying the Shipbuilding Warehouse

During the crisis, housing associations sell their social real estate and refrain from buying property that is not primarily connected to their core task: renting out social housing. After years of waiting, De Principaal finally abandons its resolution to buy the shipbuilding warehouse. Eventually, the part of De Key that develops new projects is even closed down during a major reorganization of the association. Now that the

wordt het onderdeel van De Key dat nieuwe projecten ontwikkelt tijdens een ingrijpende reorganisatie van die corporatie, zelfs opgeheven. Omdat de enige potentiële koper afhaakt en in de crisis door andere partijen nauwelijks geïnvesteerd wordt, is de verkoop van de loods voorlopig van de baan. Voor de meeste huurders is dat goed nieuws, maar het financiële probleem dat Stichting Kinetisch Noord enkele jaren eerder heeft opgebouwd, is daarmee niet verdwenen.

De impasse wordt doorbroken als Stichting Kinetisch Noord in 2011 weer een nieuwe directeur krijgt. Het gaat om een voormalig stadsdeelbestuurder en gemeenteraadslid voor de Partij van de Arbeid in Amsterdam. Hij staat bekend als iemand die de confrontatie niet schuwt en tot het uiterste gaat om zijn doel te bereiken. Daarmee maakt hij zowel vrienden als vijanden. In ieder geval wordt iedereen die iets met de Scheepsbouwloods te maken heeft na zijn aantreden direct wakker geschud. De directeur is gevraagd om de impasse te doorbreken die is ontstaan na het afhaken van De Principaal als koper van de loods en daarmee het financiële probleem dat nog steeds als een molensteen om de nek van Stichting Kinetisch Noord hangt.

Dat leidt tot een aantal confrontaties met huurders. Hij zet kwaad bloed bij de eigenaren van het skatepark en een groot deel van de andere gebruikers van de loods door de huur van het skatepark in 2013 op te zeggen. Het leidt tot een slepend conflict dat eindigt met het vertrek van de skaters, mede-initiatiefnemers en huurders van het eerste uur, uit de loods. De directeur ziet op die plek nieuwe commerciële werkruimtes verrijzen voor wat hij 'meer gevestigde kunstenaars' noemt. Op die manier zou Stichting Kinetisch Noord meer inkomsten moeten genereren. In 2017 staat het skatepark er echter verlaten bij en is er voor dit deel van de loods nog geen nieuwe functie gevonden.

Op de werf is de strijd tussen cultuur en commercie, zoals die door sommigen ervaren wordt, ook zichtbaar. Het levensgrote 'MAKE ART NOT €' verschijnt in deze periode op een blinde muur van de naastgelegen Lasloods.

Het zou de nieuwe directeur alleen maar om geld te doen zijn. Daarmee wordt hij tekort gedaan. Het verwijderen van het skatepark vind ik nog steeds een grote misser en een ingrijpende inbreuk op de doelstellingen en het aanvankelijke plan voor de loods, waarvan een jongerencluster een onlosmakelijk onderdeel vormt. De ruimte onder het skatepark had simpelweg ontwikkeld moeten worden. De inkomsten die Stichting Kinetisch Noord daarmee had kunnen binnenhalen, hadden enorm geholpen de financiële tekorten te beperken.

Maar de directeur komt niet toe aan het doorontwikkelen van de loods, omdat hij zijn handen vol heeft aan het oplossen van de financiële problemen van de stichting. Hij weet de huur voor de loods die de stichting aan Noord moet betalen – die de lasten van de lening moeten dekken – omlaag te krijgen door die te baseren op de op dat moment werkelijk verhuurde ruimte in de loods die nog maar voor de helft ontwikkeld is (wat nu nog zo is). Hij krijgt het bovendien voor elkaar om een diep gekoesterde wens in vervulling te laten gaan: de aankoop van de Scheepsbouwloods door Stichting Kinetisch Noord. Op initiatief van de

only potential buyer has dropped out and since other associations are hardly investing at all during the crisis, the sale of the shipbuilding warehouse is called off, at least for now. For most tenants that is good news, but it does not make the financial problems that the Kinetisch Noord Foundation built up several years earlier disappear.

The deadlock is overcome when the Kinetisch Noord Foundation appoints yet another new director in 2011: a former district alderman and municipal councillor for the Dutch Labour Party in Amsterdam. He is known as someone who does not shy away from confrontation and persists to the bitter end to achieve his goals, making both friends and enemies along the way. In any case, once his appointment is final he shakes everybody that has something to do with the shipbuilding warehouse awake. The director has been asked to break the stalemate that arose after De Principaal abandoned its plans to buy the shipbuilding warehouse and to solve the financial problems that are still a millstone around the neck of the Kinetisch Noord Foundation.

This leads to a number of confrontations with tenants. The director creates ill will among the owners of the skate park and a large number of other users of the shipbuilding warehouse by terminating the tenancy of the skate park in 2013. This leads to a long drawn-out conflict that ends with the departure of the skaters, co-initiators and tenants from the very beginning, from the shipbuilding warehouse. The director wants to use the vacated space to construct new commercial work spaces for what he calls 'more established artists', generating more income for the Kinetisch Noord Foundation. However, in 2017

the skate park stands abandoned and as of yet no new function has been found for this part of the shipbuilding warehouse.

The clash between culture and commerce, as some people call it, is also visible at the shipyard. In this period, the life-sized 'MAKE ART NOT €' appears on a blind wall of the adjacent welding warehouse.

Supposedly, the new director is only in it for the money. That's not entirely fair, although I do think ousting the skate park was a major mistake as well as a major violation of the initial plan for the shipbuilding warehouse, of which a youth cluster is an inseparable part. The space beneath the skate park should simply have been developed. The income that that would have generated for the Kinetisch Noord Foundation would have greatly helped to reduce the financial deficit.

But the director does not have time to further develop the shipbuilding warehouse because he has his hands full with solving the financial problems of the foundation. He manages to get the rent of the shipbuilding warehouse that the foundation has to pay to District Noord lowered – rent that, incidentally, is meant to cover the costs of the loan. It is now based on the space that is actually rented out in the at that time only half-developed shipbuilding warehouse. He also manages to fulfil a deeply cherished wish: the purchase of the shipbuilding warehouse by the Kinetisch Noord Foundation. At the initiative of the former city councillor, the city of Amsterdam and District Noord exchange the ownership of the shipbuilding warehouse and that of the slipways, after which the city rents the

voormalige stadsbestuurder ruilen de gemeente Amsterdam en stadsdeel Noord het eigendom van de Scheepsbouwloods en de hellingen, waarna de gemeente de Scheepsbouwloods in erfpacht uitgeeft aan Stichting Kinetisch Noord.

Dat betekent wel dat de gemeente nog eens zeven miljoen euro in de Scheepsbouwloods investeert. Dat doet de gemeente omdat de Stichting Kinetisch Noord niet zomaar failliet verklaard kan worden, het is een politiek prestigeproject geworden, een project dat het stadsbestuur niet zomaar wil laten verdwijnen. Door deze constructie en bijdrage van de gemeente zijn de financiën van Stichting Kinetisch Noord weer op orde en zijn de gebruikers van de loods niet meer onderhuurders maar directe huurders van Stichting Kinetisch Noord, de nieuwe eigenaar, geworden. De gemeente heeft toekomstige financiële tegenvallers daarmee afgekocht. Bovendien lukt het de directeur om het laatste deel van het casco (de noord- en de zuidgevel) van het gebouw voor vier miljoen euro te laten renoveren.

Doordat Stichting Kinetisch Noord de Scheepsbouwloods in bezit heeft, is het mogelijk de huren voor de gebruikers voor de toekomst laag te houden. Erfpacht, onderhoud, beheer en de verdere ontwikkeling van de loods moeten wel gefinancierd worden, maar 'winst' hoeft er, zoals een projectontwikkelaar wel zou willen, niet gemaakt te worden. De sanering van de schulden van de stichting is de redding van het initiatief in de Scheepsbouwloods. Ik denk nog altijd dat het ons veel minder tijd, energie en geld had gekost als wij de loods in het begin zelf hadden kunnen kopen. Nu lijken wij

sterk financieel afhankelijk geweest te zijn van de gemeente en andere subsidies, terwijl we de loods – met een bijdrage voor het achterstallig onderhoud – zelf hadden kunnen ontwikkelen en financieren.

Door de aankoop van de loods in 2014 en het saneren van de schulden van Stichting Kinetisch Noord is er rust en ruimte om vooruit te kijken. Maar is dat wel zo?

Van bovenaf bepaald

Ondanks het veiligstellen van de broedplaats lopen de spanningen tussen de directeur van Kinetisch Noord en de huurders steeds verder op. De directeur beslist alles zonder met huurders te overleggen, geeft onvoldoende inzage in de financiën en besluit zelfstandig om van de Scheepsbouwloods een dancehall te maken. Een dancehall en alles wat daarbij komt kijken past op geen enkele wijze bij de atelierwerkplaats functie en culturele programmering van de loods. Alle externe directeuren gaan er kennelijk vanuit dat deze broedplaats een verlieslijdende business is. Daarom hoeven zij blijkbaar niet meer naar de huurders te luisteren maar gaan ze zelf nieuwe functies bedenken, liefst grote publiekstrekkers.

Voor de dancehall heeft de directeur maar liefst 74 vluchtdeuren laten aanbrengen in de twee gerenoveerde en monumentale gevels ten behoeve van deze commerciële feesten waar de huurders veel overlast van hebben en ook inhoudelijk bezwaar tegen maken. Het buitenterrein is er al vol van. Het gevolg is daarnaast dat de huurders meer last van inbraken en vernielingen hebben.

Toen het directeurentijdperk aanbrak, waren er voldoende fondsen en eigen

shipbuilding warehouse to the Kinetisch Noord Foundation on a long lease.

This means that the city has to invest another 7 million euros in the shipbuilding warehouse. It does so because it does not want the Kinetisch Noord Foundation to go bankrupt: it has become a political showcase project, one that the city does not simply want to write off. Because of this construction and the contribution of the city, the finances of the Kinetisch Noord Foundation are once again in good order and rather than being subtenants, the users of the shipbuilding warehouse now rent directly from the Kinetisch Noord Foundation, which is the new owner. It also means that the city has bought off any future financial setbacks. In addition, the director manages to renovate the last part of the building shell (north and south façades) for 4 million euros.

Because the Kinetisch Noord Foundation now owns the shipbuilding warehouse, it will be possible to keep the user's rents low in the future. We have to finance ground rent, maintenance, management and the further development of the property but, in contrast with a property developer, we do not have to make a profit. By restructuring the foundation's debt, the initiative in the shipbuilding warehouse is saved. I still think it would have saved a lot of time, energy and money if we had succeeded in buying the shipbuilding warehouse at the very beginning. We've been financially dependent on the city and on other subsidizers, while we could have developed and financed the property ourselves – given a contribution for overdue maintenance.

The purchase of the shipbuilding warehouse in 2014 and the restructuring of the debt of the Kinetisch Noord Foundation creates peace and the space to look forward. But did it really?

Top-Down

Despite the fact that he has saved the incubator, tensions between the director of Kinetisch Noord and the tenants continue to grow. The director makes decisions without consulting the tenants, allows insufficient insight into the finances and independently decides to turn the shipbuilding warehouse into a dance hall. A dance hall and everything that entails is in no way in keeping with its studio/workshop function and cultural programming. All of the external directors clearly assume that this incubator is running at a loss. They appear to think they no longer need to listen to the tenants and can come up with new functions themselves, preferably box office draws.

For the benefit of the dance hall and its commercial parties, which cause the tenants a lot of inconvenience and to which they object intrinsically, the director has no less than 74 emergency exits fitted in the two renovated and monumental façades. The outside area is already full of dance festivals. An additional consequence is that the tenants suffer more burglaries and vandalism.

In the early days of 'the age of directors', there were sufficient funds and tenants' resources to construct all the building clusters and the foundation had sufficient rental income to be able to operate cost-effectively. It is striking that the directors of the Kinetisch Noord Foundation prefer to spend the money on façades rather than on content. The first director converted and decorated the office along the front of the building with works of art

middelen van de huurders om alle bouwclusters neer te zetten en had de stichting voldoende huuropbrengsten gerealiseerd om dekkend te kunnen opereren. Opvallend is dat de directeuren van Stichting Kinetisch Noord het geld liever spenderen aan de façade dan aan de inhoud. De eerste verbouwde en verfraaide het kantoor aan de voorgevel met kunstwerken en markiezen en de ander heeft een gigantische, modern vormgegeven hangardeur laten plaatsen in de monumentale entree. De huurders zien liever dat het monumentale karakter van de loods niet verder wordt aangetast, dat het oorspronkelijke plan wordt uitgevoerd en dat er samen met Kinetisch Noord en Stichting NDSM-werf gewerkt wordt aan de verdere ontwikkeling en culturele profilering van de NDSM-werf waar experimenten niet geschuwd worden.

De weg terug naar invloed

Eind 2015 leek het erop dat het bestuur van Stichting Kinetisch Noord koerste op het opzeggen van de huurcontracten, die zij bij de oplevering van de Kunststad in 2007 immers maar voor tien jaar waren aangegaan. Daarnaast is er nog het broedplaatsfonds van de gemeente Amsterdam dat haar beleid om de zoveel jaar herziet en vindt dat een kunstenaar eigenlijk maar vijf jaar een atelier in een broedplaats mag huren. En dat was precies het voornemen van de directeur. Dit was voor mij aanleiding om de huurders zover te krijgen de impasse tussen Stichting Kinetisch Noord en de huurdersverenigingen in de Scheepsbouwloods te doorbreken en in gesprek te gaan met de directeur en het bestuur. Met een aanzienlijke groep huurders besluiten we niet meer terug te willen kijken naar het verleden maar de blik op de toekomst te richten. We willen actief een aanzet geven tot een vernieuwde samenwerking tussen huurders en de stichting. In werkgroepen werken we samen aan een visie en samenwerking voor de Scheepsbouwloods en leggen we onze ideeën en afspraken die we met de stichting willen maken vast in het (werk)document 'Samen verder op de NDSM'.

Belangrijk daarbij is dat de rechten en plichten van de huurders en de stichting duidelijk gemaakt worden. Het gaat bijvoorbeeld om het eigendom van de afgebouwde ateliers in de loods en om vernieuwde huurcontracten, die niet aan de beperkende criteria van het broedplaatsfonds en de steeds veranderende eisen van een subsidiegever hoeven te voldoen. Een belangrijke stap is dat wordt afgesproken dat de huurders een paar mensen mogen voordragen in het bestuur van Stichting Kinetisch Noord. Daarmee krijgen de huurders weer directe invloed op de koers van de stichting en daarmee op hun eigen werkomgeving en investeringen. Komt de bottom-up Stad als Casco-gedachte daarmee weer tot leven in de Scheepsbouwloods?

and awnings and the other had a huge, modern design hangar door placed in the monumental entrance. The tenants would prefer to see the monumental character of the property preserved, the original plan implemented and efforts made, together with the Kinetisch Noord Foundation and the NDSM shipyard Foundation, to further develop and culturally profile the NDSM shipyard without shunning experiments.

The Way Back to Influence

At the end of 2015, it looks like the board of the Kinetisch Noord Foundation wants to terminate the ten-year tenancy agreements that they entered into after the completion of the Kunststad in 2007. In addition, there is also the Broedplaats Fund of the city of Amsterdam that revises its policy every few years and stipulates that artists can only rent a studio in an incubator for five years. And indeed, that is exactly what the director intends. This is why I want to get the tenants to break the deadlock between the Kinetisch Noord Foundation and the tenants' associations in the shipbuilding warehouse and start talking to the director and the board.

With a significant group of tenants, we decide to stop looking back on the past but to look ahead to the future. We want to actively encourage the renewed collaboration of tenants and the foundation. In work groups, we work together on a strategy and alliance for the shipbuilding warehouse and capture our ideas and the agreements that we want to make with the foundation in the (work) document 'Samen verder op de NDSM' (Moving forward together at the NDSM).

It is important to clearly describe the rights and obligations of the tenants and the foundation. This involves, for example, the ownership of completed studios in the shipbuilding warehouse and renewed tenancy agreements that do not need to comply with the limiting criteria of the Broedplaats Fund and the ever changing requirements of a subsidizer. An important step is that it is agreed that the tenants can nominate a couple of candidates for the board of the Kinetisch Noord Foundation. This will provide the tenants with direct influence on the foundation's course and thus on their own work environment and investments. Will this revive the bottom-up philosophy of *De Stad als Casco* in the shipbuilding warehouse?

Kantoor dat de directeur van Kinetisch Noord in 2017 liet bouwen. Het gebouw is om het cascoframe gebouwd en verstoort de zichtlijnen in het ontwerp.
The office that the director of Kinetisch Noord had built in 2017. The building is constructed around the shell frame and interrupts the sightlines of the design.

6

PRAKTIJK
PRACTICE

DE TOEKOMST VAN DE SCHEEPS- BOUWLOODS

THE FUTURE OF THE SHIPBUILDING WAREHOUSE

Façade in plaats van inhoud

In 2017 is het tien jaar geleden dat het grootste deel van de vrijplaats, bouwcluster Kunststad, in de Scheepsbouwloods geopend is. Drie projecten zijn niet uitgevoerd: de tweede verdieping van de Kunststad, de noordstrook en de ruimte om het voormalige Skatepark. Nu de kwestie over het eigendom van de loods is beslecht en de financiën op orde zijn, treedt er weer een nieuwe directeur aan. Dit is de voormalige stadsdeelvoorzitter die destijds in 2008 het bestuur en de uitvoeringsorganisatie van Stichting Kinetisch Noord liet vervangen door ambtenaren en oud-politici die hem nu zelf als directeur benoemen. Hij heeft meteen voor zichzelf een nieuw kantoor, een oranje moloch, op een plek vooraan in de loods bij de Kunststad laten bouwen die niemand kan ontgaan.

De Scheepsbouwloods staat ondertussen tot ver over de landsgrenzen bekend als de grootste bottom-up broedplaats. En daarvan wordt goed gebruikgemaakt. Ongeveer 250 uiteenlopende makers hebben zich in de Scheepsbouwloods gevestigd en werken daar dagelijks aan hun creatieve projecten. Maar er zijn ook veel tegenslagen geweest en zijn er fouten gemaakt. In het kort: er is afgeweken van De Stad als Casco-gedachte en het Plan van Aanpak. Door de financiële problemen van de stichting, tien jaar geleden, dreigde de loods verkocht te worden aan een commerciële partij. De huurders zouden daarmee de controle over de ontwikkeling van de loods kwijtraken. Als gevolg van de crisis van 2008 zag De Principaal af van de aankoop van de loods en vervolgens is door het saneren van de schulden van de Stichting Kinetisch Noord dat doemscenario afgewend. Er is in de Scheepsbouwloods lange tijd een top-down beleid gevoerd en er zijn ingrepen in het gebouw gedaan die de beheersbaarheid niet ten goede komen.

Amsterdam wil atelierruimtes uitbreiden

Een punt van discussie is nog steeds de manier waarop de Scheepsbouwloods zich verder kan ontwikkelen. In het originele plan is het nadrukkelijk de bedoeling geweest meer betaalbare werkruimte – voor low- en non-profit ondernemers – te ontwikkelen in de loods. Dat daaraan nog steeds behoefte is nu de vastgoedprijzen torenhoog zijn, mag duidelijk zijn en wordt ook door de gemeente erkend. In 2017 breidt de gemeente Amsterdam het aantal vierkante meters creatieve ateliers in de stad uit met 20.000, heeft de wethouder Cultuur aangekondigd. Daarmee groeit het aandeel goedkope werkruimte enigszins mee met de snel uitdijende stad. Overigens ligt die uitbreiding voor het grijpen, want als het oorspronkelijke Plan van Aanpak van de huurders in de Scheepsbouwloods in zijn geheel wordt uitgevoerd, kan al voor de helft aan deze doelstellingen worden voldaan.

Bouwwoede

De crisis in Amsterdam is sinds de zomer van 2015 voorbij. In de jaren daarvoor is er nauwelijks gebouwd, maar vanaf halverwege 2015 staan projectontwikkelaars en beleggers weer in de rij om te bouwen in de stad. Dat is hard nodig, omdat de behoefte aan woningen in Amsterdam onverzadigbaar lijkt. Het is een van de redenen waardoor de prijzen in de stad sterk stijgen. Er is in de bestaande bouw

Façade Rather Than Content

In 2017 it's been ten years since the largest part of the sanctuary, building cluster the Kunststad (Art City), was opened in the shipbuilding warehouse. Three out of five building clusters have not yet been fully developed: the second floor of the Kunststad, the northern strip and the area around the former skate park. Now that the issue of the ownership of the shipbuilding warehouse has been settled and the financial situation is in good order, yet another new director is appointed. He is a former District Council Chairman, the one who in 2008 had the board and the implementation organization of the Kinetisch Noord Foundation replaced by the very administrators and former civil servants and politicians that now appoint him their director. He immediately builds himself a new office, an orange Moloch that no one can fail to notice in a spot at the front of the warehouse, in the Kunststad.

Meanwhile, the shipbuilding warehouse has become known as the world's largest bottom-up incubator, both at home and abroad. And it is used intensively. Some 250 different makers have settled there to work on their creative projects. But there have been plenty of setbacks and mistakes have been made. In short: the philosophy of *De Stad als Casco* and the Action Plan have not been fully adhered to. Owing to the financial problems the foundation had ten years ago, the property has been in danger of being sold to a commercial party, which would have resulted in the tenants losing control of the development of the shipbuilding warehouse. Because of the 2008 financial crisis, De Principaal abandoned its plan

to buy the property and the doom scenario was subsequently averted by restructuring the debts of the Kinetisch Noord Foundation. The shipbuilding warehouse was subjected to top-down policies for quite some time and some interventions have negatively affected its manageability.

Amsterdam Wants More Art Spaces

A point of continued discussion is the way the shipbuilding warehouse can continue to develop. The original plan emphatically focused on the development of more affordable work spaces for low and non-profit entrepreneurs. These are clearly still in great demand now that real estate prices have skyrocketed, something the city acknowledges. The alderman for culture announces that in 2017 the city of Amsterdam will expand the number of square metres of creative work space in the city to 20,000. This means the volume of affordable work space will at least be able to keep pace with the mushrooming city to some extent. The expansion is easy to realize as well, because if the original Action Plan of the tenants of the shipbuilding warehouse is implemented in full, half of the target is already met.

Building Frenzy

The crisis in Amsterdam has been over since the summer of 2015. In the years before 2015 hardly anything got built at all, but from the mid-2015s property developers and investors are lining up to build in the city. This is very necessary, since the demand for dwellings in Amsterdam appears to be insatiable. It is one of the reasons why prices in the city continue to rise considerably. The existing housing stock – especially that

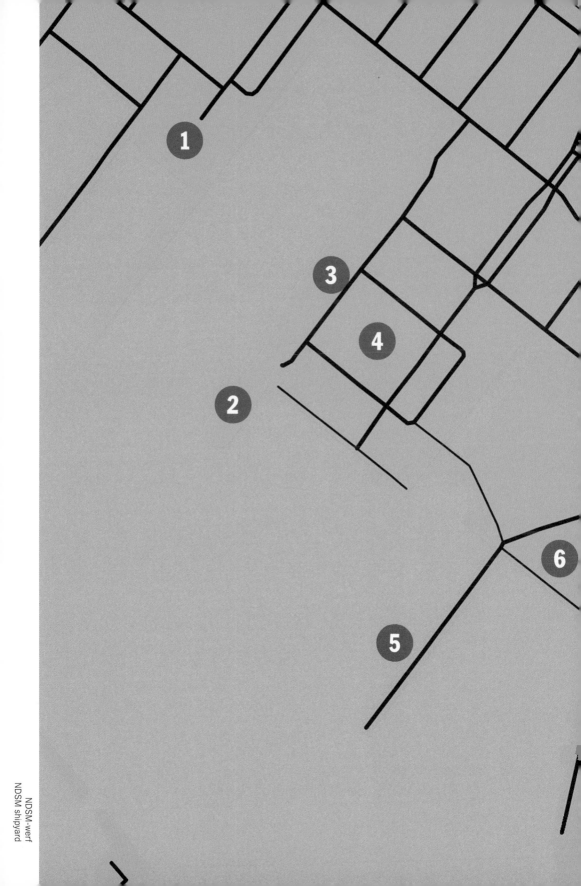

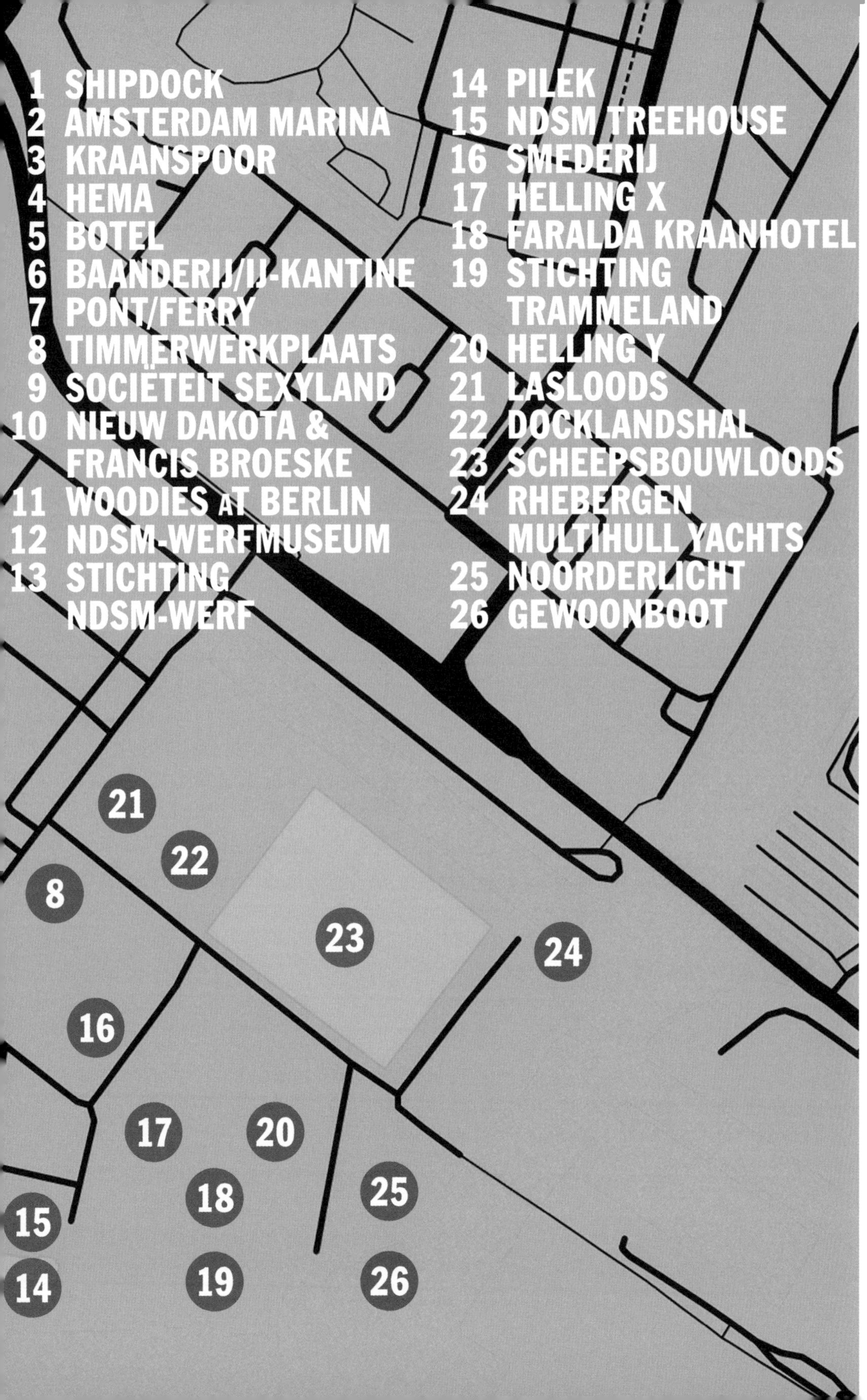

1 SHIPDOCK
2 AMSTERDAM MARINA
3 KRAANSPOOR
4 HEMA
5 BOTEL
6 BAANDERIJ/IJ-KANTINE
7 PONT/FERRY
8 TIMMERWERKPLAATS
9 SOCIËTEIT SEXYLAND
10 NIEUW DAKOTA & FRANCIS BROESKE
11 WOODIES AT BERLIN
12 NDSM-WERFMUSEUM
13 STICHTING NDSM-WERF
14 PILEK
15 NDSM TREEHOUSE
16 SMEDERIJ
17 HELLING X
18 FARALDA KRAANHOTEL
19 STICHTING TRAMMELAND
20 HELLING Y
21 LASLOODS
22 DOCKLANDSHAL
23 SCHEEPSBOUWLOODS
24 RHEBERGEN MULTIHULL YACHTS
25 NOORDERLICHT
26 GEWOONBOOT
21
22
8
23
24
16
17
20
18
25
15
19
26
14

– zeker binnen de Ring A10, de snelweg die rond de binnenstad en Amsterdam-Noord loopt – een beperkt aanbod van koopwoningen, voor socialehuurwoningen is meer dan tien jaar geduld op de wachtlijst nodig en het aanbod vrijesectorhuur is in Amsterdam historisch gezien altijd al beperkt geweest.

Alle reden om oude plannen die als gevolg van de crisis in een la verdwenen zijn, weer af te stoffen en van een hedendaagse invulling te voorzien. Het aantal nieuwe woningen waarvan de eerste paal de grond ingaat, doorbreekt in de afgelopen jaren alle records. De gemeente is gefocust om zo veel mogelijk te bouwen nu de interesse na de crisis ongekend is en het nooit te voorspellen is hoe lang de bouwwoede aanhoudt. Dat betekent dat bestaande delen van de stad intensiever bebouwd worden, dat er in de strook langs de Ring A10 veel meer woningen bij komen, dat de uitbreidingsplannen voor uitbreidingswijk IJburg in het IJmeer worden doorgezet en dat bijvoorbeeld het grote bedrijventerrein bij station Sloterdijk – een mislukt kantorengebied – in de komende jaren moet veranderen in een gemengd woon-werkgebied.

Wat betekent die bouwwoede voor de NDSM-werf? In 2008 zijn grootse plannen aangekondigd om een deel van de werf intensief te bebouwen. In de afgelopen jaren zijn er al bijna 400 studentenwoningen en een school bijgekomen, in 2017 kondigt de projectontwikkelaar aan nog eens 700 woningen toe te voegen aan het gebied. De werf verandert daarmee definitief van een werkgebied naar een gemengd stuk stad waar wonen, werken en vermaak gecombineerd worden. De vrijplaats die het werfterrein ooit was, lijkt daarmee voorgoed verleden tijd.

Geen poppenkast

De vraag is wat de verdere ontwikkeling van de werf betekent voor de huurders in de Scheepsbouwloods en daarnaast wat de rol van makers en huidige gebruikers in de veranderende wereld van de werf kan betekenen. De populariteit van de NDSM-werf is al groot. Amsterdammers komen er voor de café-restaurants, de vlooienmarkt en festivals; toeristen kunnen overnachten op de werf en wandelen en masse de Scheepsbouwloods binnen om een kijkje te nemen. Of dat zal toenemen als er meer mensen op de werf komen wonen, is de vraag. Voor de huurders van de Scheepsbouwloods is het een belangrijke kwestie: iedereen is welkom, maar de loods moet wel een werkgebied blijven en geen poppenkast worden.

Tegelijkertijd blijven toeristen ook welkom. Als bezoeker van het grootste street art museum ter wereld bijvoorbeeld, dat in de zomer van 2018 de deuren opent in de nabijgelegen Lasloods, een van de andere monumentale loodsen op de werf. Met de aankondiging van het street art museum zijn eerdere ideeën en plannen voor een 'high art' MoMA-achtig museum voorlopig van de baan. Een street art museum past namelijk beter bij het stoere verleden van de werf.

Buitenterrein

Het is ook de vraag in hoeverre grote dance-evenementen op het buitenterrein van de werf mogelijk en wenselijk blijven, als er meer mensen in de directe nabijheid van die feesten komen wonen. Het staat nog open welk profiel de culturele programmering dan krijgt. In de afgelopen jaren is de nadruk sterk op commerciële feesten

inside the A10 ring road, the motorway that encircles the city centre and Amsterdam-Noord – includes a limited supply of owner-occupied houses; acquiring a dwelling in the social sector takes at least ten years of patiently sitting on the waiting list; and the supply of non-controlled rental accommodation has historically always been limited in Amsterdam.

All the more reason to shake the dust off the old plans that were put under a big pile of paper as a result of the crisis and come up with a contemporary interpretation. In the last few years, the number of new dwellings constructed has been breaking all records. The city is focusing on building as much as possible since the interest is unprecedented and it is impossible to know how long this building frenzy will continue. The results include intensive construction in existing parts of the city, a large number of dwellings being added to the strip along the A10 ring road, the extension plans for expansion district IJburg in the IJmeer being pushed through and the major industrial area near Sloterdijk Station – a failed business zone – being transformed into a mixed living and working area over the coming years.

What are the consequences of this building frenzy for the NDSM shipyard? In 2008 authorities announced big plans for building intensively on part of the shipyard. The property developer has added nearly 400 student dwellings and a school in the past few years and announced he will add 700 more dwellings to the area in 2017. This will definitively transform the shipyard from an industrial area into a mixed part of the city that combines living, working and recreation. This means that the sanctuary the shipyard once was, is now forever a thing of the past.

Not a Zoo

The question is what the continued development of the shipyard will mean to the tenants in the shipbuilding warehouse and, in addition, what part the makers and current users can play in the changing world of the shipyard. The popularity of the NDSM site is already huge. The people of Amsterdam go there for the cafés and restaurants, the flea market and the festivals; tourists can stay overnight at the shipyard and walk into the shipbuilding warehouse en masse to take a look. Whether that will increase if more people come to live in the shipyard remains to be seen. For the tenants of the shipbuilding warehouse, this is an important issue: everybody is welcome, but it is imperative that the building remains a work area and does not turn into a zoo.

At the same time, tourists are welcome: as visitors to the temporary Street Art Museum, for example, which will open in the summer of 2018 in the nearby welding warehouse, one of the other monumental buildings in the shipyard. Once plans to construct a Street Art Museum are finalized, previous ideas and plans for a MoMA-like 'high art' museum are abandoned. A Street Art Museum is more in keeping with the shipyard's unpolished past.

Outside Area

The question remains whether the major dance events in the outside area of the shipyard are still possible and desirable with more people living in the immediate vicinity of those parties. It is as yet unclear what profile the cultural programming is to have. In recent

komen liggen. Die hebben weinig van doen met de culturele profilering van de NDSM-werf en zijn vooral ingegeven om inkomsten voor de stichting van het buitenterrein te genereren. Maar de afhankelijkheid van die feesten is te groot geworden. Een betere mix van commercie en culturele evenementen is op z'n zachtst gezegd gewenst.

Volgens Kim Tuin, directeur van Stichting NDSM-werf, die het buitenterrein van 15 hectare beheert en programmeert, is de nadruk in de afgelopen jaren inderdaad te veel op grote commerciële evenementen komen te liggen. 'Een festival met 17.000 bezoekers betekent voor de mensen die hier werken al een grote belasting. Als in de komende periode steeds meer mensen op de werf komen wonen, zullen grote feesten niet meer mogelijk zijn.' Wat volgens haar niet wegneemt dat kleinere evenementen wel moeten kunnen blijven. 'Die horen er ook bij, je moet niet alles de stad uit willen duwen. Het gaat om jongerencultuur waarvoor op de NDSM ook plek moet zijn.' Tuin probeert het culturele profiel te versterken door kunstinstellingen te interesseren projecten op de werf te ondersteunen en door zowel de gemeente als ontwikkelaars verder te laten denken dan vierkantemeterprijzen alleen.

'Bovendien heeft de werf een diversiteit aan waardes. Dat is de historische uit de tijd dat hier schepen gebouwd werden, maar de periode daarna is ook van belang: het ruige karakter van de werf, waar de kunstenaars en vrije geesten die hier rond de eeuwwisseling kwamen voor hebben gezorgd. Dat is onderdeel van het emotionele erfgoed.' Voor Tuin is blijvende tijdelijkheid een kernbegrip. 'Net zoals hier vroeger grote schepen werden gebouwd die vervolgens weer weggingen, zo hoop ik dat we tijdelijke kunstwerken op de werf kunnen krijgen. Dan grijp je niet definitief in het gebied in, maar houd je mogelijkheden open. Wat mij betreft houdt de werf het karakter van experimenteerruimte.'

Doorontwikkelen van de loods

Goede verhoudingen zijn een voorwaarde om met elkaar in gesprek te gaan over de toekomst van de Scheepsbouwloods en daarmee ook de NDSM-werf. Ik ben daar als een van de huurders een groot voorstander van. Nu de problemen achter de rug lijken en nieuwe mensen in het bestuur van Stichting Kinetisch Noord zijn benoemd, is er een kans om weer samen op te trekken en de oorspronkelijke plannen en doelstellingen van de gebruikers verder te ontwikkelen. Ruim 10.000 vierkante meters van het Plan van Aanpak zijn bijvoorbeeld nog steeds niet uitgevoerd.

Dit lijkt in schril contrast te staan met de visie van de huidige directeur van Stichting Kinetisch Noord. Volgens hem blijven commerciële feesten in de komende tijd nodig om de exploitatiekosten en financiering te dekken van de nog te realiseren bouwclusters. Hij wil die commerciële programmering langzaam afbouwen. Als zich een horecagelegenheid in de loods gevestigd heeft, komt alles goed. De loods moet dan weer meer een cultureel profiel krijgen. Maar hoe kan het toch dat het geen enkele directeur gelukt is die extra 10.000 vierkante meters in de Scheepsbouwloods te ontwikkelen? De behoefte in de stad is er en er zijn jaren huurinkomsten gederfd.

De meeste huurders zien dat anders. Als de bouwplannen uit het Plan van

years, the focus has shifted to commercial parties. They have little to do with the cultural profile of the NDSM shipyard and are primarily geared towards generating revenue for the foundation that manages the outside area. But the foundation has come to depend on those parties too much. At the very least there should be a better mix of commercial and cultural events.

According to Kim Tuin, director of the NDSM shipyard Foundation that manages and programmes the 15-hectare outside area, major commercial events have indeed been overemphasized in recent years. 'A festival with 17,000 visitors is a great burden, even on people that only work here. If the number of people living at the shipyard increases in the coming period, big parties will no longer be possible.' Nevertheless, she believes it will still be feasible to accommodate smaller events. 'They are part of it, too, you don't want to push everything out of the city. There has to be room for youth culture at the NDSM shipyard as well.' Tuin tries to strengthen the shipyard's cultural profile by asking art institutes to support projects that take place at the shipyard and by trying to get both the city and developers to think of more than square metre prices.

'The shipyard represents a variety of values. This includes historical values from the time ships were built here, but the subsequent period is also important: the unpolished character of the shipyard created by artists and free spirits that came here around the turn of the century. That is part of its emotional heritage.' To Tuin, persistent temporality is a core concept. 'Just like big ships were once built here and subsequently left, so I hope we can get works of art

to stay at the shipyard temporarily. That means no definitive interventions in the area, but keeping our options open. In my opinion, the shipyard is best off as an experimental space.'

The Continued Development of the Shipbuilding Warehouse

Good relationships are a prerequisite for discussions about the future of the shipbuilding warehouse and thus the NDSM shipyard. As one of the tenants, I strongly support his. Now that our problems appear to be in the past and new people have been appointed to the board of the Kinetisch Noord Foundation, we have the opportunity to work together once more and to continue to develop the original plans and objectives of the users. More than 10,000 square metres of the Action Plan, for instance, are still waiting to be realized.

This appears to be in stark contrast with the views of the current director of the Kinetisch Noord Foundation. He believes commercial parties will be necessary in the near future to cover operating costs and finance the construction of the planned building clusters. He wants to cut back on commercial programming slowly. Once some form of hospitality industry is established at the shipbuilding warehouse, everything will be fine. But how is it possible that not one of the directors has managed to develop the 10,000 extra square metres of the shipbuilding warehouse? There's a clear demand that has not been met, and years of rental income have been lost.

Most of the tenants have a different opinion. If the construction plans from the Action Plan or the renewed 'Samen Verder' document are finally realized, this will result in more spaces for

Aanpak of het hernieuwde document 'Samen Verder' alsnog uitgevoerd worden, leidt dat ertoe dat er meer ruimte voor makers komt en er meer structurele inkomsten binnenkomen. Dat hoeven geen 'gearriveerde kunstenaars' te zijn, zoals de directeur van de stichting voor ogen heeft. Ook als er nog eens 10.000 vierkante meter bijgebouwd wordt, kan een aanzienlijk deel van de loods leeg blijven om uiteenlopende culturele activiteiten te organiseren.

Uitvoering nieuw broedplaatsbeleid

Voorfinanciering voor de nog te realiseren cascobouwclusters kan mogelijk in samenwerking met de wethouder Cultuur geregeld worden. Door de komst van meer huurders in de loods is het financieel haalbaar om de begroting van de Scheepsbouwloods voor de komende jaren echt veilig te stellen. Ambachtslieden, kunstenaars en andere kleinschalige ondernemers staan in de rij om mee te doen. Daarmee wordt 50 procent van het voornemen van de wethouder om in de komende jaren meer ateliers te realiseren ruimschoots waargemaakt. Nieuwe huurders brengen tevens eigen vermogen in door de cascoprojecten zelf af te bouwen.

De toekomst van de NDSM-werf?

De ambities reiken nog verder. De huurders in de Scheepsbouwloods zijn de pioniers van de NDSM-werf die als vliegwiel hebben gefunctioneerd voor de herontwikkeling. De NDSM-werf is nu een van de populairste en ondertussen meest dure locaties van Amsterdam geworden. Het is niet meer dan logisch dat degenen die daarvoor de beste tijd van hun leven hebben

gegeven, ook een positie krijgen in de ontwikkeling van het gehele gebied. Daarmee wordt door de gemeente overigens goede sier gemaakt. Er is in de afgelopen 15 jaar al veel ontwikkeld, maar de gemeente heeft de ontwikkelrechten van de NDSM-werf bijna volledig aan commerciële partijen weggegeven. Is het dan nu te laat?

Op de NDSM-werf zijn veel verschillende partijen gevestigd die met elkaar de liefde voor de plek gemeen hebben: Stichting NDSM-werf (beheer buitenruimte), Stichting Kinetisch Noord (eigenaar Scheepsbouwloods), huurders van de Scheepsbouwloods, huurders van de hellingen die in eigendom zijn van de gemeente, café-restaurantondernemers Pllek en Noorderlicht die grond huren van de gemeente, het Faralda Crane Hotel in erfpacht uitgegeven aan een bevlogen ondernemer, en een kleine groep particuliere eigenaren die ook hun bedrijf op de NDSM-werf gevestigd hebben. Voor met name de programmering en het beheer van het buitenterrein werken deze partijen incidenteel samen aan uiteenlopende activiteiten. Dat gaat meestal goed, maar het botst soms wel.

Met het aanstellen van Kim Tuin, de nieuwe directeur van de Stichting NDSM-werf, zijn de verwachtingen hooggespannen, maar sommigen zien de werf liever niet als een openluchtmuseum. Tijdens het schrijven van dit boek heeft zij haar vertrek aangekondigd en het is de vraag wat de volgende directeur weer gaat doen. Ook is er een interessante groep botenbouwers en fashion ondernemers die tijdelijk een kleine loods aan de kade huren van de projectontwikkelaar die er straks woontorens wil bouwen. Deze huurders willen graag op de NDSM-werf blijven

makers and a higher structural income. The makers do not have to be 'established artists or hospitality industry', like the director of the foundation envisages. Even if another 10,000 square metres of floor space are added, a significant part of the shipbuilding warehouse can remain empty and available for various cultural activities.

Implementation of the New Incubator Policy

The pre-financing of the shell building clusters that are yet to be realized can perhaps be arranged in collaboration with the alderman for Culture. Because more tenants now use the shipbuilding warehouse, it is financially feasible to really secure its budget for the coming years. Artisans, artists and other small-scale entrepreneurs are lining up to join. The alderwoman will have achieved more than 50 per cent of the studios she planned to realize in the coming years. New tenants also invest their own money as they complete the shell projects themselves.

The Future of the NDSM Shipyard?

But the ambitions are even bigger. The tenants in the shipbuilding warehouse are the pioneers of the NDSM shipyard and they have acted as catalysts for its redevelopment. The NDSM shipyard has become one of the most popular and also expensive locations in Amsterdam. It makes sense to award the people that dedicated the best years of their lives to it with a role in the development of the whole area – which, incidentally, the city is taking credit for. Developments have been substantial over the past 15 years, but the city has awarded almost all of the development rights of the NDSM shipyard to

commercial parties. Does that mean it's too late?

The many different parties settled at the NDSM site share their love of the place: the NDSM shipyard Foundation (management outside area), the Kinetisch Noord Foundation (the owner of the shipbuilding warehouse), the tenants in the shipbuilding warehouse, the tenants of the slipways owned by the city, café-restaurants Pllek and Noorderlicht that rent land from the city, the passionate entrepreneur that holds a long lease to the Faralda Crane Hotel and a small group of private owners that have also established their businesses at the NDSM shipyard. For the programming and management of the outside area especially, these parties occasionally work together on a variety of activities. That usually goes well, even though they do occasionally clash.

After the appointment of Kim Tuin, the new director of the NDSM shipyard Foundation, expectations are high, but some would rather not see the shipyard as an open-air museum. She just recently announced her resignation, and the question is now what the next director will do. There is also an interesting group consisting of boat builders and fashion entrepreneurs that is temporarily renting a work building along the quay from the project developer, who later wants to build residential towers in its location. These tenants really want to stay at the NDSM shipyard and have to that end developed the concept MadeUp North with an eye to the establishment of manufacturing industry on a strip along the IJ. This includes a sustainable floating port – involving idealistic developers and investors. The only actually active project developer that owns virtually the entire NDSM

en hebben daarvoor het bijzondere concept MadeUp North ontwikkeld voor de vestiging van de maakindustrie in een strip aan het IJ. Daarbij is inbegrepen een duurzame drijvende haven, waarbij ideële ontwikkelaars en investeerders betrokken zijn. De enige daadwerkelijk actieve projectontwikkelaar die praktisch de hele NDSM-werf in handen heeft, heeft onlangs aangekondigd dat hij in de grote monumentale Lasloods het grootste graffitimuseum van de wereld zal huisvesten. Ook hier gaat het slechts om een tijdelijk project voor tien jaar. Ik krijg de indruk dat hij dit primair doet om zijn erfpachtcontract voor de Lasloods veilig te stellen. Deze Lasloods staat sinds de aankoop in 2005 (nota bene met geld toe van het stadsdeel aan de ontwikkelaar) al 12 jaar leeg en is steeds meer in verval geraakt.

Bestuurlijke representatie Stichting NDSM-werf

Er is in het verleden veel kritiek geuit dat Stichting NDSM-werf ver afstaat van de huurders. Door de buitenwereld wordt zij gezien als opperhoofd van de gehele NDSM-werf. Binnen Stichting NDSM-werf ontbreekt bestuurlijke representatie van de werfgebruikers, want ook de bestuursleden van Stichting NDSM-werf zijn extern aangetrokken. Deze stichting is opgericht door het stadsdeel Nord dat de grondeigenaar is en door de projectontwikkelaar die behalve de Lasloods bijna alle gebouwen in erfpacht heeft. Met andere woorden, Stichting Kinetisch Noord, Hilton Double Tree, Faralda Crane Hotel, Greenpeace, Pernod-Ricard, MTV et cetera, en de overige huurders/gebruikers/ondernemers op de werf hebben geen directe invloed op het beleid van Stichting NDSM-werf.

Tot op heden kan alleen de ontwikkelaar gebouwen verhuren of verkopen, meestal aan de hoogste bieder, maar de daadwerkelijke eindgebruikers hebben helemaal niets te zeggen over de doorontwikkeling van dit bijzondere gebied. Is het niet jammer de ontwikkeling bij een particuliere monopolist te laten?

Zou het niet een goed idee zijn al deze partijen deel te laten nemen in deze stichting, om zodoende met elkaar de synergie van het gebied te verkennen en gezamenlijk ontwikkelplannen te maken?

En zou het mogelijk zijn om binnen zo'n aanpak bij wijze van experiment eens door te exerceren hoe deze stichting (of een andere rechtsvorm) als een participatiemaatschappij, zoals beschreven in het De Stad als Casco-manifest uit 1997, zou kunnen functioneren?

shipyard has recently announced that he will house the world's largest graffiti museum in the great monumental welding warehouse. This, too, is only a temporary, ten-year project. I get the impression that he is doing this primarily to secure his tenancy agreement for the welding warehouse. This welding warehouse has been empty since its purchase in 2005 (District Noord paid the developer money to get rid of it, believe it or not) and has been deteriorating ever since.

Governance Representation NDSM Shipyard Foundation

In the past, there has been a lot of criticism about the distance between the NDSM shipyard Foundation and the tenants. Outsiders think that the former is in charge of the entire NDSM shipyard. The shipyard users are not represented in the NDSM shipyard Foundation; even the members of the board of the NDSM shipyard Foundation have been recruited externally. This foundation was established by District Noord, the owner of the land, and by the property developer that holds long leases on not only the welding warehouse but almost every other building as well. In other words the Kinetisch Noord Foundation, Hilton Double Tree, the Faralda Crane Hotel, Greenpeace, Pernod-Ricard, MTV, etcetera and every other tenant/user/entrepreneur at the shipyard have no direct influence on the policy of the NDSM shipyard Foundation. To date, only the developer can rent out or sell buildings, usually to the highest bidder, but the actual end users have nothing to say about the continued development of this extraordinary area. Isn't it a pity to leave the development in the hands of a private monopolist?

Surely it would be a good idea to allow all these parties to participate in the foundation to enable them to explore the synergy of the area together and make joint development plans.

And, by way of experiment, perhaps this kind of approach would allow a thorough investigation into whether either this foundation (or any other legal body) could function as a participation company, as described in the *De Stad als Casco* manifesto of 1997.

Het kunstwerk dat NDSM-kunstenaar Jeroen Bisscheroux op de Namura-werf maakte. Geïnspireerd op de tsunami in Fukushima en de gevolgen hiervan voor de havenstad Sendai.
The work of art NDSM artist Jeroen Bisscheroux created at the Namura shipyard. Inspired by the tsunami in Fukushima and its consequences for the port city of Sendai.

7

PRAKTIJK
PRACTICE

DE STAD ALS CASCO IN BINNEN- EN BUITENLAND

DE STAD ALS CASCO AT HOME AND ABROAD

In de eerste jaren van de 21ste eeuw ontwikkelde de NDSM-werf zich van een verlaten en verloederd industrie-gebied in een stoer stuk stad met een hoge cultuurwaarde. De Scheepsbouw-loods is samen met de oude kranen, de hellingen, de voormalige timmer-werkplaats en smederij een van de iconen van het herleefde werfterrein geworden. De Scheepsbouwloods is de grootste culturele broedplaats in Europa. De NDSM-werf kreeg al snel veel aandacht. Architecten, studen-ten, ontwikkelaars, gemeenteambte-naren en de laatste tijd steeds meer bezoekers en toeristen uit binnen- en buitenland komen in groten getale naar de werf die langzaam een nieuwe bestemming gekregen heeft. Zij komen voor de monumentale gebouwen, de werfhistorie, festivals en vooral voor de zelfgebouwde Kunststad in de Scheepsbouwloods.

Van community naar industry

De aandacht van ambtenaren, archi-tecten en ontwikkelaars verbaast niet. Het is juist in deze periode dat steeds meer steden zich willen profileren als creatieve stad. De Scheepsbouwloods geldt als lichtend voorbeeld. Niet alleen om kunstenaars en andere makers ruimte te geven in de stad, maar ook als manier om een plek aantrekkelijk te maken voor andere ontwikkelin-gen. Kunstenaars, skateboarders en ambachtslieden hebben de creativiteit om een uitgerangeerde plek nieuw leven in te blazen. Creatieve makers worden steeds vaker strategisch ingezet als 'placemakers'. Zij mogen een plek een beperkt aantal jaren gebruiken, bekend en hip maken om vervolgens te vertrekken en plaats te maken voor de grote jongens, de

projectontwikkelaars. De gemeente profiteert op deze manier met een goedkope reclamecampagne van de creativiteit van mensen die elders maar weer een plek moeten zien te vinden. Nadat zij veel energie, tijd en geld, vaak in de beste jaren van hun leven, in een project hebben gestoken, worden zij gesommeerd te vertrekken.

Kinetisch Noord op de NDSM-werf begon ook als een tijdelijk project. Oorspronkelijk zou het maar vijf jaar bestaan, waarna de Scheepsbouw-loods, net als de andere monumentale gebouwen, zou moeten wijken voor nieuwbouw. Dat is uiteindelijk niet gebeurd en Stichting Kinetisch Noord heeft de loods 15 jaar na de start van het project kunnen aankopen. Op die manier is het bijzondere initiatief voor ten minste 50 jaar veiliggesteld. Crea-tieve makers verdienen een gelijkwaar-dige plek in een stad en op de NDSM-werf, die steeds duurder wordt.

Door als projectbooster

Door het succes van het initiatief in de Scheepsbouwloods ben ik gevraagd aan diverse andere projecten te werken, nadat ik in 2008 niet meer voor Stichting Kinetisch Noord werkte. Zowel in Nederland als daarbuiten heb ik regelmatig lezingen gegeven over de NDSM op basis van mijn ervaringen met het Gilde van Werkgebouwen aan het IJ, De Stad als Casco en in het bijzonder de Scheepsbouwloods. Daar-naast word ik steeds vaker benaderd om advies te geven of projecten op te zetten en te begeleiden.

Verleidelijk parfum

Gemeentes, maar ook woningcorpo-raties en particuliere vastgoedeige-naren willen graag 'een hotspot met

In the early years of the 21st century, the NDSM shipyard grew from a deserted and decrepit industrial area into a tough part of the city with a high cultural value. Together with the old cranes, the slipways and the former carpenter's yard and forge, the shipbuilding warehouse became one of the icons of the revived shipyard. The shipbuilding warehouse is the largest cultural incubator in Europe. The NDSM shipyard soon became a centre of attention. Large numbers of architects, students, developers, city officials and, recently, more and more visitors and tourists from this and other countries came to the shipyard, which gradually acquired a new destination. They came to see the monumental buildings, shipyard history, festivals and above all the self-built Kunststad in the shipbuilding warehouse.

From Community to Industry

The fact that officials, architects and developers pay attention to the shipyard is not surprising. It is precisely at this time that more and more cities want to present themselves as creative cities. The shipbuilding warehouse is a case in point. Not only of a way to make room for artists and other makers in the city, but of a way to make a place attractive to other developers as well. Artists, skateboarders and artisans have the creativity to revitalize side-tracked locations. In the Netherlands creative makers are increasingly used strategically as so-called 'place makers'. They get to use a site for a limited number of years, promote it and make it hip and then must leave to make way for the big boys, the property developers. That means the city reaps the benefits of a kind of free advertising campaign that results from the creativity of people that are subsequently hard-pressed to find work space elsewhere. After they have invested a lot of energy, time and money, often during the best years of their lives, they are summoned to leave.

Kinetisch Noord at the NDSM shipyard started out as a temporary project too. Initially it was only meant to last for five years, after which the shipbuilding warehouse would be replaced by new buildings, like all the other monumental buildings in its vicinity. This never happened and the Kinetisch Noord Foundation was able to buy the building 15 years after the start of the project. That means this special initiative has been safeguarded for at least 50 years. Like anyone else, creative makers deserve a place in a city and at the NDSM shipyard, which is becoming increasingly expensive.

Moving on as a Project Booster

As a result of the success of the initiative in the shipbuilding warehouse, I was asked to work on various other projects after I resigned as a leading member of the Kinetisch Noord Foundation in 2008. Both in the Netherlands and abroad, I have regularly lectured about the NDSM on the basis of my experiences with the Gilde van Werkgebouwen aan het IJ, *De Stad als Casco* and more in particular the shipbuilding warehouse. In addition, I am more and more frequently asked to advise or set up and supervise projects.

Seductive Perfume

Municipalities, housing associations and private property owners all want to own a charismatic hot spot. They regularly ask me how to create one. In addition

uitstraling' hebben. Zij komen regelmatig met precies die vraag naar mij toe. Naast goede bedoelingen, speelt daarbij het aspect van placemaking en tijdelijk opleuken van een plek bijna altijd een rol. Iets waardoor mijn positie vaak een lastige is: ik word ingehuurd om een bottom-up proces te begeleiden. Maar veel overheden en vastgoedeigenaren hebben alleen een eindproduct voor ogen en moeite om top-down denkpatronen los te laten. Zij vinden het nog moeilijk om volgens de principes van De Stad als Casco te werken en werkelijke bottom-up projecten een kans te geven waar van tevoren geen duidelijk eindbeeld van bestaat. Dit soort partijen kennen de creatieve Scheepsbouwloods alleen van 'buiten', als een stoere, ruige plek. Zij vragen eigenlijk om een succesvol project, terwijl het om het proces gaat dat een groep mensen samen aangaat. Ik moet dan eigenlijk altijd uitleggen dat dat proces echt mensenwerk moet zijn. Bovendien gaat het bijna altijd om tijdelijke projecten, terwijl makers in de stad een kans moeten krijgen een plek duurzaam te ontwikkelen. Maar de praktijk is helaas vaak anders: in meer of mindere mate willen partijen als gemeentes en projectontwikkelaars toch de touwtjes in handen houden. Vaak zitten partijen gevangen in oude systemen en willen zij de controle niet aan een groep overdragen, soms vindt men het risico te groot of is de organisatie er niet op ingericht. Bovendien is een initiatief zoals in de Scheepsbouwloods op de NDSM niet kopieerbaar, iedere plek kent haar eigen geschiedenis, dynamiek, gebruikers en kansen.

De mate van vrijheid die overheden en vastgoedpartijen als eigenaar geven om De Stad als Casco-principes in praktijk te brengen, heeft directe invloed op het slagen van een project. De Stad als Casco-methode is een co-operatief proces dat met de bestaande en nieuwe gebruikers aangegaan wordt, in samenhang met de omgeving. Ik wil dat graag stimuleren en begeleiden, mits er voldoende deelnemers zijn en er draagvlak is van onderop. In dit hoofdstuk laat ik in kort bestek een aantal projecten de revue passeren die soms gelijkenissen, maar zeker ook verschillen kennen met de ervaringen die ik in de Scheepsbouwloods op de NDSM heb opgedaan.

Tempelhof, Berlijn, Duitsland: van top-down naar bottom-up

Het bekende vliegveld Tempelhof in Berlijn dat ooit door de nazi's is gebouwd en in de Koude Oorlog een belangrijke rol speelde bij de luchtbrugverbinding tussen West-Duitsland en West-Berlijn, ligt midden in de stad. Het vliegveld werd te klein en de overlast voor omwonenden was een steeds groter probleem geworden. Het waren redenen om het vliegveld in 2008 te sluiten en het vliegveld Schönefeld, dat buiten de stad ligt, uit te breiden. Daarmee komt een gebied van 386 hectare met enkele gebouwen waaronder de vertrekhal en hangars vrij, waarvoor de gemeente van Berlijn een nieuwe bestemming zoekt. Net voor het vliegveld dicht gaat, wordt een workshop georganiseerd door de gemeente. Berlijn is op dat moment voor velen al een aantrekkelijke stad, maar er is opvallend genoeg wel veel leegstand, een belangrijk gegeven voor de herontwikkeling van het gebied. De gemeente heeft een voorkeur voor een groot internationaal bedrijf om zich te vestigen in de luchthavengebouwen,

Berlijners kiezen in 2014 massaal voor het levendige stadspark van Berlin Tempelhof in plaats van de nieuwbouwplannen van 'star architects'.

In 2014, the people of Berlin wholeheartedly chose Berlin Tempelhof's lively city park over the starchitects' new construction plans.

to good intentions, aspects like place making and temporary gentrification almost always play a part. This often makes my position difficult: although they hire me to guide a bottom-up process, many authorities and property owners only actually have the end product in mind and find it hard to let go of top-down thinking patterns. They find it difficult to work in accordance with the philosophy of *De Stad als Casco* and to give actual bottom-up projects a chance if they do not have a clear idea of how things will turn out in advance. They only know about the creative shipbuilding warehouse from the outside and see it as an unpolished, rugged area. What they are really asking for is a successful project, while success is the result of the process of a group of people working together. In almost all cases, I have to explain that such a process can only be the result of human effort. In addition, their projects are almost always temporary, while city place makers must have the opportunity to develop a site sustainably. Unfortunately, there is always a gap between theory and practice: parties like municipalities and project developers want to keep things under control to some extent. Parties are often caught up in old systems and do not want to transfer control to a group; sometimes they feel the risk is too high or the organization is not set up for it. Moreover, it is impossible to copy an initiative like the one in the shipbuilding warehouse at the NDSM shipyard, because every site has its own history, dynamics, users and opportunities.

The degree of freedom that owners such as governments and real estate parties are willing to allow for the implementation of the principles of the *De Stad als Casco* directly influences

maar organiseert toch een workshop om andere ideeën eveneens een kans te geven.

Voor de workshop zijn vooral architecten en ontwerpers met namen als Urban Catalyst en Raum Labor uitgenodigd, adviesbureaus en ontwerpers die in die periode als paddenstoelen uit de grond schieten en de tijdelijkheid – ook wel tussentijd genoemd – als aanjaagmodel opvoeren. Op de eerste dag komen allerlei ideeën voorbij, maar pas als ik een groepje kunstenaars en freerunners uit het naastgelegen Neukölln ontmoet en een avond met hen doorbreng in hun eigen wijk, blijkt dat zij allerlei ideeën hebben die zij graag in hun omgeving willen realiseren. Zij zijn verbaasd dat zij niet uitgenodigd zijn. De volgende dag laat ik de aanwezigen van de workshop weten dat we bij wijze van spreken niet verder hoeven zoeken. We zouden het gebied samen met omwonenden moeten ontwikkelen, houd ik hun voor. Dat is uiteindelijk ook gebeurd. Tempelhofer Feld is in 2010 aan de inwoners van Berlijn in gebruik gegeven. Hier zijn onder meer moestuinen, een café, een skatepark en volop ruimte voor kitesurfen gekomen. Het is een levendig stadspark geworden, iets wat volgens de inwoners van Berlijn graag zo moet blijven. In een referendum in 2014 spraken de Berlijners zich uit tegen bebouwing door sterarchitecten aan de randen van het immense park waar gesport en gerecreëerd kan worden en waarvan de inwoners van de stad massaal gebruikmaken.

Mijn betrokkenheid bij Tempelhof sterkte mij in het idee dat bestaande fysieke, maar vooral ook sociale structuren van belang zijn om een gedragen project te realiseren. Juist omwonenden en lokale ondernemers hebben een invulling aan het openbare gebied gegeven die past bij de wensen van de inwoners van de stad. Iets wat (nog) niet gelukt is, is om de gebouwen een duurzame invulling te geven. Mijn voorstel om de gebouwen op te delen in kleinere eenheden en die organisch te ontwikkelen, heeft het niet gehaald. De gigantische gebouwen staan goeddeels leeg. Nu Berlijn eveneens gegrepen is door de vastgoedhausse en betaalbare ruimte schaars wordt, is Tempelhof een mooie plek voor de Berlijners om te werken of op een andere manier een bijdrage te leveren aan een levendige stad.

Namura-werf, Osaka, Japan: zonder community geen initiatief

In 2009 word ik door de Japanse gemeente Yokohama in het kader van Creative City Yokohama uitgenodigd om een lezing te geven over de Scheepsbouwloods. Locatie is Red Brick Warehouse, een inmiddels tot een commercieel warenhuis omgetoverd pakhuis van de voormalige scheepvaartindustrie. Ook in Yokohama staan monumentale haven- en kantoorgebouwen leeg. De gemeente Yokohama werkt samen met de particuliere eigenaren van deze panden en stelt ze beschikbaar aan kunstenaars die daar kunnen werken en exposeren. De verblijfs- en expositieruimtes in deze stoere gebouwen doen qua sfeer en uitstraling niet onder voor de voormalige kraakpanden in Amsterdam. De gebouwen zijn met overheidssteun in gebruik genomen, er zit ogenschijnlijk geen verdienmodel achter. De kunstenaars worden zorgvuldig geselecteerd, voornamelijk uit het topsegment. Een heel andere gang van zaken dan in Nederland.

projects' chances of success. The method of *De Stad als Casco* is a cooperative process that is entered into with the existing and new users and executed in conjunction with the environment. I am happy to encourage and guide this process, provided there are enough participants and that there is bottom-up support. In this chapter I will briefly review a number of projects that yielded experiences that were sometimes similar to, but certainly also different from those I gained in the shipbuilding warehouse at the NDSM.

Tempelhof, Berlin, Germany: from Top-Down to Bottom-Up

The famous Tempelhof Airport in Berlin, which was built by the Nazis and played an important role in the airway connection between West Germany and West Berlin in the Cold War, is located in the centre of the city. The airport had become too small and the inconvenience to residents an ever-growing problem. For these reasons authorities closed the airport in 2008 and expanded Schönefeld Airport, which is outside the city. This meant an area of 386 hectares with a few buildings, including the former departure hall and hangars, becomes available and the municipality of Berlin is looking for a new destination. Just before the airport is closed, the city organizes a workshop. At that time, Berlin is already an attractive city to lots of people, but the high rate of vacancy is striking – an important detail in the context of the redevelopment of the area. The city's preference is to have some large international company settle in the airport buildings, but it nevertheless organizes a workshop to give other ideas a chance.

Mainly architects and designers bearing names such as Urban Catalyst and Raum Labor have been invited to the workshop – the kind of consultancies and designers that are shooting up like mushrooms in this period and that use temporariness – also called 'between time' – as a driver. On the first day all kinds of ideas are presented, but when I meet a group of artists and free-runners from the neighbouring Neukölln and spend an evening with them in their own neighbourhood, I find that they too have all kinds of ideas they would like to realize in the area. They are surprised that they have not been invited. The next day, I inform the people attending the workshop that we need not look any further. I suggest that we develop the area together with people living in the area. Eventually, this is what happens. The Tempelhofer Feld is handed over to the residents of Berlin in 2010. The complex includes urban farms, a café, a skate park and plenty of space for kite surfing. It has become a lively city park and according to the inhabitants of Berlin it should stay that way. In a 2014 referendum the people of Berlin declared themselves against construction by starchitects on the edges of the immense park that the inhabitants of the city use en masse for sport and recreation.

My involvement in Tempelhof reinforced my belief that existing physical, but especially social networks are important to the realization of a project that enjoys wide support. It is local residents and entrepreneurs who found a use for the public space that is in keeping with the wishes of city residents. So far, it has not been possible to give the buildings a sustainable purpose. My proposal to divide the buildings into smaller units and develop

Daarnaast werd ik in Yokohama gevraagd mijn visie te geven op de rol van de kunstenaars in een aantal wijken die ooit gebouwd zijn voor de arbeiders die de wolkenkrabbers van de stad hebben gebouwd. In die wijken staan gebouwen leeg, er is sprake van vergrijzing, armoede en verloedering. Een schril contrast met het gepolijste waterfront van de havenstad Yokohama. In de arbeiderswijken hebben non-profit organisaties, net als studenten en kunstenaars lege panden in gebruik waarin creatieve werkruimtes, opvang voor daklozen, volkskeukens en hostels gevestigd zijn. De overheid en gebouweigenaren ondersteunen dat met als doel om het tij in de wijken te keren. Dit heeft veel overeenkomsten met Amsterdam-Noord.

Via Yokohama kom ik in contact met de eigenaar van de Namura-werf in Osaka. Dit gebied is vergelijkbaar met de NDSM-werf en is eveneens in de jaren '80 stil komen te liggen. De Namura-werf, net als meer dan 80 panden in de wijk Kitakagaya, is in bezit van de scheepsbouw-magnaat Chishima die zich nu in vastgoed en vliegtuigen gespecialiseerd heeft. Sinds 2008 onderhoud ik een warme relatie met mr. Shibakawa, president van Chishima Real Estate Co. Hij heeft een aantal keren de NDSM-werf bezocht en ik heb twee jaar samen met Creative Center Osaka – een van de initiatieven die zich op de Namura-werf gevestigd heeft – een artist-in-residence programma mede georganiseerd door een theatergezelschap en een kunstenaar van de NDSM-werf voor een periode te laten verblijven in een tot artist-in-residence ingerichte oude hostel vlakbij de werf. Shibakawa wil graag een centrum voor creatieve industrie ontwikkelen

Samenwerking en culturele uitwisseling met de Namura-werf in Osaka, Japan. De heer Shibakawa en Sebastian Masuda op de NDSM-werf.

Collaboration and cultural exchange with the Namura shipyard in Osaka, Japan. Mr Shibakawa and Sebastian Masuda at the NDSM shipyard.

them organically did not make it. The huge buildings are largely empty. Now that Berlin is also being affected by the real estate boom and affordable areas are becoming scarce, Tempelhof is a great place for the people of Berlin to work or contribute to a vibrant city in another way.

Namura Shipyard, Osaka, Japan: No Community, No Initiative

In 2009, the Japanese city of Yokohama invites me to lecture about the shipbuilding warehouse in the context of Creative City Yokohama. The location is the Red Brick Warehouse, a former shipping industry warehouse that had already been converted into a commercial department store. Yokohama also has its fair share of abandoned port and office buildings. Collaborating with the private owners of these properties, the city of Yokohama makes them available to artists that can work and exhibit in them. In terms of atmosphere and charisma, the accommodation and exhibition spaces in these sturdy buildings are a match for the former squats in Amsterdam. The buildings are put into use with government aid, apparently without an earning model being involved. The artists are carefully selected, mainly from the top segment, a very different course of events than in the Netherlands.

In Yokohama, I am also asked to give my views on the part artists play in a number of the neighbourhoods once constructed for the workers that built the skyscrapers of the city. In those neighbourhoods, buildings stand abandoned and there is a lot of aging, poverty and deterioration that creates a stark contrast with the polished waterfront of the port city of Yokohama.

In the working class areas, non-profit organizations as well as students and artists use the abandoned properties to accommodate creative work spaces, shelters for homeless people, soup kitchens and hostels. The government and building owners support this with the aim of turning the tide in the neighbourhoods. This is quite similar to what happened in Amsterdam-Noord.

Through the Yokohama project I come into contact with the owner of the Namura shipyard in Osaka. This area is similar to the NDSM shipyard and it, too, came to a commercial standstill in the 1980s. Like more than 80 other buildings in the Kitakagaya district, the Namura shipyard is the property of a shipbuilding magnate called Chishima, who now specializes in real estate and aircraft. Since 2008, I have maintained a warm relationship with Mr Shibakawa, the president of the Chishima Real Estate Co. He visited the NDSM shipyard a number of times and together with Creative Center Osaka – one of the initiatives established at the Namura shipyard – I co-organized a two-year artist-in-residence programme that involved a theatre company and an artist form the NDSM shipyard staying at an old hostel converted into a suitable residence for an artist near the shipyard for a period of time. Shibakawa is interested in developing a centre for the creative industry and approaches me to investigate what the possibilities were.

It appears to me there are insufficient marketing opportunities for creatives at the Namura shipyard. Though he has no particular group in mind that could develop the area around the shipyard in accordance with the philosophy of *De Stad als Casco*, Shibakawa does

en benadert mij om de mogelijkheden daarvoor te onderzoeken.

Op de Namura-werf lijken mij nog onvoldoende afzetmogelijkheden voor creatieven. Hoewel er voor de Namura-werf nog geen groep in het vizier is om het gebied volgens De Stad als Casco-methode te ontwikkelen, zijn in de omliggende wijk Kitakagaya wel bijzondere projecten van bewoners, kunstenaars en studenten te vinden, die ondersteund worden door Shibakawa. Dit doet hij onder andere door loodsen, pakhuizen, kantoorgebouwen en voormalige Japanse hostels, ooit bestemd voor de seizoenarbeiders van de scheepswerven, beschikbaar te stellen aan kunstenaars en initiatieven uit de buurt. In de wijk zijn loodsen nog volop in bedrijf met lassers en scheepsbouwers, met direct daarnaast zomaar een authentiek Japans badhuis. Er zijn woonblokken en scholen, kleine arbeidersbuurten met restaurantjes die door hoogbejaarde inwoners worden gerund en die pal naast luxe kantoorkolossen staan. Alles lijkt daar moeiteloos samen te vallen, heel anders dan het planningsmechanisme van Amsterdam met het scheiden van functies en het vastleggen van bestemmingen. Shibakawa heeft geen haast om dit allemaal in korte tijd om te vormen in een hip stuk stad, hij kijkt geduldig hoe dit zich organisch ontvouwt en is inmiddels een fervent kunstliefhebber geworden. Het is te hopen dat Shibakawa in de toekomst de weg van organische ontwikkeling doorzet en alle partijen, groot en klein, eigenaren en huurders, betrekt bij het doorontwikkelen van een nieuw stuk stad.

Heesterveld Creative Community, Amsterdam: in de tussentijd

Ooit een grijs, grauw en lelijk gebouw in Amsterdam-Zuidoost, een modernistische uitbreidingswijk met veel hoge flats. De H-buurt heeft ook wat lagere bebouwing, zoals Heesterveld. Het is een oude portiekflat met een binnenterrein van een woningcorporatie die het pand aanvankelijk wil slopen, maar in de crisis besluit om het gebouw nog even te laten staan. De stedelijke vernieuwing van de H-buurt wordt uitgesteld. Maar de corporatie wil wel iets met het gebouw. Ik word in de zomer van 2009 benaderd met de vraag of ik er een tijdelijke hotspot van kan maken. Het gebouw staat dan grotendeels leeg en ik geef aan dat ik kan onderzoeken of er een groep is die in het gebouw iets zou willen ondernemen. Zonder groep immers geen project. Aan Ymere had ik namelijk al gevraagd: als ik een groep vind, wat is hun perspectief dan? Ik wilde dat de corporatie erover zou nadenken wat het betekent voor mensen die in de bloei van hun leven investeren in een plek, weer weg moeten op het moment dat een *creative community* na een paar jaar eindelijk een beetje tot bloei komt. Er is bij zelfgeorganiseerde projecten een periode nodig om mensen aan elkaar te laten wennen, te broeden, zelf het wiel uit te vinden en een passende organisatievorm te kiezen. Wat hebben de corporaties daarmee gedaan?

Via collega's in de kunstscene kom ik er al snel achter dat een groep jonge creatieve ondernemers in de Bijlmer een eigen culturele plek zoekt waar ze kunnen werken, liefst gecombineerd met wonen, in een eigen gebouw of broedplaats die een sterke identiteit heeft. De culturele instellingen in de

Heesterveld Creative Community, de transformatie van een achterstandswijk in Amsterdam-Zuidoost. De initiatiefnemers worden na zeven jaar uitgeplaatst voor studentenhuisvesting.

Heesterveld Creative Community, the transformation of a deprived area in Amsterdam-Zuidoost. After seven years the initiators have to make room for student housing.

support special projects of residents, artists and students that take place in the surrounding district of Kitakagaya. This includes making sheds, warehouses, office buildings and former Japanese hostels that once housed seasonal workers of the shipyards available to artists and local initiatives.

Many of the sheds in the districts are still being used by welders and shipbuilders, with the occasional authentic Japanese bathhouse immediately adjoining. Residential blocks and schools had been built; small working class neighbourhoods with restaurants run by aged inhabitants stand directly next to luxury office towers. Everything seems to merge effortlessly, a very different result than that of the Amsterdam planning mechanisms with their separated functions and fixed allocations. Shibakawa is in no hurry to transform the area into a hip part of the city in a short period of time, he patiently watches it unfold organically and has become an ardent art enthusiast in the meantime. Hopefully Shibakawa will continue the path of organic development in the future and involve all parties, large and small, owners and tenants, in the development of a new part of the city.

Heesterveld Creative Community, Amsterdam: Between Time

Once a grey, drab and ugly building in Amsterdam-Zuidoost, a modernist expansion district with a lot of tall apartment buildings. The H neighbourhood also has some lower buildings, like Heesterveld, an old block of walk-up apartments with a courtyard. It belongs to a housing association that initially wants to demolish the building, but due to the crisis decides not

Bijlmer zijn gesubsidieerd door de overheid en weinig zichtbaar. Vooral hip-hopartiesten zoeken een locatie waar ze kunnen samenwerken met andere disciplines in de mode, grafische vormgeving, fotografie et cetera. Aan de woningcorporatie leg ik uit deze groep te willen begeleiden, maar wel vanuit de vraag uit de groep die zelf met plannen over de programmering en inrichting van het gebouw zou moeten komen. Of het uiteindelijk een hotspot wordt, is vooraf niet te zeggen. Zo ontstaat gaandeweg Heesterveld Creative Community, een kleurrijk pand met 87 woningen waarin gewoond en gewerkt wordt en waar een aantal ingrepen aan het gebouw gedaan worden. Er zijn nog oude bewoners in het pand die volgens ons niet hoeven te vertrekken. Een aantal besluit te blijven, ook al krijgen ze een mooiere woning elders aangeboden.

Met een schone lei beginnen

Hoe pakken we dit aan? De corporatie vraagt vanwege het tijdelijke karakter een lagere huur dan gebruikelijk is. Ik stel voor om de huurinkomsten over een periode van vijf jaar aan te wenden voor een aantal ingrepen in het gebouw die de huurders graag wensen en die zij in werkgroepen hebben bedacht. De woningcorporatie loopt hiermee inkomsten mis die zij had kunnen gebruiken voor nieuwbouwprojecten. Daar staat tegenover dat het gebouw kan blijven staan als Heesterveld een succes wordt. Er zijn dan ook geen sloopkosten.

Om identiteit aan het gebouw te geven, werken we samen aan een aantrekkelijker uiterlijk van het pand. Grafisch vormgever Floor Wesseling – hij ontwerpt later het EK-shirt van het Nederlandse voetbalelftal – die zelf uit de Bijlmer komt, maakt een kleurrijk en stoer ontwerp voor de buitenkant van het gebouw, dat past bij de multiculturele identiteit van Amsterdam-Zuidoost. Aan de binnenkant kiezen bewoners zelf de kleur van de verf. Op die manier ontstaat een mooie symbolische mix van persoonlijke en collectieve identiteit. Daarnaast is er behoefte aan een collectieve ruimte die door iedereen gebruikt kan worden voor bijeenkomsten, exposities, workshops, debatten en feesten. Een publieke ruimte in de vorm van horeca zal ervoor moeten zorgen dat het gebouw onderdeel wordt van de buurt. Onaantrekkelijke plekken in het complex zullen aangepakt worden: de unheimische bergingen zullen veranderen in werkplekken en de nieuwe openbare onderdoorgang zal mooier en veiliger worden door daar een lichtkunstwerk te plaatsen. Op het binnenplein is er een wens voor meer groen, waarvoor parkeerplekken moeten verdwijnen. Al deze ingrepen kunnen betaald worden uit de huurinkomsten van vijf jaar.

Vereniging versus stichting

Naast de fysieke kant van het gebouw, speelt in De Stad als Casco-filosofie natuurlijk ook de organisatie van de groep een belangrijke rol. Daar is lang en stevig over gediscussieerd. Uiteindelijk kiest de groep in Heesterveld ervoor een vereniging op te zetten. Mijn begeleidende rol zit er dan op, maar mijn team en ik blijven zijdelings betrokken omdat de organisatie natuurlijk niet meteen vlekkeloos loopt. Maar als de woningcorporaties van de Nederlandse overheid steeds minder sociale projecten mogen doen, verandert de woningcorporatie van koers en stelt een nieuwe manager aan die de zeggenschap van de creative community beperkt. Er wordt

to. Though the urban renewal of the H neighbourhood is postponed, the housing association does want to do something with the building. They approach me in the summer of 2009, requesting that I turn it into a temporary hotspot. The building is largely empty at the time and I indicate that I could investigate if there is a group that would like to undertake something in the building. After all, no group, no project. Indeed, I had already asked Ymere: 'If I find a group, what perspective do they have?' I want the housing association to think about what it means for people to invest in a place during the best years of their lives and then to have to leave once a creative community finally starts to flourish after a few years. In self-organized projects it takes time for people to get used to each other, to incubate, to reinvent their own wheel and to choose a suitable organizational form. What did the housing associations do with that information?

Through colleagues in the art scene, I soon find out that a group of young creative entrepreneurs in the Bijlmer is looking for its own cultural space to work and, if at all possible, live in as well in a building or a creative space with a strong identity. Existing cultural institutes in the Bijlmer are subsidized by governments and close to invisible. The hip-hop artists in particular are looking for a location where they can work together with other disciplines, such as fashion, graphic design, photography and so on. I explain to the housing association that I only want to supervise this group on the basis of the needs of the group itself, that is, it would have to come up with plans for designing and programming the building. It is impossible to say up front whether or not it will turn into a hotspot. Gradually, the Heesterveld Creative Community develops into a colourful building that includes 87 dwellings in which people live and work and where a number of interventions to the building take place. Residents who already live there do not have to leave as far as the group is concerned. Some decide to stay even after being offered better accommodations elsewhere.

Starting with a Clean Slate

How do we go about this? Because of the temporary nature of the project, the rent the association asks is lower than usual. I propose that we invest five years' worth of rental income in a number of interventions to the building that the tenants would like to realize and which they have come up with in work groups. This means the housing association loses income it could have used for new construction projects, but on the other hand, the building does not have to be demolished once Heesterveld becomes a success as there will not be any demolition costs.

To give the building an identity, we work together on a more attractive building exterior. Graphic designer Floor Wesseling, who would later design the European Championship shirt of the Dutch football team, has lived in the Bijlmer himself and he creates a colourful and bold design for the building exterior that reflects the multicultural identity of Amsterdam-Zuidoost. Inside, residents pick their own paint colours. This results in a beautiful symbolic mix of personal and collective identity. The group also needs a collective space that everybody can use for meetings, exhibitions, workshops, debates and parties. A hospitality

een stichting opgericht met overwegend externe bestuursleden die in de plaats komt van de nog maar net opgerichte vereniging, die nauwelijks de tijd heeft gekregen om zich te bewijzen. Daarmee wordt afbreuk gedaan aan de filosofie van De Stad als Casco om gezamenlijk en op basis van gelijkwaardigheid op te trekken en verandert het project van bottom-up naar top-down. De sloop van het pand is nooit doorgegaan en de contracten van de tijdelijke bewoners worden niet verlengd. In plaats daarvan worden de woningen steeds vaker aan studenten verhuurd, studenten met een creatief profiel weliswaar, maar niet meer door de groep zelf gekozen. De gang van zaken heeft een negatief effect op de leden van de creative community die dachten samen aan iets bijzonders te kunnen bouwen: een aantal van hen voelt zich gebruikt als wegwerp-gentrification-tool.

Nodeul Island, Seoul, Zuid-Korea: bestaande sociale structuren

In de Zuid-Koreaanse hoofdstad Seoul is de gemeente onder leiding van de linkse burgemeester Park Won-soon bezig een meer leefbare stad te maken. Hij is gefascineerd door de bottom-up projecten in Europa en noemt zich de People's Mayor. Hij wil de verhoogde snelwegen die het centrum van de stad doorkruisen, afbreken. Een groep actieve bewoners komt met het idee om één stuk verhoogde snelweg midden in de stad te laten staan en, geïnspireerd op de High Line in New York, te veranderen in een park. Bekende internationale architectenbureaus worden door de burgemeester uitgenodigd om plannen te maken en het Nederlandse bureau MVRDV maakt het winnende ontwerp – dat inmiddels is uitgevoerd. Het ontwerp

De ontwikkeling van Skygarden Seoullo 7017 naar het ontwerp van het Nederlandse architectenbureau MVRDV. Een burger-initiatief geïnspireerd op de High Line in New York.

The development of Skygarden Seoullo 7017 designed by Dutch architecture firm MVRDV. A citizen's initiative inspired by the High Line in New York.

industry outlet in the public space ought to help make the building part of the neighbourhood. Unattractive places in the building receive a make-over: the dismal store rooms are turned into work spaces and a light art work is added to the new public underpass to make it more beautiful and safe. The group feels the courtyard needs more greenery, which means sacrificing parking spaces. The costs of all these interventions can be covered by the five years' worth of rental income.

Association versus Foundation

In addition to the physical building, the organization of the group of course plays an important part in the philosophy of *De Stad als Casco* as well. The Heesterveld group discusses this long and hard. In the end, the group decides to establish an association. My supervising role is over, but my team and I continue to be involved unofficially because an organization like that obviously does not run smoothly from the get-go. When the Dutch government begins to set limits to housing associations' involvement in social projects, the housing association changes tack and appoints a new manager that restricts the input of the creative community. It establishes a foundation that consists of mostly external board members to replace the newly established association, which has barely had the time to prove itself. This devalues the philosophy of *De Stad als Casco*, which advocates working together as equals, and transforms the bottom-up project into a top-down one. Though the demolition of the property never happens, the contracts of temporary residents are not renewed, either. Instead, the dwellings are increasingly rented to

students who, though they have a creative profile, are no longer selected by the group itself. This course of events has a negative effect on members of the creative community. They have been led to believe they would have the chance to build something special together: some of them feel used as disposable gentrification tools.

Nodeul Island, Seoul, Zuid-Korea: Existing Social Structures

In the South Korean capital of Seoul, the administration of left-wing mayor Park Won-soon wants to create a more liveable city. The mayor is fascinated by bottom-up projects in Europe and calls himself the People's Mayor. He wants to break down the elevated highways that cross the city centre. A group of active residents comes up with the idea to leave a single section of highway in the middle of the city and, inspired by the High Line in New York, change it into a park. The mayor invites well-known international architecture firms to make plans and the Dutch office MVRDV makes the winning design, which is now completed. The Sky-garden Seoullo 7017 design includes a botanical garden in a location cars used to race by. It is an expensive project, among other things because MVRDV makes plans for a larger area: the greenery also has to penetrate the surrounding neighbourhoods to create a smooth transition between the elevated park and the city centre.

The only problem is that the surrounding neighbourhoods accommodates all kinds of small businesses: sewing shops, shoe shops, old markets and so on. These businesses fear that they will have to leave to make the neighbourhood more attractive to big investors

Skygarden Seoullo 7017 voorziet in een botanische tuin op de plek waar op dat moment nog auto's voorbij razen. Het is een duur project, onder meer omdat MVRDV een plan maakt voor een groter gebied: het groen moet ook de omliggende wijken in komen, zodat er een overgang ontstaat tussen het hoge park en het centrum.

Het punt is alleen dat daar allemaal kleine bedrijfjes gevestigd zijn: naaiateliers, schoenwinkeltjes, oude markten, noem maar op. Deze bedrijfjes vrezen dat zij moeten vertrekken omdat de wijken daarmee aantrekkelijker worden voor grote investeerders en verzetten zich tegen het plan. Als de universiteit van Seoul bij de kwestie betrokken wordt, ben ik een van de mensen die uitgenodigd wordt voor een serie expertmeetings om deze impasse te doorbreken. Daar benadruk ik steeds dat meer onderlinge samenwerking nodig is. De initiatiefnemers, architect, de buurt en de gemeente werken namelijk los van elkaar en zouden samen een toekomstplan moeten maken. En daarvoor is ook een aanzet gedaan. In het verlengde van die nieuwe aanpak is er veel meer aandacht gekomen voor de situatie van minder draagkrachtige bewoners en ondernemers in Seoul. Zo wordt er nu gesproken over huur-beperkende maatregelen om uitwassen van marktwerking, waaronder gentrification, tegen te gaan.

Vervolgens word ik door een groep studenten en hun professor gevraagd om te adviseren over een tijdelijk project op het Nodeul Island midden in de Han rivier. Zij hebben een prijsvraag gewonnen waarin De Stad als Casco-aanpak in de Scheepsbouwloods een belangrijke inspiratiebron is. Nodeul is een eiland waarvan een

deel uit ondoordringbaar bos bestaat en een deel uit volkstuinen. Uiteindelijk moet er een operagebouw komen, maar zolang dat er niet staat, stelt de gemeente het eiland beschikbaar voor een tijdelijk project. Het winnende plan van de studenten is een cascostad voor muziekbandjes. Aanvankelijk willen zij het bos met rust laten en op de plek van de bestaande volkstuinen hun muziekstad bouwen. Als ik hen erop wijs dat het van belang is uit te gaan wat er al is, komen we erop uit dat het beter is om het om te draai en. De volkstuinen blijven gewoon bestaan en bieden ingrediënten voor een restaurant en ontmoetingsruimte, terwijl in het bos een zwevend houten wandelpad komt waarlangs verschillende oefenruimtes voor muziekbandjes casco gebouwd worden. Ook worden achter het bos, op een lege betonnen parkeerplek aan het water, festivals en filmavonden georganiseerd. Om het gebied voor wandelaars toegankelijk te maken, bedenkt Sascha Glasl, initiatiefnemer van De Ceuvel in Amsterdam-Noord, een loopbrug onder de bestaande autobrug over het water naar het eiland toe. Op die manier wordt het muziekbos op een simpele maar bijzondere manier geaccentueerd.

Het project op het Nodeul Island laat zien hoe duurzaam De Stad als Cascofilosofie is. Door de studenten te wijzen op de basisprincipes van De Stad als Casco zijn creatieve oplossingen bedacht met respect voor de bestaande sociale en fysieke structuren.

Upcycle Yard, Westpoort, Amsterdam: opleuken bedrijventerrein

In opdracht van de gemeente Amsterdam doe ik een verkenning met businesscase voor de ontwikkeling van een braakliggend stuk bedrijventerrein

Nodeul Island in Seoul, Zuid-Korea.
Tijdelijke ontwikkeling van een muziek
'broedplaats' in aanloop van de toekomstige
plannen voor de bouw van het operahuis.

Nodeul Island in Seoul, South Korea.
Temporary development of a music
'incubator' in the run-up to future plans
for an opera house.

and they oppose the plan. When the University of Seoul gets involved in the matter, I am among the people invited to a series of expert meetings to break this deadlock. I attend and stress the necessity of more mutual cooperation. The initiators, the architect, the neighbourhood and the city are working separately while they should be making plans for the future together. This approach is kickstarted as well. In line with the new approach, there is now much more attention for the situation of Seoul's financially weak residents and entrepreneurs. Rent control measures to counteract market mechanisms including gentrification, for example, are now on the agenda.

Subsequently, the group of students and their professor ask me for advice on a temporary project on Nodeul Island in the middle of the Han River. They have won a competition and the way the *De Stad als Casco* philosophy was implemented in the shipbuilding warehouse was an important source of inspiration. Nodeul is an island that consists partly of impenetrable forest and partly of allotments. Eventually it will accommodate the city's opera house, but as long as it does not, the municipality has made the island available for a temporary project. The student's winning plan is a shell city for band practice spaces. Initially, they want to leave the forest alone and build their music city in the location of the existing allotments. When I point out to them that it is important to start from what is already there, we decide it is better do things the other way around. The allotments continue to exist and will grow ingredients that can be used by a restaurant and meeting space, while a floating wooden walkway could

in het Amsterdamse havengebied. Het bedrijventerrein is bestemd voor een woonboulevard, als buffer tussen het havengebied en de woonwijken. Een projectontwikkelaar ontwikkelt daar al een deel dat echter maar moeizaam gevuld wordt met beoogde woonwinkelketens. Er moet meer levendigheid in het gebied komen. De gemeente vraagt of ik kan onderzoeken hoe dat te bewerkstelligen en dit op een experimentele wijze te doen door de zittende ondernemers en ook bewoners uit nabijgelegen woonwijken in het proces te betrekken. De gemeente zal het terrein voor tien jaar beschikbaar stellen aan initiatieven die in de tijdelijkheid voor meer levendigheid moeten zorgen. Dat moet gebeuren met festivals, ambachtelijke werkplaatsen, horeca en voorzieningen voor jongeren. Op het eerste gezicht lijkt dit een bijna onmogelijke opdracht. Het gebied heeft geen uitstraling of *unique selling point* en is afgesneden van de bewoonde wereld, waarbij een drukke verkeersweg zonder oversteekmogelijkheden de grootste barrière is.

Een eerste verkenning levert niet veel op. De plek is niet bijzonder genoeg, te klein, slecht bereikbaar met openbaar vervoer en er zijn maar een beperkt aantal evenementen per jaar vergunning-technisch mogelijk. De zittende ondernemers tonen weinig belangstelling omdat zij in het gebied het liefste wat kleinere en meer bijzonders winkels zouden zien, iets wat de bestemming niet toelaat. Ik verbreed mijn scope naar een aantal grote havenbedrijven en koppel die aan buurtinitiatieven uit de woonwijken. Het projectgebied blijkt met die insteek heel strategisch te liggen om werkgelegenheid voor jongeren en de

behoefte aan personeel in de haven met elkaar te verbinden. Ook scholen tonen interesse om op het lege bedrijventerrein een dependance te vestigen om samen met de haven en de buurt te werken aan een zogenaamde Upcycle Yard: een inzamelpunt voor bouw- en restmaterialen van de havenbedrijven. Deze onderneming wordt beheerd door jongeren door middel van stage-, leerwerk- en ervaringsplekken. Met de ingezamelde bouwmaterialen worden onder begeleiding van de scholen, leermeesters uit de haven en buurtondernemers allerlei voorzieningen gebouwd zoals horecagelegenheden, werkplaatsen, kleinschalige activiteitengebouwen, speeltuinen of tiny houses in het naastgelegen park. De gedachte is dat de jongeren deze onderneming of voorzieningen eventueel zouden kunnen overnemen of een deel van het terrein zouden kunnen exploiteren. Het plan is flexibel en houdt de mogelijkheid open om initiatieven die zich tijdens en na de verkenning aandienen in te passen. Het is een vernieuwende opmaat naar coöperatieve en duurzame stadsontwikkeling. Succesvolle initiatieven worden na tien jaar beloond met een doorstart. De inspanningen van de initiatieven worden in deze opzet niet verspild, maar behouden en doorontwikkeld. In eerste instantie investeren initiatiefnemers zelf in de ontwikkeling van het terrein én in de start van hun onderneming. Tijdelijke initiatieven worden zo in staat gesteld om een financiële meerwaarde te creëren en daarnaast te sparen voor een doorstart binnen het toekomstige bestemmingsplan of in een met de overheid overeen te komen ander (plan)gebied.

Deze verkenning duurt zes maanden

be constructed in the woods along which shells are built for band practice spaces. In addition, space to organize festivals and film nights is made available on an empty concrete parking lot along the water behind the forest. To make the area accessible to pedestrians Sascha Glasl, the initiator of De Ceuvel in Amsterdam-Noord, designs a walkway across the water beneath the existing vehicle bridge to the island. This way, the musical forest is accentuated in a simple but striking way.

The project on Nodeul Island shows how sustainable the philosophy of *De Stad als Casco* is. After I pointed out the basic principles of *De Stad als Casco* to the students, they came up with creative solutions that showed respect for existing social and physical structures.

Upcycle Yard, Westpoort, Amsterdam: Gentrification of a Business Zone

On behalf of the city of Amsterdam, I complete an exploration and a feasibility study with regard to the development of an unused industrial plot in the Amsterdam port area. The industrial plot is zoned as a furniture strip, to create a buffer between the port area and the residential districts. A property developer had already developed parts of it, but experiences difficulties attracting the desired furniture shop chains. The area needs more liveliness. The city asks me to examine how this could be realized as well as to conduct my examination in an experimental way by involving the existing entrepreneurs as well as the inhabitants of the adjoining residential districts in the process. The city will make the plot available to initiatives that could provide temporary activities for

ten years. The activities have to include festivals, artisan work spaces, hospitality industry and facilities for young people. At first glance, this seems an almost impossible task. The area has no charisma or unique selling point and is cut off from the inhabited world, a busy road without crossing possibilities being the biggest barrier.

A first exploration is unsuccessful. The place is not special enough, too small, poorly accessible by public transport and in terms of licensing, only a limited number of events are allowed each year. Existing businesses show little interest because they prefer to have more small and specialized shops in the area, which the zoning ruled out. I broaden my scope to a number of major port companies and link them to neighbourhood initiatives from the residential districts. From this point of view, the project area turns out to be very strategically positioned to connect youth employment and the need for staff in the port. Schools also show an interest in establishing branches in the unused industrial area and in working together with the port and the neighbourhood to realize a so-called Upcycle Yard: a collection point for construction and residual materials from port companies. This enterprise is run by young people through internships, apprenticeships and work experience placements. Under the supervision of schools, tutors that work in the port, and local entrepreneurs, the collected building materials are used to construct all kinds of facilities such as hospitality outlets, work spaces, small-scale activity buildings, playgrounds and tiny houses in the adjacent park. The idea is that the young people can possibly take over this enterprise or the facilities or

waarin een enthousiaste groep mensen, scholen en grote familiebedrijven uit de havens elkaar vinden in een gemeenschappelijke doelstelling om hiervoor zelf een terrein te ontwikkelen. Daarnaast is de intentie groot om ondernemer- en vakmanschap te stimuleren, waarvoor zich een community van kwartiermakers vormt die zich hard wil maken voor de Upcycle Yard. Maar doordat de economie plotseling weer aantrekt, legt de gemeente het plan voor de Upcycle Yard zomaar naast zich neer en kiest zij voor ontwikkeling door een marktpartij. De woonboulevard en het omliggend terrein worden vervolgens gekocht door een Amerikaanse belegger. Daarmee is een mooie kans voor een bijzonder Stad als Casco-project verkeken.

Leidsche Rijn Centrum, Utrecht: non-profit nieuwbouw

Leidsche Rijn is een jonge uitbreidingswijk van Utrecht. Het imago van deze grote nieuwbouwwijk is dat van een slaapstad. Het verbaast daarom niet dat de gemeente daar meer levendigheid wil creëren. Verschillende pogingen om een marktpartij te interesseren om een culturele publieksvoorziening in het gebied te vestigen, lopen echter op niets uit. In 2017 word ik samen met een architect en een groep kwartiermakers gevraagd om een bottom-up proces van en voor makers te begeleiden en daarvoor een businesscase te maken. De vraag van creatieven naar betaalbare werkruimte is in Utrecht misschien nog wel groter dan in Amsterdam, onder meer omdat het aanbod heel klein is. Er ligt nu een uitdaging om een groep bij elkaar te krijgen die samen een nieuwe en permanente

voorziening van ruim 15.000 vierkante meter wil ontwikkelen. Dat is een geweldige kans.

Samen met een groep lokale creatieve makers verkennen, schetsen en berekenen we in workshops de contouren van de culturele voorziening. De investeringen moeten tenslotte uit de huuropbrengsten gefinancierd worden en de huren mogen niet te hoog zijn. De wens van de makers is om een deel van de culturele voorziening zelf in te vullen. Dat wil zeggen dat er niet voor een gebouw gekozen is maar voor een setting met publieksvoorzieningen (waaronder een grote hal en een glaspaviljoen), meerdere werkgebouwen, pleinen, straten en openbare ruimte. Hieruit komt een organisatieopzet voort die vergelijkbaar is met de Scheepsbouwloods. Voor elk gebouwdeel komt een huurcontract met een collectieve rechtsvorm van huurders en programmeurs. De huurders zijn zelf verantwoordelijk voor de inrichting en toewijzing van de ruimtes. Zo krijgt elk gebouw een eigen signatuur. Voor de gemeente is dit een enorme uitdaging, want zij is gewend om met één partij zaken te doen en niet met meerdere groepen. Ook voor de openbare ruimte zijn er plannen om een aparte beheerstichting op te zetten waarin de huurderscollectieven, de gemeente en de programmeurs samen vertegenwoordigd zijn en gezamenlijk invloed hebben op de programmering en het beheer.

Werken volgens de methode van De Stad als Casco is niet voorbehouden aan bestaande gebouwen. In Leidsche Rijn laten we zien dat het mogelijk is om nieuwe gebouwen en een stadswijk met een groep gebruikers te ontwikkelen die zich daar ook vestigen. Het laat mede zien dat een betaalbare culturele

exploit part of the site. The plan is flexible and leaves open the possibility to insert initiatives that came up during or after the exploration. It is the innovative prelude to cooperative and sustainable urban development. After ten years, successful initiatives will be rewarded by a relaunch. The efforts of the initiatives are not wasted in this setup, but maintained and developed. Initially, start-ups themselves invest in the development of the site and in the launch of their business. Temporary initiatives are thus allowed to create financial added value as well as save for a relaunch within the future zoning plan or any other (plan) authorities would agree upon.

This exploration lasted six months during which an enthusiastic group of people, schools and large family-run port businesses found each other in a shared goal: to develop this plot for themselves. In additional, it was their heart-felt intention to stimulate enterprise and craftsmanship. To this end, a community of place makers forms that wants to devote itself to the Upcycle Yard. But when the economy suddenly picks up, the city simply puts the plan for the Upcycle Yard under a big pile of paper and decides to have the area developed by a market party. The furniture strip and the surrounding area are subsequently bought by a US investor. And a beautiful chance for a special *De Stad als Casco* project is lost.

Leidsche Rijn Centrum, Utrecht: Non-Profit New Development

Leidsche Rijn is a young expansion district and part of Utrecht. The image of this large new development is that of a dormitory suburb. It is therefore not surprising that the city wants to liven up the area. However, several attempts to interest market parties in establishing a cultural public facility in the area have been to no avail. In 2017, I am asked to supervise a bottom-up process by and for makers and to complete a feasibility study on the subject together with an architect and a place making company. Creatives' demand for affordable work space is perhaps even greater in Utrecht than it is in Amsterdam, partly because the supply is very small. The challenge is to gather a group of people that wants to develop a new and permanent facility of over 15,000 square metres together. It is a great opportunity.

With a group of local creative makers, we explore, sketch and calculate the outlines of the cultural facilities in workshops. After all, the investments have to be financed from the rental income and rents must not be too high. The makers want to fill in part of the cultural facility themselves. Rather than on a building, they therefore decide on a setting with public facilities (including a large hall and a glass pavilion), several work buildings, squares, streets and public space. This results in an organizational structure similar to that of the shipbuilding warehouse. Each building section will have its own tenancy agreement with a collective legal form of tenants and programmers. The tenants are responsible for the design and allocation of the spaces themselves. This gives each building its own signature. It is a huge challenge to the city, which is used to doing business with a single party rather than with multiple groups. There are also plans to set up a separate management foundation for the public space in which the tenant collectives, the city and the programmers are all

voorziening tevens een spraakmakende en iconische uitstraling kan hebben die recht doet aan de ambities van de gemeente voor een tweede stadshart en aansluit bij de wensen van ontwikkelaars in het gebied. De gemeente Utrecht moet nog besluiten of de businesscase aanleiding geeft tot daadwerkelijke uitvoering van het plan.

MadeUpNorth – meedoen

Weer terug naar de NDSM-werf. De rechten van de nog te ontwikkelen delen van de werf zijn bijna volledig voorbehouden aan een projectontwikkelaar. Naast het monumentale ensemble met de Scheepsbouwloods (Kinetisch Noord), Timmerwerkplaats (MTV, Viacom), Smederij (Hilton, Greenpeace), Lasloods (tijdelijk graffitimuseum) en Baanderij (horeca en luxekantoren) zijn her en der nog bedrijvenstroken en lapjes grond met tijdelijke horeca en ondernemingen die ontwikkeld zullen worden. Een loods in een van de bedrijvenstroken langs de kade van de werf wordt tijdelijk verhuurd aan succesvolle ambachtelijke ondernemers die zich gezamenlijk hardmaken voor de omgeving.

Zo is er een scheepstimmerbedrijf voor klassieke boten gevestigd dat samen met een fashionondernemer de publiekstoegankelijke showroom Woodies aT Berlin heeft ingericht voor producten van ambachtelijke makers en ontwerpers. Zij werken samen met studenten van het hout- en meubileringscollege en het is er een drukte van belang. Aan de kade worden schepen gerepareerd en verbouwd, zoals de tot ateliers hergebruikte woonboten die op broedplaats De Ceuvel liggen, worden pipowagens zelfvoorzienend gemaakt en hebben zij vergevorderde plannen

voor een duurzame én drijvende haven. Ook organiseren zij samen met ondernemers van de werf en ontwerpers uit binnen- en buitenland jaarlijks het fashion- en lifestylefestival Kaap de Groene Hoop. Een parel aan het IJ.

De projectontwikkelaar wil op deze plek hoge woontorens bouwen in de fantasieloze letters N-D-S-M. Het lijkt onmogelijk om met de projectontwikkelaar en de gemeente in gesprek te gaan om deze ambachtenstrook mee te nemen of te behouden in de plannen voor nieuwbouw. Dit soort initiatieven en ondernemingen worden nog steeds beschouwd als iets tijdelijks of als iets wat uiteindelijk geen geld oplevert. Om die reden hebben wij onder de titel MadeUpNorth de handen ineengeslagen met ideële projectontwikkelaars, investeerders en ontwerpers om een alternatief plan te maken dat verder reikt dan de plannen van de ontwikkelaar. Het is nu aan de politiek om een keuze te maken om samen met haar stadsbewoners een gebied te ontwikkelen of in zee te gaan met de 'hit and run' projectontwikkelaar die er straks een slaapstad van maakt. Er ligt een mooie kans voor coöperatieve stadsontwikkeling waarbij een collectief van bestaande en nieuwe eigenaren en huurders, profit en non-profit, samen met de overheid en zelfs samen met de ontwikkelaar een deel van de NDSM-werf, inclusief de openbare ruimte en het water, onder hun hoede wil nemen. Het kan een aanzet zijn voor een ander model: De Stad als Casco voor een gebied.

represented and jointly influence programming and management.

Working in accordance with the methods of *De Stad als Casco* is not reserved to existing buildings. In Leidsche Rijn, we plan to show that it is also possible to develop new buildings and an urban district together with a group of users that is about to settle there. This will prove that affordable cultural facilities can have the high-profile, iconic look that does justice to the aspirations of the city to create a second city centre and that is in line with the wishes of developers in the area. The city of Utrecht has yet to decide whether the feasibility study gives rise to actual implementation of the plan.

MadeUpNorth – Joining In

Back to the NDSM shipyard. The rights of the still undeveloped parts of the shipyard are almost entirely reserved for a property developer. In addition to the monumental ensemble with the shipbuilding warehouse (Kinetisch Noord Foundation), the carpenter's yard (MTV, Viacom), the forge (Hilton, Greenpeace), the welding warehouse (temporary graffiti museum) and the rope yard (hospitality industry and luxury offices) there are some industrial strips and patches of land with temporary café-restaurants and businesses to be redeveloped. A building on one of the industrial strips along the quayside of the shipyard is temporarily rented to successful artisan entrepreneurs that have jointly devoted themselves to the environment. They include a shipwright company for classic boats that, together with a fashion designer, has set up the publicly accessible Woodies aT Berlin to sell products made by artisans and designers. They work with students from the vocational college for woodworking, furniture and interior design and there are always lots of people milling about. Ships are being repaired and rebuilt on the quay, for example the houseboats transformed into studios that moor at incubator De Ceuvel and covered wagons that are being made self-sufficient. Their joint plans for a sustainable as well as floating port are in an advanced stage. In addition, they are the organizers of fashion and lifestyle festival Kaap de Groene Hoop together with the entrepreneurs of the shipyard and designers from the Netherlands and abroad. A jewel on the IJ.

The project developer wants to build high-rise residential towers here, unimaginatively formed like the letters N-D-S-M. The property developer and the city seem unwilling to discuss the inclusion or preservation of the artisan strip in the new construction plans. These kinds of initiatives and enterprises are still considered temporary or ultimately unprofitable. This is why we have joined forces with idealistic property developers, investors and designers under the name MadeUpNorth to create an alternative plan that surpasses the developer's plans. It is now up to politicians to choose between developing the area with its inhabitants, or with a hit and run property developer who will eventually turn it into a dormitory suburb. This is a great opportunity for collaborative urban development by a collective of existing and new owners and tenants, profit and non-profit, together with the central government and even the developer that is prepared to take charge of part of the NDSM shipyard, including the public space and the water. It may even be the kick-off of a new model: *De Stad als Casco* applied to an area.

Volgens de gemeente en stadsdeel Amsterdam-Noord paste het skatepark en de vlooienmarkt niet in het concept van de creatieve industrie op de NDSM-werf.
The Amsterdam municipality and District Noord felt the skate park and the flea market did not fit the creative industry concept of the NDSM shipyard.

8 LESSEN
LESSONS LEARNED

WAARDEVOLLE ERVARINGEN

VALUABLE EXPERIENCES

De Stad als Casco-gids

Dit boek gaat niet over 20 jaar geschiedenis van de NDSM-werf. Wat ik wil vertellen, is een verhaal aan de hand van de ervaringen op de NDSM-werf en elders in de wereld. Die zijn van belang voor de verdere verfijning van De Stad als Casco-methode. In bredere zin gaat dit boek over pionieren, over een vorm van stadsontwikkeling die op een andere manier tot stand komt dan we gewend zijn. Het gaat eveneens om de stad die zichzelf weer opnieuw kan uitvinden. Geen vergelijkbaar project in Nederland kent een zo lange geschiedenis als het initiatief in de Scheepsbouwloods, waarin duidelijk wordt wat participatieve gebiedsontwikkeling en samenwerking tussen verschillende partijen allemaal behelst. Waardevolle lessen over groepsprocessen, financiele haalbaarheid, juridische mogelijkheden en organisatorische structuren vormen ingrediënten voor een praktische gids voor initiatiefnemers van nieuwe Stad als Casco-projecten. En wellicht ook voor de professionals van gemeentes, projectontwikkelaars en woningcorporaties.

De ervaringen van de afgelopen 20 jaar laten zien dat een enorme loods en een voormalige werf zich anders kunnen ontwikkelen als er een andere dynamiek in een gebied is en de gebruikelijke planningsinstrumenten losgelaten worden. Dit verhaal is bedoeld om de gemeenschap wakker te kussen voor een duurzame aanpak om daarmee de sociale, economische en culturele dynamiek in een stad te behouden. Dat is het doel achter de methode van De Stad als Casco. Daarbij hebben we gemeentes, projectontwikkelaars en woningcorporaties ook nodig. Zij moeten dan wel inzien hoe zij meer ruimte kunnen bieden aan projecten waarin de gebruikers hun eigen omgeving kunnen vormgeven. De inspanningen die startende, creatieve, ambachtelijke en maatschappelijke ondernemers in de stad leveren, worden nog te weinig erkend en verdienen een volwaardige plek. De bijdrage van deze groep mag niet weggezet worden als façade of geframed worden als een onrendabele post van de gemeentebegroting. Een leefbare, gemengde en spannende stad is in ieders belang.

20 jaar ervaring

Werken volgens De Stad als Casco-methode is per definitie maatwerk. Niet één plek en niet één groep mensen is hetzelfde. En het organische karakter van De Stad als Casco-manier van ontwikkelen betekent dat er vooraf geen eindbeeld is en dat flexibiliteit in gebruik wordt nagestreefd. Dat was zo toen de groep kunstenaars in Pakhuis Wilhelmina aan iets nieuws begonnen. Het geldt ook voor de Scheepsbouwloods op de NDSM-werf en net zo goed voor andere groepen met wie ik samen een plek ontwikkeld heb. Denk bijvoorbeeld aan de hiphoppers in Heesterveld en de skateboarders op de Hamerkop, een paar kilometer verderop van de NDSM-werf. Ieder Stad als Casco-project en iedere community is uniek, maar er is wel een aantal principes dat van belang is om De Stad als Casco-methode in praktijk te brengen.

20 jaar nadat deze alternatieve stadsontwikkelingsfilosofie is gelanceerd, vinden wij de tijd rijp om een aantal organiserende principes en succes- en faalfactoren voor zelforganiserende projecten mee te geven aan een nieuwe generatie. Voor ons is het

Guide to De Stad als Casco

This book is not about 20 years of NDSM shipyard history. The story I want to tell is another one, based on my experiences at the NDSM shipyard and elsewhere in the world. These are important to the further refinement of the De Stad als Casco method. In a broader sense, this book is about pioneering, about a form of urban regeneration that is realized in a different way than usual. It is also about ways cities can reinvent themselves. There is no other project in the Netherlands that has a history as long as that of the initiative in the shipbuilding warehouse. Its history clarifies what participatory area development and the collaboration of different parties actually entails. Valuable lessons about group processes, financial feasibility, legal possibilities and organizational structures are the ingredients of a practical guide for initiators of new De Stad als Casco projects and perhaps for professionals associated with municipalities, property developers and housing associations as well.

Experiences garnered in the past 20 years demonstrate that a huge building and a former shipyard can be developed differently given different area dynamics and the use of other than the customary planning tools. This story aims to open the eyes of the community to a sustainable approach that can help preserve the social, economic and cultural dynamics of a city. That is the goal behind the method of De Stad als Casco. We aim for the support of municipalities, property developers and housing associations to reach that goal. They need to see their way clear to allow more space for projects in which users can shape their own environment. The efforts made by starting, creative, artisan and social entrepreneurs in the city are still insufficiently recognized and deserve to be appreciated. It is not right to brand the contributions this group makes as artificial or frame them as unprofitable entries on the municipal budget. A dynamic, mixed and exciting city is in everybody's interest.

20 Years of Experience

Working in accordance with the method of De Stad als Casco is bespoke by definition. No two places and no two groups of people are the same. And the organic character of development in accordance with the principles of De Stad als Casco means that there is no image to target in advance and that the use pursued is flexible. That was the way it was when the artists' collective in Pakhuis Wilhelmina started something new. It was also the case in the shipbuilding warehouse at the NDSM shipyard and in the other groups with which I collaborated to develop a site, for example the hip-hoppers in Heesterveld and the skateboarders at the Hamerkop, a few kilometres from the NDSM shipyard. Each De Stad als Casco project and every community is unique, but there are a number of principles that are important to the implementation of the method of De Stad als Casco.

20 years after this alternative urban development philosophy was launched, we think the time has come to provide a new generation with a number of organizing principles and success and failure factors of self-rule projects. To us it is self-evident that the community and its social goals take priority. In addition, the existing environment,

De vlooienmarkt IJ-Hallen is inmiddels uitgegroeid tot een van de grootste in Europa. De markt vindt elke maand plaats op de NDSM-werf.
Today the IJ-Hallen flea market is one of the largest in Europe. The market takes place every month at the NDSM shipyard.

duidelijk dat de community en haar maatschappelijke doelstellingen het belangrijkste zijn. Daarnaast vormen de bestaande omgeving, de financiële mogelijkheden en de door de groep gekozen juridische structuren drie pijlers waarop een zelforganiserend initiatief kan gedijen.

DE INITIATIEFNEMERS

Creativiteit van onderop

Of het nu kunstenaars, skateboarders of andere initiatiefnemers zijn, ze voegen maatschappelijke meerwaarde toe aan de stad. In Amsterdam dreigt nu een andere rafelrand, ADM, waar ruimte is voor zelforganisatie te verdwijnen en wordt iedere vierkante meter gebruikt voor nieuwe gebouwen die allemaal hetzelfde zijn. De creativiteit van onderop wordt veel te weinig aangesproken. Amsterdam kent een rijke geschiedenis van bijzondere gebouwen en gebieden waar mensen de tijd en de creativiteit hadden om hun eigen wereld vorm te geven. De energie die daarin gestoken is, het plezier dat het die mensen zelf gegeven heeft en de bijzondere festivals, voorstellingen en spektakels die het de stad oplevert, worden tot over de landsgrenzen gewaardeerd. Dat kan in bestaande pakhuizen of op oude bedrijventerreinen ontstaan. En volgens ons net zo goed in nieuw te ontwikkelen gebieden. Een stad heeft lucht nodig, plezier en gebieden waar mensen hun creativiteit en eigen ideeën over de samenleving kwijt kunnen.

Ideologisch heeft dat ook betekenis: een samenleving mag niet alleen om economisch gewin draaien en in een open en ontspannen stad moet dat motto zichtbaar zijn in straten en wijken. Hoewel gemeentes en projectontwikkelaars ook wel ruimte geven aan – tijdelijke – projecten, mag er meer oog zijn voor diverse leef- en werkvormen in de stad. Dat betekent anderzijds dat bewoners en ondernemers die op een andere manier willen wonen en werken, in beweging moeten komen.

Kom in beweging

Een project zoals de Scheepsbouwloods of Pakhuis Wilhelmina krijg je niet zomaar in je schoot geworpen. Daaraan gaat een vrij intensieve periode vol overtuigen vooraf. De overheid, projectontwikkelaars, vastgoedeigenaren en gevestigde instellingen zijn instituties die niet ingericht zijn op initiatieven van onderop. Zij bepalen zelf wat goed voor de samenleving en economisch interessant is. Veel mensen vinden dat wellicht geen probleem. Maar er is ook een groep die het anders wil doen, die zelf het initiatief wil nemen, die zelf zijn of haar omgeving wil vormgeven en dat samen met anderen wil doen. Wie het anders wil doen, zal moeten verleiden en een aanbod aan de gevestigde orde moeten doen dat getuigt van de meerwaarde van een initiatief. Juist als dat niet om de hoogste prijs voor vierkante meters gaat maar om maatschappelijke winst, is dat zonder meer een uitdaging. Het is niet eenvoudig, maar het kan wel. Er bestaan al genoeg goede voorbeelden van. Uit ervaring weten we dat de grootte van de groep van belang is, voor maatschappelijk draagvlak en ook voor de financierbaarheid van een project, de organisatie en de sociale samenhang.

Kritische massa

Als er een enthousiaste groep is die graag in beweging wil komen, hoe

the financial possibilities and the legal structures chosen by the group form three pillars on which a self-rule initiative can thrive.

THE INITIATORS

Bottom-Up Creativity

Whether it is artists, skateboarders or other initiators, they add social value to the city. In Amsterdam, another site, ADM, is the last fringe of space for self-rule now in danger of being cut off and every square metre is used for new buildings, all of them identical. Society hardly takes advantage of the available bottom-up creativity. Amsterdam has a rich history of people willing to invest their time and creativity in constructing their own world in one of the city's many exceptional buildings and areas. The energy put into these, the joy they give people and the festivals, performances and spectacles they bring to the city are hugely appreciated at home and abroad. They are created in existing warehouses and in former industrial areas and can be created, we believe, in newly developed areas as well. A city needs air, fun and areas where people get the chance to be creative and develop their own ideas about society.

This is also significant ideologically: a society should not only revolve around economical gain and in an open and relaxed city, that motto should be visible in streets and neighbourhoods. Though municipalities and property developers do provide space for temporary projects, they should be more alive to the diversity in living and working methods in the city. On the other hand, this also implies that

residents and entrepreneurs that want to live and work in different ways have to initiate projects.

Getting Started

Projects like the shipbuilding warehouse or Pakhuis Wilhelmina do not simply fall into your lap. They are preceded by a fairly intensive period of persuasion. Institutions like central government, property developers, property owners and the establishment in general are not geared to bottom-up initiatives. They decide what is best for society as well as economically interesting. Many people may not find that a problem. But there is also a group of people that want to do things differently, that want to take the initiative, that want to shape their environment and want to do it together with other people. Those who want to do things differently will have to seduce the establishment and make it an offer that demonstrates the added value of their initiative. Especially if that offer will realize social benefits rather than the highest price per square metre, this is definitely a challenge. It's not easy, but it can be done. Many good examples already exist. From experience we know that the size of the group is important: to create social support as well as realize the financing of a project, launch an organization and hold on to social cohesion.

Critical Mass

If there is a group of enthusiasts that wants to take the initiative to start a self-rule project, how many members should that group at least have? The initiators of the De Stad als Casco manifesto did not pay attention to this subject in the 1990s. From experience,

In de Lasloods komt een tijdelijk museum voor streetart. De projectontwikkelaar wil het protest op de muur weghalen, tegen de zin in van het museum.

The Lasloods will accommodate a temporary museum for street art. The project developer wants to remove the protest on the wall, against the wishes of the museum.

groot moet die groep dan minimaal zijn om een zelforganiserend project te starten? De initiatiefnemers van het Stad als Casco-manifest in de jaren '90 hebben daaraan geen aandacht besteed. Uit ervaring weten we inmiddels beter: de omvang van de groep doet ertoe.

In de Scheepsbouwloods bestaat de groep uit 250 mensen en die groep kan nog uitgroeien tot 500 man, als de loods wordt doorontwikkeld zoals oorspronkelijk de bedoeling was. De grootte van die groep maakt het mogelijk om een dergelijk kolossaal project te financieren, maar op sociaal vlak is een groep van 250 mensen te groot. Het is dan niet meer mogelijk om iedereen te kennen en de kans is aannemelijk dat de belangen te veel uit elkaar lopen.

In de Scheepsbouwloods bijvoorbeeld zijn verschillende clusters ontstaan: een fysieke indeling op basis van gemeenschappelijke belangen en wensen ten aanzien van het gebruik, de ontsluiting en dergelijke. Het gaat, in andere woorden, om homogene clusters in een heterogeen gebouw. Wat alle clusters met elkaar gemeen hebben, is het dak boven hun hoofd, een gedeelde voordeur, de basisvoorzieningen en overdekte openbare ruimte met binnenstraten en pleinen tussen de gebouwde clusters in. Die gemeenschappelijke voorzieningen zijn van algemeen belang en de kosten hiervoor moeten door de gemeenschap gedragen worden. Dat vraagt niet alleen om een organisatie per cluster maar tevens om een collectieve organisatie voor het gemeenschappelijk belang.

In het geval van een grote groep is het verstandig die in kleinere structuren te organiseren, aan de andere kant moet een groep ook weer niet te klein zijn, omdat die dan te veel afhankelijk wordt van individuen die een groepsproces kunnen verstoren of in gijzeling houden. Op basis van de ervaringen in Pakhuis Wilhelmina, maar eveneens in andere vergelijkbare doe-het-zelf panden zoals Het Veem, de Graansilo en Nieuwe Meer, lijkt het aantal van maximaal 100 mensen het meest slagvaardig. Een aantal van 100 is de ideale *cowmunity*, zoals Carolien Feldbrugge dat noemt. Die term pikte zij op tijdens een bijeenkomst waar melkveehouders over schaalvergroting praatten om de boerderijen economisch gezond te houden. Bij schaalvergroting ging het om boerderijen met 400 à 500 koeien. Maar als koeien met meer dan 100 soortgenoten moeten samenleven, heeft dat een negatief effect op de melkproductie van het vee. De koeien kennen elkaar niet meer en daardoor loopt de melkproductie terug. Daarom werken die melkveehouders met vier of vijf afzonderlijke kuddes.

Deze metafoor met de melkveehouderij is niet zomaar een leuke vergelijking, ook voor mensen die samen aan een initiatief werken, lijkt een aantal van maximaal 100 ideaal. Om elkaar te kunnen kennen en samen te werken, maar het is ook een ideaal aantal dat mogelijkheden biedt voor de financierbaarheid van een project; er is een zekere massa nodig om externe financiering bij een bank te organiseren en daarmee een stuk grond of een gebouw te kopen. Bij 100 deelnemers ontstaat genoeg sociale veerkracht waardoor conflicten en vertrek van één of enkele groepsleden kunnen worden opgevangen en nieuwe deelnemers kunnen worden aangetrokken. Te klein is kwetsbaar.

we now know better: size matters. In the shipbuilding warehouse, the group includes 250 people and may grow to include 500 people once the building is developed as originally intended. The size of the group makes it possible to finance such a colossal project, but at the social level a group of 250 people is too big. It is no longer possible to know everyone personally and there is a real likelihood that interests will start to diverge too widely.

In de shipbuilding warehouse, for example, different building clusters formed: a physical arrangement on the basis of shared interests and wishes regarding use, access and so forth. In other words, homogeneous clusters formed in a heterogeneous building. What all clusters have in common is the roof above their head, the shared front door, the basic facilities and the covered public space with inner streets and squares between the built-up clusters. These common facilities are of general interest and their costs must be borne by the community. This requires an organization per cluster as well as a collective organization for the common good.

In the case of a large group, it is wise to organize it in smaller structures. On the other hand, a group must not be too small either, because that would make it too dependent on individuals that can disrupt or hijack group processes. Based on experiences in Pakhuis Wilhelmina, but also in other, similar DIY buildings such as Het Veem, the Graansilo and Nieuwe Meer, a number of up to 100 people seems the most effective. That number of people forms the ideal 'cowmunity', as Carolien Feldbrugge calls it. It is a term she picked up at a

meeting of dairy farmers talking about increasing in scale to keep their farms economically healthy. That increase in scale involved farms with 400 to 500 cows. But if cows have to cohabit with more than 100 congeners it has a negative effect on the livestock's milk production. The cows no longer know each other and hence milk production decreases. That is why dairy farmers work with four or five separate herds.

This dairy farm metaphor is not just an interesting anecdote: people working together on an initiative experience the number of up to 100 as ideal as well. To get to know each other and to work together on the one hand, but it is also an ideal number in terms of the opportunities it offers for the funding of a project on the other. The group requires a certain mass to organize external funding from a bank to buy a piece of land or a building. The number of 100 participants creates sufficient resilience to counterbalance conflicts or the departure of one or more group members and makes the recruitment of new members feasible. A group that is too small is vulnerable.

PHYSICAL STRUCTURE

Concept Follows Building

An interesting idea or concept is not enough to make an initiative succeed. It also takes a solid financial basis and in addition to the financial resources of the owners, this has everything to do with the possibilities of the area or building in question. Property developers increasingly come up with creative concepts or invite artists for a co-creation session to siphon off ideas. In my experience with, for example,

FYSIEKE STRUCTUUR

Concept volgt gebouw

Een leuk idee of concept is niet genoeg om een initiatief te laten slagen. Er moet een goede financiële onderbouwing zijn en die heeft naast de financiele middelen van de eigenaren alles te maken met de mogelijkheden van het gebied of gebouw in kwestie. Projectontwikkelaars komen steeds vaker met creatieve concepten of nodigen kunstenaars uit voor een co-creatiesessie om ideeën op te halen. Over financiën wordt in deze sessies niet of nauwelijks gesproken, zo is mijn ervaring met bijvoorbeeld de Lasloods op de NDSM-werf. De projectontwikkelaar heeft meerdere creatieve sessies georganiseerd om een nieuwe bestemming voor deze grote hal te vinden. In de afgelopen jaren passeerden diverse concepten de revue, voornamelijk op het gebied van cultuur en entertainment: een tweede MoMA, een Palais de Tokyo, een Box Park, een Chocoladefabriek et cetera.

Als ontwikkelaar van de Scheepsbouwloods kwamen de plannen voor deze publieksvoorzieningen in de Lasloods op mij niet realistisch over, gezien de hoge kosten om alleen al de schil van het monument te renoveren en de opbrengsten die daar tegenover moeten staan (en daarnaast de structurele subsidieafhankelijkheid van veel van deze initiatieven). Ik draai het liever om: kijk eerst naar de fysieke plek of de architectonische structuur van het gebouw. Wat zijn de kosten om het pand gebruiksklaar te maken en aan de eisen van brandveiligheid te voldoen? En welke functies zijn dan geschikt om het project financieel haalbaar te maken? Het lijkt wel de omgekeerde wereld dat projectontwikkelaars beginnen bij de creatieve kant, terwijl creatieven liever eerst kijken wat op een plek of in een gebouw financieel mogelijk is.

White Elephant

De architectonische structuur van een gebouw is een belangrijke voorwaarde voor de kansen van een bottom-up initiatief. Zo bestond bijvoorbeeld een deel van het voormalige kraakpand de Graansilo – voorheen een silo aan de Amsterdamse zuidelijke IJ-oever – uit tientallen meters hoge nauwe betonnen kokers met een omvang van negen vierkante meter. Absoluut geen geschikt grid om woningen of bedrijfsruimtes in te maken. Een dergelijk pand bottom-up verbouwen en geschikt maken voor gebruik vergt enorme investeringen, waardoor alleen luxe appartementen en hoge huren realistisch lijken om de investeringen te kunnen financieren. In zo'n geval spreken we van een White Elephant: een gebouw of gebied waarvan de investeringskosten niet in verhouding staan tot de aard van het gebruik ervan.

Pakhuis Wilhelmina daarentegen bestond uit een robuust horizontaal bruikbaar casco met meerdere open verdiepingen. Die konden eenvoudig door de doelgroep zelf verbouwd, ingedeeld en gefinancierd worden. Bovendien boden ze de mogelijkheid de functie desgewenst in de tijd aan te passen. Dat is ook altijd de opzet van het cascoraamwerk in de Scheepsbouwloods geweest. Het voordeel van de loods is dat deze groot en hoog – tot wel 25 meter – is en zo ruim van opzet dat verdichten en inbouwen van meerdere cascoverdiepingen mogelijk is.

the welding warehouse at the NDSM shipyard, the financial side of things is not discussed during these sessions. Here, the property developer organized several creative sessions to find a new destination for this large building. In recent years, various concepts have come and gone, mainly in the field of culture and entertainment: a second MoMA, a Palais de Tokyo, a Box Park, a Chocolate Factory and so on.

As a developer of the shipbuilding warehouse, plans to establish such public facilities in the welding warehouse did not seem realistic to me given the high costs of renovating only the shell of the monument and the income needed to cover them (aside from the structural subsidy dependence of many of these initiatives). I would rather reverse that approach: first, take stock of the physical location or of the architectural structure of the building. How much money will it take to prepare the property for use and meet fire safety requirements? And next, what functions are suitable to make the project financially feasible? The way property developers start at the creative end is putting things upside down; creatives would rather start out by looking at what is financially possible on a site or in a building.

White Elephant

The architectural structure of a building is an important condition for the chances of a bottom-up initiative. For example, a part of former squat the Graansilo – a former silo on the south bank of the IJ – consisted of dozens of metres of high, narrow concrete cylinders measuring nine square metres each. The grid was absolutely unsuitable for housing or business accommodations. Converting such a property and preparing it for use requires huge investments, which means only luxury apartments and high rents can realistically finance the investments. In such a case, we speak of a White Elephant: a building or area that requires investment costs that are not proportional to the nature of its future use.

Pakhuis Wilhelmina, on the other hand, comprised a robustly horizontal, useable shell with several open floors. The target group could simply convert and rearrange them and fund this themselves. In addition, the setup allowed the adaptation of functions in the course of time. This has always been the idea behind the shell framework in the shipbuilding warehouse as well. The advantage of the shipbuilding warehouse is that the building is large and high – up to 25 metres – and that its spaciousness allows densification and the construction of several integrated shell floors.

EXISTING SOCIAL STRUCTURES

The City Is Not a Clean Slate

Municipalities, property developers and housing associations, with in their wake the temporary place makers, invent concepts to put an area on the map to ultimately make money. The Amsterdam Waterfront Financieringsmaatschappij, for example, came up with Manhattan on the IJ and Amsterdam's District Noord envisaged a creative industry concept materializing at the NDSM shipyard. Apparently, it is easy to overlook the people and businesses that are already located in an area. This happened to the creative makers and artists on the south bank of the IJ.

BESTAANDE SOCIALE STRUCTUREN

De stad is geen schone lei

Gemeentes, projectontwikkelaars en woningbouwverenigingen, met in hun kielzog de tijdelijke placemakers, bedenken concepten om een gebied op de kaart te zetten om daarmee uiteindelijk geld te verdienen. Zo bedacht de Amsterdam Waterfront Financieringsmaatschappij een Manhattan aan het IJ en zag stadsdeel Amsterdam-Noord voor de NDSM-werf het concept van de creatieve industrie voor zich. Maar wat vaak wel erg gemakkelijk vergeten wordt, is dat er al mensen en bedrijven in een gebied gevestigd zijn. Dat gold voor de zuidelijke IJ-oever voor creatieve makers en kunstenaars.

Ook de NDSM-werf was geen tabula rasa. Scheepstimmerbedrijfjes, ambachtslieden, een vlooienmarkt, maatschappelijke initiatieven zoals Stichting Kerk en Buurt en stadsnomaden zouden plaats moeten maken voor het soort creatieven die het stadsdeel liever in Noord wilde hebben. Die creatieven zouden niet alleen goed zijn voor de werkgelegenheid maar tevens om het imago van dit deel van de stad op te vijzelen.

Het inruilen van de ene groep door de andere stuit ons tegen de borst. Het kan niet zo zijn dat mensen die soms al jaren energie gestoken hebben in een gebied, van de ene op de andere dag door een andere groep vervangen worden. De Stad als Casco-filosofie gaat uit van bestaand gebruik en sociale structuren en voegt daar iets aan toe. Wij hebben er op de NDSM-werf dan ook alles aan gedaan om deze initiatieven zo veel mogelijk te behouden. En met succes. Doordat al gevestigde bedrijven zijn gaan samenwerken met nieuwkomers, wordt op de werf nu door botenbouwers, kunstenaars en ontwerpers gebouwd aan energie-autarkische woonboten zoals de geWoonboot, initiatieven zoals de circulaire broedplaats De Ceuvel en de drijvende en duurzame woonwijk Schoonschip. Het bouwen van boten heeft door deze samenwerking op de werf een nieuwe, duurzame invulling gekregen. Behoud van bestaande netwerken en menselijke interactie kan tot bijzondere resultaten leiden.

FORMELE AFSPRAKEN

Eigen kaders kiezen

De Stad als Casco-methode is een proces. Het gaat uit van bestaande fysieke en sociale structuren en bouwt daarop voort. De leden van de groep maken afspraken over de juridische en bestuurlijke kaders waarbinnen zij hun initiatief willen ontwikkelen. Bottom-up projecten zijn niet vrijblijvend: een statuut, Plan van Aanpak en een huisreglement vormen instrumenten om binnen gezamenlijke kaders samen te werken. Omdat ieder collectief anders is, is het van belang dat iedere groep haar eigen keuzes maakt. Het is daarbij wel verstandig om een collectief rechtspersoon op te richten, meestal een stichting of een vereniging. De gekozen rechtspersoon heeft consequenties voor de invloed die leden kunnen uitoefenen op het collectief. Het kost iedere groep tijd om hierover een beslissing te nemen, leert de ervaring. Welke keuze uiteindelijk gemaakt wordt, een collectief rechtspersoon dient het gezamenlijke belang van de leden, zowel hun zeggenschap op de koers van het initiatief als de bescherming van hun investeringen. Daarnaast

De loodsdeuren van de Scheepsbouwloods in haar glorietijd, met de houten naamborden van de schepen die er gebouwd werden.

The warehouse doors of the shipbuilding warehouse in their heyday, with the wooden nameplates of the ships that were built there.

The NDSM shipyard was not a tabula rasa, either. Ship carpentry businesses, a flea market, social initiatives like that of the Stichting Kerk en Buurt (Church and neighbourhood foundation) and various urban nomads would have had to make room for the kind of creatives the District would rather have in Noord, the kind of creatives that would not only be good for employment, but would boost the image of this part of the city as well.

We think exchanging one group for another is improper. It is unfair to exchange people that may have been putting all of their energy into an area for years for another group from one day to the next. The philosophy of *De Stad als Casco* is based on existing use and social structures and on adding something to them. We, at the NDSM shipyard, have therefore done everything we could to preserve as many existing initiatives as possible. And with success. Because existing companies started to collaborate with newcomers, the boat builders, artists and designers at the shipyard are now working on energy-autarkic houseboats such as the geWoonboot, initiatives such as circular incubator De Ceuvel and floating and sustainable residential area Schoonschip. The collaborations at the shipyard have resulted in new, more sustainable ways to construct boats. The preservation of existing networks and human interaction can lead to extraordinary results.

FORMAL AGREEMENTS

Choosing Frameworks

De Stad als Casco method is a process. It is based on existing physical and social structures and builds on

kunnen de doelstellingen van de groep en het eigenaarschap van het initiatief vastgelegd worden.

Zeggenschap vastleggen

Werken volgens De Stad als Casco betekent in samenhang en wissel-werking met de omgeving de eigen werk- of leefgemeenschap vormgeven. Dat betekent tijd, diensten en geld investeren. En samenwerken. Een belangrijk uitgangspunt van De Stad als Casco-filosofie is zelfbestuur in een collectief. Het is de groep zelf die de lijnen uitzet en de leden van de groep participeren dan ook op ieder vlak. Van initiatief tot samenstelling van de groep, van ontwerp tot bouwen en van ontwikkeling tot beheer. Het voorbeeld van de Scheepsbouwloods laat zien dat zeggenschap door de druk van buitenaf niet altijd vanzelfsprekend is. Een buitengewoon verrassend, succesvol en innovatief project door middel van zelforganisatie vraagt veel doorzettingsvermogen. Het vastleggen van de doelstellingen en het eigenaar-schap van het initiatief kan helpen de zeggenschap van de groep te verster-ken en zekerheid te bieden.

Eigenaarschap en eigendom

Door participatie ontstaat een gevoel van eigenaarschap, van ergens bij willen horen en daaraan willen bijdra-gen. Aan deze 'toe-eigening' of 'maat-schappelijk eigenaarschap' is zeggen-schap te ontlenen, maar het is geen garantie dat gebruikers de ontwikkeling van hun eigen initiatief zelf kunnen bepalen. Tijdelijkheid is een andere handicap voor zeggenschap over je eigen initiatief. In Amsterdam wordt in het kader van het broedplaatsen-beleid bijvoorbeeld veelal bewust met projecten op tijdelijke basis gewerkt. Dat betekent dat een initiatief ineens opgedoekt kan worden. De groep moet maar zien elders in de stad nieuwe ruimte te vinden en de vraag is voor welke prijs.

Om dit soort problemen te voorko-men pleit ik ervoor dat de gebruikers een gebouw of gebied in eigendom kunnen nemen. Het zal niet voor iedere groep en op iedere plek financieel haalbaar zijn om te kopen, maar bezit door de groep biedt garanties voor de continuïteit van een initiatief. Als een pand aangekocht kan worden, is de plek verzekerd en zijn de kosten over het algemeen beter beheersbaar.

Het 'maatschappelijke eigenaar-schap', en daarmee de doelstellingen van het initiatief, kan in statuten vastgelegd worden. Initiatiefnemers en gebruikers verenigd in een collec-tief doen er verstandig aan hun positie vooraf of in ieder geval vroeg in het ontwikkelproces zeker te stellen. Door de politieke druk die in een proces kan ontstaan, kan het gebeuren dat het gebruikerscollectief controle en invloed verliest. Dat kan de bedoeling niet zijn. Met elke nieuwe externe directeur of bestuurder van buitenaf komen er weer nieuwe visies. Het initiatief wordt zomaar opgevat als een open agenda en dan worden de oorspronkelijke doel-stellingen tot een boksbal van steeds weer wisselende ideeën. Beleidstermen als visie en culturele profilering maken de weg vrij voor interventies die buiten de groep om gedaan worden. Het uit-gangspunt zou het zoeken naar con-sensus moeten zijn, maar dat gebeurt niet als de gebruikers niet als mede-eigenaren of medebestuurders serieus genomen worden.

Als de gebruikers niet zelf eigenaar

them. Group members reach agreements about the legal and administrative frameworks within which they want to develop their initiative. Bottom-up projects are not free of obligations: a statute, plan of action and house rules are tools that facilitate collaborating within shared frameworks. Since every collective is different, it is important for every group to make its own choices. It is wise to set up a collective legal body, usually a foundation or association. The choice of legal body has consequences for the influence members can exercise on the collective. In my experience, every group needs time to make choices about these things. No matter which choice is ultimately made, a collective legal body serves the shared interest of the members – both to control the course of the initiative and to protect investments. In addition, the objectives of the group and the ownership of the initiative must be documented.

Documenting Who Is in Charge

Working in accordance with *De Stad als Casco* means shaping one's working or living community coherently and in correlation with the environment. This involves investing time, services and money. And collaboration. The self-rule of the collective comprises an important point of departure of the philosophy of *De Stad als Casco*. It is the group itself that plots a course and therefore the members of the group participate on every level, from initiative to group composition, from design to construction and from development to control. The example of the shipbuilding warehouse shows that due to outside pressure, it is not always self-evident that the group is in control.

An extremely surprising, successful and innovative self-rule project requires plenty of perseverance. Documenting the objectives and ownership of the initiative can help strengthen the group's control and provide security.

Ownership and Property

Participation creates a sense of ownership, of wanting to belong and contribute to something. This 'appropriation' or 'social ownership' can contribute to a sense of control, but does not guarantee that users have a say in the development of their own initiative. Temporariness is another obstacle to control over one's own initiative. In the context of the incubator policy, for example, Amsterdam often deliberately works with projects on a temporary basis. This means the city can suddenly shut any initiative down. It is then up to the group concerned to find new space elsewhere in the city and the question is, at what price.

To prevent this type of problem, I urge users to buy a building or plot. Most likely this is not financially feasible for each group and in every location, but group ownership provides the initiative with guarantees for continuity. If a property can be bought, the place is secure and it is generally easier to control the costs.

The 'social ownership' and hence the objectives of the initiative can be laid down in statutes. Initiators and users united in a collective would be wise to secure their position in advance or at least early in the development process. Due to political pressures that can arise in a process, the user collective may lose its control and influence. That is not supposed to happen. Each new external director or manager from

zijn, heeft de eigenaar/verhuurder een sterke positie als het gaat om beslissingen die genomen moeten worden. Door de Governance Code Cultuur te omarmen en in praktijk te brengen, kan een vruchtbare vorm van besturen ontstaan waarbij de initiatiefnemers en de overige gebruikers samen met de eigenaar en beheerstichting heldere afspraken kunnen maken over de koers van het initiatief.

FINANCIËLE STRUCTUREN

Massa

Om een initiatief op te zetten is altijd geld nodig, ook als de leden van een groep bereid zijn tijd en energie in de bouw te steken en dat voor een deel zelf doen. Geld is nodig om een gebouw aan te kopen en bijvoorbeeld voor de renovatie daarvan, voor het aanleggen van nutsvoorzieningen en brandveiligheidsmaatregelen. Om geld te kunnen lenen bij een bank zijn gegarandeerde huurinkomsten van essentieel belang, die verminderen het risico voor de bank en maken het gemakkelijker om – een hoger bedrag – te lenen. De lasten van de lening of de lening zelf worden dan geleidelijk (af)betaald met de huurinkomsten.

Eerder ging ik in op de maximale grootte van een groep. De ideale *cowmunity* bestaat uit ongeveer 100 mensen. Voor makers is het van belang enige ruimte te hebben om te kunnen werken. Als we daarom uitgaan van 100 vierkante meter per persoon, komen we uit op 10.000 vierkante meter verhuurbare oppervlakte als ideale omvang voor een gebouw of project. Als iedereen 50 euro per vierkante meter per jaar aan

huur betaalt, komt dat neer op een half miljoen euro huurinkomsten per jaar. Dat zijn bedragen waarmee het collectief, zeker als werkruimtes zelf afgebouwd worden, een eind moet kunnen komen bij een bank.

Deze rekensom zegt nog niks over de kosten die nodig zijn in relatie tot de fysieke staat van het gebouw, de wensen van de gebruikers, de financiële armlengte van de gebruikers en de huur die de leden van een specifiek initiatief kunnen betalen. De kosten voor de aankoop van de grond of een gebouw kunnen per project enorm uiteenlopen en dat geldt eveneens voor de staat van het onderhoud. De verhuurbaarheid van het gebouw kan in de tijd ook nog eens verschillen, net als de bouwkosten in de tijd en per land. Waar het echter om gaat, is dat een bank ervan overtuigd moet zijn dat er voldoende inkomsten gegenereerd worden. Door een grote groep huurders samen te brengen is dat mogelijk.

Grondprijs

Om een betaalbaar zelf-georganiseerd initiatief van de grond te krijgen, is het vanzelfsprekend van belang om de kosten laag te houden. In veel grote steden is dit een groeiend probleem. Door de populariteit van de stad is bouwgrond schaars en neemt het aantal leegstaande gebouwen door transformatie af. Waar burgerinitiatieven in tijden van crisis in de vorm van tijdelijke en/of zelfbouwprojecten nog kans hebben een plek in de stad te vinden, is dat in tijden van hoogconjunctuur moeilijk. Niet alleen zijn er veel partijen die willen bouwen, zij zijn ook bereid veel geld voor de grond te betalen. In Amsterdam is dit momenteel het geval. Dit brengt de gemeente in een

outside comes with new views. They may simply conceive your initiative as an empty agenda and turn original goals into the butt of their ever changing ideas. Policy terms such as 'vision' and 'cultural profiling' pave the way for interventions that circumvent the group. The starting point ought to be the search for consensus, but this will not be the case when users are not taken seriously as co-owners or fellow managers.

If the users are not also the owners, the actual owner or landlord has a strong position when it comes to decisions that need to be made. Embracing and implementing a Governance Code can result in a productive form of governance whereby the initiators and other users can come to clear agreements about the course of the initiative together with the owner and management foundation.

FINANCIAL STRUCTURES

Mass

Setting up an initiative always requires money, even if members of a group are willing to put time and energy into construction and build some parts themselves. It takes money to buy a building, for example, to renovate it and to provide it with utilities and fire safety measures. To borrow money from a bank, a guaranteed rental income is essential as this reduces the risk to the bank and thus make it easier to borrow (more) money. The costs of the loan or the loan itself are then gradually paid off using the rental income.

Previously, I addressed the maximum size of a group. The ideal 'cowmunity' consists of about 100 people. For makers it is important to have sufficient space to work. Therefore, taking 100 square metres per person, one would ideally need a building or project with 10,000 square metres of rentable floor space. If every tenant pays 50 euros per square metre per year, this amounts to a rental income of half a million euros per year. These are numbers that allow the collective to impress a bank, especially if the members can complete the work spaces themselves.

The above does not tell us anything about expenses connected to the physical condition of the building, the wishes of the users, their financial elbow room and the rent members of a specific initiative can afford. The costs of the purchase of land or a building can vary widely by project and so can their states of maintenance. The rentability of a building may also vary over time, just like the construction costs can vary per period and per country. However, what matters most is that a bank has to be convinced that sufficient revenue will be generated. Bringing together a large group of tenants makes this possible.

Land Price

To get an affordable self-rule initiative going, it is obviously important to keep costs low. This constitutes a growing problem in many big cities. Due to the popularity of cities, building land is scarce and the number of vacant buildings being transformed is increasing. Whereas in times of crisis, citizen's initiatives in the form of temporary or self-construction projects have a chance to find a place in the city, this is much harder in times of economic growth. Not only are there many parties

lastig parket. Aan de ene kant komen hoge inkomsten voor de grond ten goede aan de stad, aan het algemeen belang, aan de andere kant dreigen bepaalde groepen uit de stad gedrukt te worden omdat zij de hogere huur- en koopprijzen die projectontwikkelaars en gebouweigenaren verlangen om hun investeringen terug te verdienen, niet kunnen betalen. Welke keuzes heeft een gemeente daarin?

Het uitgangspunt van gemeentelijk grondprijsbeleid in Nederland is dat de grondprijs altijd marktconform is. De grondprijs wordt residueel bepaald op basis van de waarde van het vastgoed na realisatie. Simpel gezegd: taxatie-waarde van het vastgoed minus de (ver)bouwkosten levert de grondprijs op. Wijkt de overheid hiervan af, dan is er sprake van ongeoorloofde staats-steun. Het beperken van de grondprijs is dus mogelijk als de waarde van het te realiseren vastgoed beperkt wordt. Dat is bijvoorbeeld het geval bij de bouw van sociale huurwoningen en bij maatschappelijke functies zoals onder-wijs- en zorginstellingen. Ook kan de gemeente de waarde indammen door beperkingen op te leggen ten aan-zien van de verkoopbaarheid van het vastgoed. Amsterdam doet dat al jaren bij panden die in het kader van het Broedplaatsenbeleid voor kunstenaars worden ontwikkeld. Wij pleiten ervoor dat te verruimen naar de kleinschalige maakindustrie.

Voor veel grote steden geldt dat er veel meer moeite gedaan moet worden om specifieke doelgroepen omwille van de gemengde stad een plek te bieden door de grondprijs te matigen. We zien nu gebeuren dat onze steden steeds monofunctioneler worden: de maak-industrie maakt plaats voor woningen.

Het is logisch dat projectontwikkelaars daartoe overgaan. Wonen op plekken waar dat voorheen niet mogelijk was, levert na een bestemmingsplanwijziging nu eenmaal meer geld op dan bedrijfs-ruimtes voor cultuurproducenten. Maar bestuurders zouden een lange-termijnbenadering kunnen hanteren die gericht is op maatschappe-lijke meerwaarde in plaats van op opbrengstmaximalisatie. Ook de Neder-landse regelgeving belemmert op dit moment een flexibele en multifunctio-nele inrichting van een gebied.

De Nederlandse overheid is bezig een aantal bestaande wetten te vervangen door één Omgevingswet. Onderdeel van die wet is dat lokale overheden meer ruimte krijgen om eigen regels te maken, binnen een bandbreedte van minimale eisen en Europese regelge-ving. De gedachte daarachter is dat een situatie in de ene stad heel anders kan zijn dan in een andere. Dat kan het lokale bestuur ruimte geven om bij-voorbeeld wonen en werken te combi-neren op plekken waar dat nu vanwege milieueisen nog niet kan of niet goed samengaat.

Maatschappelijk belang

De kleine zelfstandige ambachtslie-den, creatieven, jongerenvoorzienin-gen zoals een skatepark en dergelijke kunnen nu nog geen aanspraak maken op een lagere grondprijs. Maar de aanwezigheid van deze groep in de stad heeft een maatschappelijk belang. Een noodzakelijke stap zijn afspraken waar-mee de vrije verkoopbaarheid – en dus de waarde – wordt ingeperkt evenals de aard van het gebruik. Om speculatie tegen te gaan kan vastgelegd worden dat een gebouw of een gebied voor een bepaalde periode niet doorverkocht

that want to build, they are also willing to pay a lot of money for land to build on. This is what is currently happening in Amsterdam. As a result, the city finds itself in a difficult predicament. On the one hand, high land prices benefit the city and the public interest, but on the other, certain groups are in danger of being pushed out of the city because they cannot afford the higher rental and purchase prices that project developers and building owners demand to recover their investments. What choice does this leave the city?

The starting point of municipal land pricing policy in the Netherlands is that the land price is always market-based. Land prices are determined using the residual land value method, that is: on the basis of the value of the property after its completion. Simply put: assessed property value minus (re)construction costs is land price. When the government decides to depart from this rule, it is actually providing illegal state aid. Consequently, land prices can only be reduced if the property to be realized on it is of limited value. This is the case, for example, in the construction of social housing and social functions such as education and health care institutions. A municipality can also limit land prices by imposing restrictions on property's realizable value. Amsterdam has been doing this for years with regard to properties that are developed in the context of the Broedplaats Fund for artists. We advocate expanding this approach to include the small-scale manufacturing industry.

To advance a mixed city, many large cities ought to make more effort to provide specific target groups with accommodation by moderating land prices. Today, we see cities become increasingly monofunctional, with manufacturing industry being replaced by dwellings. It makes sense for property developers to choose this approach. After all, building dwellings in places in which this was not allowed previously yields more money – once zoning plans have been changed – than building business premises for culture producers. However, administrations could also take a long-term approach aimed at social added value rather than at revenue maximization. Current Dutch regulations also impede the flexible and multifunctional design of areas.

The Dutch central government is currently replacing a number of existing laws with a single Environmental Act. Part of the Act is that local authorities will have more room to make their own rules – given the bandwidth of minimum requirements and European regulations. The idea behind this is that the situation in one city can be quite different from the situation in the next; the new Act will allow local authorities to combine living and working in places where this is now unlawful or incompatible because of environmental requirements.

Public Interest

At this time small, independent artisans, creatives, youth facilities such as skate parks and the like cannot lay claim to lower land prices. But the presence of this group in the city is of public interest. A necessary step is making agreements that limit the unrestricted sale – and thus the value – as well as the nature of the use of properties. To avoid speculation, rules can be made stating that a building or area may not be resold or have its destination changed for a certain period of time.

kan worden of van bestemming kan veranderen. Mocht het initiatief op enig moment beëindigd worden, kan de gemeente bijvoorbeeld het eerste recht op koop hebben. Dit laatste is een vorm van maatschappelijk gebonden eigendom: het gebouw of gebied komt weer terug in algemeen bezit en winst of verlies wordt gedeeld door de groep van het initiatief en de gemeente. Niet de individuele huurders, maar het collectief gaat dan een dergelijke overeenkomst aan met de gemeente.

Een andere manier om niet-commerciële functies in een gebied betaalbaar te houden voor de doelgroep is door een mix te creëren van functies die veel geld opleveren en functies die geld kosten. Deze binnenplanse verevening verdeelt het geld binnen een gebied, met als doel een divers stuk stad te maken of te behouden. Deze integrale gebiedsontwikkeling biedt kansen voor een gemengde stad.

Creatieve zelfstandigen onder druk

Ambachtslieden, creatieve makers en ook kunstenaars zijn ondernemers. Waarom zou de overheid voor hen, al dan niet in zelfgeorganiseerd verband, moeten meewerken aan het creëren van goedkopere woon- of werkruimte? Daar zijn verschillende redenen voor te geven. Zo blijkt uit het recent verschenen onderzoek 'Passie gewaardeerd' van de Sociaal-Economische Raad (SER) en Raad van Cultuur dat de inkomenspositie van zelfstandigen in de creatieve sector, op een enkeling na, zeer te wensen overlaat. Dat is al zorgelijk genoeg, maar dat is helemaal het geval in het licht van de conclusie van de onderzoekers dat het juist deze creatieven zijn die waarde toevoegen aan de stedelijke economie, maar daar zelf nauwelijks van profiteren. Andere partijen zoals vastgoedeigenaren gaan er met de winst vandoor, omdat zij de waarde van hun gebouwen zien stijgen. Precies dezelfde panden die voor de creatieve zelfstandigen onbetaalbaar zijn of dat dreigen te worden. Het is om die redenen legitiem betaalbare woon- en werkruimte voor deze groep te faciliteren, bijvoorbeeld door middel van lagere grondprijzen.

Maatschappelijk rendement

De SER bevestigt nog maar eens de toegevoegde waarde van mensen die in de culturele en creatieve sector werken. Dat is van belang, omdat zij daar collectief te weinig van profiteren. Onderdeel van De Stad als Casco-filosofie is de gedachte dat waardestijging eerlijker verdeeld wordt en niet alleen ten goede komt aan een klein groepje mensen. Wij pleiten bovendien voor een breder begrip van waarde dat niet alleen door geld wordt ingegeven. Letterlijk uit het boekje *De Stad als Casco II* uit 1997: 'De Stad als Casco aanpak is gebaseerd op menselijke interactie en niet op hoge kapitaalinvesteringen die continuering van het bestaand gebruik onmogelijk maken. Krachtige investeringsstromen gaan verloren wanneer eigen inspanningen van mensen en diensten niet tot investeringen gerekend worden. Door geleidelijke en gebiedsgerichte ontwikkeling hebben deze investeringen een blijvende waarde die het geheel en ook het eigene ten goede komen. De opbrengst van de investeringen bestaat voor iedereen dus zowel uit geld (objectief) als uit een leefmilieu van hoge kwaliteit (subjectief). Een Stad als Casco gebied heeft een positieve gevoelswaarde voor diverse gebruikers en biedt daardoor hoogwaardig publiek domein.'

Should an initiative be terminated the municipality can, for example, claim first right of purchase. The latter is a form of social ownership: the building or area is returned to the municipal stock and any profit or loss is shared by the initiative group and the municipality. In this case, it is the collective rather than the individual tenant that enters into the agreement with the municipality.

Another way to keep the non-commercial functions in an area affordable to the target group is by creating a mix of functions that generate a lot of money and functions that cost money. This equalization distributes the money within an area with the aim of creating or maintaining a diverse urban district. This integrated area development creates opportunities for a mixed city.

The Pressures Facing Self-Employed Creatives

Artisans, creative makers and artists are all entrepreneurs. Why would any government help them realize more affordable working and living spaces, whether in the context of self-rule or any other? I can think of a number of reasons. The study 'Passie gewaardeerd' (Passion is valued) recently published by the Sociaal-Economische Raad (SER) and the Raad van Cultuur (the social economic council and the culture council) shows that, individual cases excepted, the income position of the self-employed in the creative sector leaves much to be desired. That in itself is worrying, but it becomes even more distressing in the light of the researchers' conclusion that it is precisely these creatives that add value to the urban economy, though they hardly take advantage of it themselves. Other parties, such as property owners, pick up the profits as they see the value of their buildings rise. These are the very same buildings that are (in danger of) becoming unaffordable to self-employed creatives. These are reasons that justify facilitating the creation of affordable living and working space for this group, for example by reducing land prices.

Social Advantages

The SER study reaffirms the added value of people working in the cultural and creative sectors. This is important because collectively, they hardly benefit at all. The philosophy of De Stad als Casco includes the idea that any value increase should be distributed fairly, rather than only benefit a small group of people. It also advocates a broader understanding of value, one that is not only based on money. To literally quote the 1997 book De Stad als Casco II: 'The approach of De Stad als Casco is based on human interaction rather than on major capital investments that make continuation of existing use impossible. Powerful investment flows are lost when the efforts and services of people are not considered investments. Gradual and area-oriented development award these investments a lasting value and this is to the advantage of both the collective and the individual. Thus, all returns on investments consist of both money (objective) and a high-quality living environment (subjective). An area developed in accordance with the philosophy of De Stad als Casco has a positive emotional value to various users and thus provides a high-quality public domain.'

ORGANISATIE VAN HET KLEINKAPITAAL

Lenen en investeren

Om de realisatie van een gebouw te kunnen financieren zal bijna altijd een lening nodig zijn. De hoogte van de lening wordt bepaald door de 'initiële kosten'. Bij het bepalen van het maximale leenbedrag kijkt de bank naar twee zaken: (A) De waarde van het gebouw en de vraag of een eventuele verkoop van het gebouw voldoende oplevert om de restschuld in een keer af te lossen, en (B) Is degene aan wie de lening verstrekt wordt in staat aan zijn (maandelijkse) verplichtingen te voldoen, ofwel: zijn er voldoende huurinkomsten. De financierbaarheid van een project kan op een aantal manieren positief beïnvloed worden. De belangrijkste zijn: (1) het beperken van de initiële kosten van het project en (2) het beperken van de kosten van de lening.

1 De initiële kosten zijn de kosten die bij aanvang gemaakt worden voor aankoop van de grond en opstallen en de kosten van de eerste verbouwing. Kosten van aankoop zijn moeilijk te beïnvloeden maar de kosten van de verbouwing wél. Door de uitvoering in de tijd te faseren ontstaan mogelijkheden voor zelfwerkzaamheid, waardoor de kosten van de verbouwing verlaagd worden. Bij nieuwbouw is dat overigens lastiger; nieuwbouw dient te voldoen aan allerlei technische eisen die het lastiger maken de werkzaamheden in de tijd te spreiden.
2 De kosten van de lening bestaan uit rente en aflossing. De rente is een gegeven maar de aflossing niet altijd. Wanneer je in de beginjaren geen aflossing hoeft te betalen, scheelt dat behoorlijk in de kosten en dus in de hoogte van het te lenen bedrag. Door een geleidelijke huurstijging ontstaat gaandeweg ruimte om te gaan aflossen. Het is uiteraard de bank die bepaalt wanneer je moet gaan aflossen en hoeveel. Daarbij zal vooral gekeken worden naar de verhouding tussen de waarde van het vastgoed en de hoogte van de lening. Naarmate die verhouding gunstiger is, zal er minder noodzaak zijn om snel te gaan aflossen.

Aflossen is eigenlijk sparen. Banken zullen bijna altijd vragen om de schuld geheel of gedeeltelijk af te lossen. Uiteindelijk leidt dat ertoe dat de schuld lager zal zijn dan de waarde van het gebouw. Voor zelforganiserende initiatieven die in de aanloopfase vaak ontwikkelingskosten en leergeld betalen, is het voordelig als aflossing van de schuld na een startperiode kan beginnen of in een laag tempo kan plaatsvinden. Hoewel het de bank is die de voorwaarden stelt, kan een aflossingsvrije startperiode een zeer welkome uitkomst zijn: de groep investeert immers al heel veel tijd, energie en vaak ook geld in het opzetten van het initiatief.

Tijd, geld, energie

Investeren in tijd, geld en energie, met name in de opstartfase van een initiatief, neemt de voortrekkers en de groep als geheel vaak nogal in beslag. De organisatie moet opgezet worden, voorzieningen moeten geregeld worden en afspraken gemaakt. Al die moeite leidt ertoe dat de leden van de groep zich verbinden met het initiatief, de doelstellingen en de andere leden. De investeringen in tijd, geld en energie

ORGANIZATION OF SMALL CAPITAL

Loaning and Investing

Financing the realization of a building will almost always require a loan. The size of the loan is determined by 'initial costs'. A bank that decides on the maximum size of a loan takes two matters into consideration: (A) the value of the building and the question of whether the proceeds of the potential sale of the building are sufficient to resolve the residual debt in one go, and (B) the question of whether the party that contracts the loan is able to meet (monthly) obligations, in other words: is the rental income sufficient to cover the loan. There are various ways to positively affect the fundability of a project. The most important ones are: (1) limiting the initial costs of the project and (2) limiting the costs of the loan.

1 The initial costs are the expenses that are initially made to buy land or buildings and the costs of first renovations. Though purchase costs are difficult to influence, it is possible to influence renovation costs. Realizing a renovation in stages over time creates DIY opportunities and reduces costs. In the case of new construction, incidentally, this is more difficult: new construction has to comply with all sorts of technical requirements that make it more difficult to organize the work in stages over time.
2 The costs of a loan include interest and repayment. The interest rate is a given, but the repayment is not. Not having to repay the loan in the early years reduces initial costs and that means the loan size can be increased. A gradual increase in rent will gradually create space to start repaying. It is, of course, the bank that decides when and how much repayment is necessary. The relationship between the value of the property and the size of the loan is its most important consideration. The more favourable this relation is, the less urgent repayment.

Repaying a loan is actually saving. Banks will almost always require the repayment of some part of the loan. Eventually, this leads to the debt being smaller than the value of the building. For self-rule initiatives that often pay development costs and learning fees in the initial stage, it is advantageous for debt repayment to begin after a start-up period or take place at a low pace. Though it is the bank that sets the conditions, a repayment-free start-up period can be a very welcome solution: after all, the group is already investing a lot of time, energy and often money in setting up the initiative.

Vested Interest

Investing time, money and energy asks a lot of the initiators and the group as a whole, especially in the start-up stage of an initiative. The organization needs to be set up, facilities arranged for and agreements made. All of these efforts ensure that the members of the group connect with the initiative, its objectives and the other members. Investments in time, money and energy result in a direct connectedness and stimulate people to make the most of the project. This is further enhanced by the fact that group members complete their individual work spaces at their own expense. Tenants or initiators use their own

leiden dus tot een directe verbondenheid en zijn een prikkel om iets van het project te maken. Dat wordt nog eens versterkt door de afbouw van de individuele werkruimtes op eigen kosten. De huurders of initiatiefnemers stoppen daar hun eigen spaargeld in, gaan daarvoor leningen aan bij vrienden en familieleden of de overheid.

Betaalde professionals inzetten bij specialistische opgaven is vaak nodig: zij kunnen het project op een hoger niveau brengen. Maar externe professionals hebben niet de directe financiële betrokkenheid van de initiatiefnemers. Zij dienen vaak andere belangen dan die van de gebruikers en willen voor hun werk uiteraard betaald worden. Het is aan te bevelen deze externen niet op percentuele basis, maar op aanneemsom of urenbasis bij het project te betrekken. Daarmee vervalt in ieder geval het motief 'hoe duurder hoe beter'. Het komt erop aan om als opdrachtgevende initiatiefgroep tussentijds te kunnen evalueren om zodoende te sturen op de kwaliteit van het resultaat. De 'motor' moet zijn dat het juist de motivatie en betrokkenheid van de groepsleden en de bereidheid risico te nemen zijn die een initiatief tot een succes kunnen maken. Zij zullen er immers alles aan doen om hun gebouw of gebied tot een aantrekkelijke en betaalbare werkplek te maken. Externe professionals wisselen het ene project gemakkelijk in voor het andere. Het is die investering in het collectief in de begintijd, maar vaak ook nog in vele jaren daarna, die op termijn best iets op mag leveren voor de groep. Die winst kan verschillende vormen aannemen: van betaalbare werkruimte tot mede-eigenaar van het gebouw in een collectieve rechtspersoon.

Gemeenschappelijk én individueel

Om de kosten van het gemeenschappelijke gebouw laag te houden kan men ervoor kiezen de gemeenschappelijke investeringen voor de draagstructuur inclusief het aanleggen van de hoofdinfrastructuur van wegen, vluchtwegen en nutsvoorzieningen, te scheiden van de individuele inbouw van de werkruimtes. Het resultaat is dat de totale bouw door twee partijen wordt gefinancierd en dat per saldo maar een relatief gering bedrag hoeft te worden geleend bij een bank voor het gezamenlijke casco. De verhouding tussen het investeringsbedrag voor het stalen cascoraamwerk, het collectieve deel, in de Scheepsbouwloods en het bedrag dat de huurders zelf investeren in de bouw van hun eigen werkruimte, het individuele deel, is fiftyfifty.

Gevaar van structurele subsidies

Om de begroting van een project rond te krijgen, kan de mogelijkheid van subsidie aanlokkelijk zijn. Incidentele subsidies zijn in principe welkom, maar structurele subsidies hebben grote nadelen. Ze kunnen weliswaar helpen om de betaalbaarheid van een project te realiseren, maar afhankelijkheid van steeds terugkerende subsidie is een risico. Bezuinigingen, wisselende prioriteiten, de giften kunnen zomaar opdrogen of sterk slinken. Het is beter te streven naar een plan waarvan men zeker weet dat de huuropbrengsten voldoende zijn om de zaak draaiende te houden.

Revolving Fund

Hoewel ik geen voorstander ben van structurele subsidie van de lokale overheid, vind ik het wel een goed idee als de gemeente een *Revolving Fund* zou oprichten. Niet zoals het

savings for this, or borrow money from friends and relatives or governments.

Specialized tasks often require hiring paid professionals: they can raise the level of a project. But external professionals have no direct financial stake in the project. They often have other interests than the users and obviously want to be paid for their work. It is recommended to hire external personnel on the basis of a contract sum or hourly rate, rather than on a percentage basis. This ensures the exclusion of motives such as 'the more expensive, the better'. It is important for the commissioning group of initiators to be able to evaluate work in the interim to ensure they can steer towards a high-quality outcome. The driving force behind a project must be the motivation and commitment of the group members and their willingness to take risks to make the initiative a success. After all, they will do whatever it takes to turn their building or plot into an attractive and affordable workspace. External professionals can easily exchange one project for the next. It is the investment in the collective in the early days, but also in the years afterwards, that should be profitable to group members. Eventually, their profits can take several forms: from affordable work space to co-ownership of a building in a collective legal body.

Collective *and* Individual

To keep the cost of the shared building low, groups can choose to separate the collective investment for the support structure, including the construction of the main infrastructure of roads, escape routes and utilities from that for the construction of individual work spaces. As a result, the construction as

a whole is financed by two parties and only a relatively small amount has to be borrowed from a bank for the joint shell. The ratio between the investment sum for the steel shell framework, the collective part, in the shipbuilding warehouse and the sum the tenants themselves invest in the construction of their own work spaces, the individual part, is in this case fifty-fifty.

The Dangers of Structural Subsidies

To secure the financing of a project, applying for subsidy may seem like an attractive option. In general, incidental subsidies are welcome, but structural subsidies come with major disadvantages. Though they can help to realize a project affordably, depending on recurring subsidies means taking a risk. Cuts, varying priorities: the subsidy flow can stop or shrink to a trickle form one day to the next. It is better to create a plan that is sure to produce enough rental income to keep the project up and running.

Revolving Fund

Though I do not support structural subsidies from local governments, I do think it is a good idea for municipalities to establish so-called Revolving Funds. These are not filled with subsidy money meant exclusively for artists, like the Broedplaats Fund, but rather funds that lend money to citizen initiatives under favourable conditions. Once the loan is paid off and the money returned to the fund, it can be used to support other initiatives.

Crowdfunding

Society has changed dramatically since the publication of *De Stad als Casco* in 1997. It is doubtful whether

broedplaatsfonds gevuld met subsidie-geld, uitsluitend bedoeld voor kunstenaars, maar een fonds dat geld tegen gunstige voorwaarden leent aan burgerinitiatieven. Doordat de lening afbetaald wordt en er weer geld in het fonds terugkomt, is het mogelijk vervolgens andere initiatieven te ondersteunen.

Crowdfunding

De maatschappij is sinds het verschijnen van De Stad als Casco in 1997 sterk veranderd. Het is de vraag of initiatiefnemers van een zelf-organiserend project nog wel naar de bank hoeven voor een lening of subsidie nodig hebben. Crowdfunding wordt steeds meer toegepast om initiatieven van burgers van de grond te krijgen. Er is een groeiende groep filantropen en betrokken investeerders die zich graag verbindt aan maatschappelijke, vernieuwende en bijzondere projecten. Met behulp van crowdfunding is het niet alleen mogelijk financiële middelen binnen te halen, er ontstaat tegelijkertijd een gemeenschap om het initiatief heen waarvoor overheden, eigenaren en mede-investeerders gevoelig zijn.

Zo is dat ook gegaan met de start van Kinetisch Noord. De initiatiefnemers hebben een grote achterban en zo lukte het de eerste financiering binnen te krijgen voor het maken van een plan met een schetsontwerp en maquette waarmee we de overheid wisten te overtuigen van het draagvlak voor het initiatief van de Scheepsbouwloods.

ORGANISATORISCHE STRUCTUUR

Learning by doing

De Scheepsbouwloods is uniek in zijn aanpak, want nooit eerder is met zo'n grote groep minder financieel draagkrachtige gebruikers een dergelijk groot gebouw ontwikkeld waarmee zoveel miljoenen euro's gemoeid zijn. Maar de experimentele aanpak voor de Scheepsbouwloods op de NDSM-werf laat ook zien dat er dingen verkeerd kunnen en mogen gaan en dat externe belangen grote invloed kunnen hebben op een initiatief. Juist omdat iedere situatie uniek is, wordt van de deelnemers en de organisatie gevraagd vaste patronen los te laten, open te staan om te leren en te durven fouten te maken. Door te innoveren, in plaats van terug te vallen op *old school* top-down methodes, kan sprake zijn van voortdurende maatschappelijke vernieuwing.

Wel/geen overkoepelende organisatie

Op basis van de ervaringen in de Scheepsbouwloods is gebleken dat één overkoepelende organisatie voor een zelforganiserend initiatief niet altijd goed functioneert. Zo werd Stichting Kinetisch Noord opdrachtgever van meerdere bouwprojecten in de Scheepsbouwloods, terwijl steeds een deel van de huurders een direct belang had bij ieder afzonderlijk bouwproject. Het was beter geweest als voor een coöperatieve structuur gekozen was, zodat de aansturing direct vanuit de belanghebbende groep kan komen. Voor de Scheepsbouwloods gold dat er vijf verschillende soorten functies in zouden komen. Iedere beroepsgroep had zijn eigen wensen op het gebied van de inbouw. Als die vijf clusters ieder opdrachtgever waren geweest van hun eigen bouwproject, zou dat vakkundiger en efficiënter tot stand gekomen zijn.

De vijf bouwclusters zouden, ieder in hun zelfgekozen rechtsvorm, ondergebracht kunnen worden in

the initiators of a self-rule project still need to go to the bank for a loan or need a subsidy. Citizens increasingly use crowdfunding to start up initiatives. There is a growing group of philanthropists and committed investors happy to connect to social, innovative and special projects. Using crowdfunding not only makes it possible to raise financial resources, it also helps create a community around the initiative and governments, owners and co-investors are sensitive to such communities.

The Kinetisch Noord Foundation was established this way. The initiators had a lot of backing and managed to raise initial funding to have a sketch design and model plan made and they convinced the government to support the initiative in the shipbuilding warehouse.

ORGANIZATIONAL STRUCTURE

Learning by Doing

The shipbuilding warehouse's approach is unique, after all, never before did such a large group of financially weak users develop a building this large for a sum totalling millions of euros. But the experimental approach implemented at the shipbuilding warehouse at the NDSM shipyard also shows that things can go wrong and that this can be overcome, and that external interests can have a major impact on an initiative. Precisely because every situation is unique, participants and the organization need to let go of fixed patterns and be open to learning and making mistakes. Innovating – rather than falling back on old-school top-down methods – can result in a process of ongoing social renewal.

Umbrella Organization, Yes or No?

Experiences at the shipbuilding warehouse have made it clear that self-rule initiatives do not always function well under a single umbrella organization. It fell to the Kinetisch Noord Foundation, for example, to commission the various building projects in the shipbuilding warehouse while in each case a number of tenants had a direct interest in the construction project concerned. We should have chosen a cooperative structure and allowed the group concerned direct control. In the case of the shipbuilding warehouse, the intention was to create five types of functions in the property. Each discipline had its own wishes with regard to construction inside the shell. Had those five clusters been able to commission their own construction projects, the latter would have been completed more proficiently and efficiently.

Next the five building clusters, each having the legal form of their choice, could have been subsumed under an Owner-Occupiers' Association and each could have made decisions about matters involving the shipbuilding warehouse and the surrounding area themselves. Five representatives of the clusters could have formed the board of the Owner-Occupiers' Association, possibly complemented with external board members with a fresh, outside view of matters. Such a setup would have been much more efficient than having meetings in which all of the 250 tenants were supposed to make joint decisions. In the case of the shipbuilding warehouse, it was not possible to set up this construction with multiple legal forms under an Owner-Occupiers' Association because several tenants insisted that the Kinetisch Noord Foundation

een Vereniging van Eigenaren en zelf beslissingen kunnen nemen over zaken die de loods en het omliggend gebied aangaan. Vijf vertegenwoordigers van de clusters vormen dan het bestuur van de VvE. Eventueel aangevuld met externe bestuursleden met een frisse blik van buitenaf. Zo'n indeling is veel efficiënter dan vergaderingen waar alle 250 huurders samen besluiten moeten nemen. In het geval van de Scheepsbouwloods lukte het niet om deze constructie met meerdere rechtsvormen in een VvE op te zetten. Een aantal huurders drong erop aan dat Stichting Kinetisch Noord de bouw van alle bouwclusters zou coördineren en dat er één huurdersvereniging is die alle huurders vertegenwoordigt. Tegelijkertijd drong stadsdeel Amsterdam-Noord, de toenmalige eigenaar van de Scheepsbouwloods, aan op één gesprekspartner.

Inhuren professionals

Learning by doing betekent niet dat er geen afspraken gemaakt kunnen worden waaraan iedereen zich committeert. In de fase van *community building* (het initiatief) en gezamenlijke plannen maken is een platte organisatie zonder professionals van buitenaf prima te doen, mits voldoende talent aanwezig is om dat in goede banen te leiden en te zoeken naar de gemeenschappelijke deler die ook recht doet aan de individuele belangen van de huurders. Inzicht in en communicatie over taken en verantwoordelijkheden horen daar vanzelfsprekend bij. Op het moment dat de bouwplannen en vergunningsaanvragen voor het casco (de hoofddrager van de bouwprojecten van de huurders) voorbereid en uitgevoerd moeten worden, is het noodzakelijk

onafhankelijke adviseurs en professionals in te huren die de vastgestelde bouwplannen met budgetten tot aan de oplevering uitvoeren, in opdracht van het collectief dus.

Deze expertise hoeft men niet van de huurders te verwachten. Dit geldt ook voor het (bouwkundige) beheer na oplevering van de bouwprojecten. Dat dient vakkundig te gebeuren. Het is onverstandig om huurders die zelf een werkplaats huren en een eigen onderneming hebben, daarvoor betaald in te zetten. Dit werkt namelijk heel snel corrumperend. Het zijn meestal steeds dezelfden die uit die ruif eten. Men deelt dan al gauw betaalde taken uit onder elkaar binnen een select groepje, zeker als een huurder zich opwerpt voor een coördinerende functie. Dit, terwijl van alle huurders wordt verwacht dat zij zich vrijwillig inzetten om zo de huren laag te kunnen houden. Althans, zo is de ervaring binnen Pakhuis Wilhelmina geweest.

Het collectief in Pakhuis Wilhelmina kreeg in 2011 met een stevige crisis te maken omdat één huurder betaald directeur wilde worden en daarvoor zijn eigen vrienden inzette die hem daarbij op cruciale posities steunden. De meerderheid van de huurders loopt gewoonlijk snel weg bij grote animositeit in vergaderingen, dus ze konden behoorlijk hun gang gaan. Uiteindelijk is de crisis nipt afgewend en heeft de stichting statutair vastgelegd dat huurders op geen enkele wijze betaald werk voor de organisatie mogen doen.

Lean management

Het is voor het voortbestaan van low- en non-profit initiatieven en voor het betaalbaar houden van de werkruimte van belang om de organisatie *lean* te

was to coordinate the construction of all building clusters and that a single association was to represent all of the tenants. At the same time, shipbuilding warehouse owner District Noord also insisted on a single discussion partner.

Hiring Professionals

Learning by doing does not exclude entering into agreements to which everyone must commit. In the community building (the initiative) or joint plan-making stages, there are no obstacles to a horizontal organization that excludes outsiders provided there is someone sufficiently talented at hand to steer the process in the right direction, look for common denominators and do justice to the individual interests of tenants. This naturally includes an understanding and the communication of tasks and responsibilities. When the time comes to prepare construction plans and licensing applications for the shell (the main carrier of the tenants' construction projects), it is necessary to hire independent consultants and professionals to implement the agreed construction plans and budgets up to completion. They receive their commissions from the collective.

This is expertise one cannot expect tenants to have. Nor can they be expected to (architecturally) manage the completed construction project. This requires a professional. In each and every project it is always unwise to hire and pay tenants that rent work spaces and have their own businesses in them for jobs like that, because such arrangements can have a corrupting effect on people. It is always the same people that get the most lucrative jobs. Before you know it, you are faced with a select group of people that share

paid jobs among themselves – especially when one of them is in a coordinating position. But all tenants are expected to make voluntary contributions, to keep rents affordable. Anyway, this is what the tenants of Pakhuis Wilhelmina discovered.

The collective in Pakhuis Wilhelmina experienced a severe crisis in 2011 because one of the tenants aspired to the position of paid director and was supported by friends in crucial positions. The majority of tenants will pull out when there is a lot of animosity during meetings, so the conspirators could do as they pleased to a large extent. Eventually, the crisis was narrowly avoided and the foundation subsequently laid down by statute that tenants could not in any way do paid work for the organization.

Lean Management

To ensure the continued existence and affordability of the work spaces in low- and non-profit initiatives, it is important to keep the organizations lean. That means keeping the overhead costs as low as possible, without too many intermediate layers. In the construction stage of a project, it can be necessary to hire external professionals. But in the management stage, the organization can get by with fewer external professionals, especially if the end-users take care of some of the management tasks on a voluntary basis. A commercial managerial office that also takes care of rent collection and annual accounts, a debt collection company and a caretaker or coordinator that works on behalf of an unpaid board ought to be sufficient to manage business. The board has to account for its financial strategy on an annual basis.

houden. Dat wil zeggen de overhead-kosten zo minimaal mogelijk te houden, zonder te veel tussenlagen. In de bouwfase van een project kan het nodig zijn externe professionals in te huren. Maar in de beheerfase kan de organisatie met minder externen af, zeker als het beheer door de eindgebruikers voor een deel zelf gedaan wordt, zonder dat daar een vergoeding tegenover staat. Een ingehuurd administratiekantoor dat ook de huur-inning en jaarrekeningen verzorgt, een incassobedrijf, een huismeester of coördinator die in opdracht werkt van een onbezoldigd bestuur moet voldoende zijn om de lopende zaken te regelen. Dat bestuur moet jaarlijks verantwoording afleggen over het financiële beleid. De coördinator kan bovendien periodiek gewisseld worden, omdat transparantie en externe controle via een onafhankelijke accountant en een periodieke managementbriefing geregeld kunnen worden.

In de ontwikkeling van de Scheepsbouwloods zijn we door schade en schande wijs geworden. In het begin bestond de organisatie uit mensen die min of meer per toeval betrokken zijn geraakt. Maar als zo'n ontwikkeling waarmee veel geld gemoeid is, echt van de grond moet komen, dan zijn daarvoor mensen nodig die zowel ervaring hebben als zich dienstbaar kunnen opstellen aan de doelstellingen en de investerende huurders. Het proces van professionalisering kan een grote uitdaging zijn: sommigen willen en kunnen doorgroeien in de organisatie, anderen ontbreekt het aan ervaring of deskundigheid. Het binnenhalen van professionals kan dan helpen, maar een directeur van buiten brengt ook risico's met zich mee: hij of zij kan een eigen koers gaan varen die afbreuk doet aan de filosofie

en doelstellingen van het project. Om dit soort bottom-up processen goed te laten verlopen is het van belang dat iedere betrokkene altijd het algemene belang, het project of initiatief, vooropstelt. Goede casting, duidelijke taken en verantwoordelijkheden, bestuurlijke invloed van belanghebbenden en een code voor goed bestuur zijn een must.

Governance Code Cultuur

Transparantie is noodzakelijk in iedere organisatie en dat geldt zeker voor bottom-up initiatiefgroepen waarbij alle leden van de groep betrokken zijn. Sinds ik ermee in aanraking ben gekomen, zweer ik bij de Governance Code Cultuur. De Governance Code Cultuur is bedacht door een aantal ervaringsdeskundigen uit de Amsterdamse culturele sector en biedt houvast voor goed bestuur en financieel toezicht in de organisatie. De code hanteert het credo 'pas toe en leg uit' en beschrijft hiervoor een aantal basisprincipes op onderwerpen zoals risicomanagement, belangenverstrengeling en openheid naar de buitenwereld.

Deze stukken zijn daarbij essentieel: een jaarbegroting die elk kwartaal met elkaar getoetst wordt, een beleidsplan met meerjarenbegroting en planning die jaarlijks geëvalueerd wordt en waarmee de koers en doelstellingen vast- en bijgesteld kunnen worden bij financiële tegen- of meevallers. Belangrijk zijn ook een externe controle door een onafhankelijke accountant, het vastleggen van taken en verantwoordelijkheden van bestuur, directie en leden binnen de gekozen organisatievormen, een beschrijving van de competenties en nevenactiviteiten van de bestuursleden en een aftreedschema dat ervoor zorgt dat de organisatie fris blijft.

It is also possible to change coordinators periodically, because transparency and external control can be arranged through an independent accountant and a periodic management briefing.

During the development of the shipbuilding warehouse we learned everything the hard way. At the outset, the organization comprised people that had become involved more or less by accident. But for a development of this type – that is: involving a lot of money – to really take off requires people that have experience as well as the capacity to support the set objectives and the investing tenants. The professionalization process can be hugely challenging: some people want to and can grow in the organization; others lack experience or expertise. Bringing in professionals can help, but outside directors also present risks: they can set a course that is detrimental to the philosophy and objectives of the project. To facilitate these kind of bottom-up processes, it is important that all of the people involved always prioritize the general interest, the project or initiative. Good casting, clear tasks and responsibilities, stakeholder influence on the board and a good governance code are musts.

Governance Code

Transparency is necessary in any organization, and this is certainly true of bottom-up initiative groups that involve all group members. Since I got familiar with it myself, I swear by the Governance Code. The Governance Code was conceived by a number of experience experts from Amsterdam's cultural sector and is a guideline for good governance and financial supervision in organizations. The code underwrites the motto 'apply and explain' and to that end describes a number of basic principles concerning subjects such as risk management, conflicts of interest and openness to the outside world.

In this context, some documents are essential: an annual budget that is evaluated by the members each quarter, and a policy plan with a multi-annual budget and a planning that is evaluated each year and that can be used to assess and adjust the course and the objectives in case of financial setbacks or windfalls. Also important are the external audit by an independent accountant, the documenting of tasks and responsibilities of the board, management and members within the chosen organizational forms, a description of the competencies and side-lines of the board members and a retirement scheme that keeps the organization fresh.

The Action Plan of the shipbuilding warehouse, which was drafted in consultation with the tenants, included these documents even before the Code was launched in 2006. However, once external directors from the municipal body joined the board the Code soon went out of the window: the Action Plan was not upheld and a multi-annual plan never materialized. Annual budgets were drawn up ad hoc and this resulted in a lack of long-term strategies or incentives to make the best possible deals and be accountable to the tenants.

I find that many organizations experience the application of the Code as 'too much work' or 'a hassle'. This is now the case with the foundations and associations in the shipbuilding warehouse. But if we look at the recommendations of the Governance Code, many initiatives are likely to recognize the following issues:

In het Plan van Aanpak voor de Scheepsbouwloods dat is opgesteld in samenwerking met de huurders waren deze stukken aanwezig – nog voordat de code in 2006 gelanceerd werd. Echter, sinds het aantreden van externe directeuren afkomstig uit het gemeentelijk apparaat is hier de klad in gekomen: het Plan van Aanpak werd niet gehandhaafd en een meerjarenplan is niet van de grond gekomen. Er werden ad-hocjaarbegrotingen opgesteld en daarmee ontbrak het aan een langetermijnvisie en de prikkel om scherp aan de wind te ondernemen en verantwoording af te leggen aan de huurders.

Het valt mij op dat veel organisaties het toepassen van de code als te veel werk of gedoe ervaren. Dit is inmiddels het geval bij de stichtingen en verenigingen in de Scheepsbouwloods. Maar als we naar de aanbevelingen van de Governance Code Cultuur kijken, herkennen veel initiatieven zich waarschijnlijk in het volgende:

1 Strategisch: het bestaan van de organisatie komt in gevaar, als er onvoldoende wordt gereageerd op veranderingen in de omgeving en druk van buitenaf, zoals politieke en beleidsveranderingen, en door negatieve beeldvorming.
2 Bestuurlijk: de risico's door het niet goed inrichten van de organisatie (met als gevolg bijvoorbeeld onduidelijke besluitvorming) en het risico van onvolledige en/of onjuiste verantwoording over besturing en resultaten van de organisatie.
3 Financieel: het risico van het ontbreken van financiële discipline in de organisatie en het risico van onvolledige en/of onjuiste verantwoording over besturing en resultaten van de doelstellingen van de organisatie.

4 Operationeel: slechte planning, gebrek aan vaardigheden bij medewerkers, gebrek aan juiste medewerkers, het niet goed beheersen van de kernprocessen en doelstellingen.

Het is mijn overtuiging dat het bestuur zich dient te richten op het ondersteunen van de initiatiefnemer(s) en de doelgroep van een project. En de codes voor good *governance* toepast. Dat betekent dat externe bestuursleden niet op de stoel van de initiatiefnemers moeten gaan zitten. Als het gaat om (tijds)druk die door de buitenwereld, zoals de politiek, wordt uitgeoefend op een initiatief, moet het bestuur een duidelijk, ondersteunend geluid laten horen als diezelfde buitenwereld op wat voor manier dan ook schade aan het initiatief berokkent.

1 Strategically: the existence of the organization is compromised if there is insufficient response to changes in the environment and external pressure, such as political and policy changes, and to attempts to create a negative image.

2 Administrative: the dangers of a poor organization structure (resulting in, for example, unclear decision-making processes) and the danger of giving incomplete or incorrect accounts of the administration and results of the organization.

3 Financial: the dangers of a lack of financial discipline in the organization and of giving incomplete or incorrect accounts of the administration and results of the organization's objectives.

4 Operational: poor planning, lack of skills in employees, lack of suitable staff, insufficient control over core processes and objectives.

It is my conviction that boards have to focus on supporting the initiator(s) and the target group of a project and on the use of good governance codes. This means that external board members must not step into the shoes of the initiators. When it comes to (time) pressure exerted on an initiative by the outside world, for example by political processes, the board must express its clear support, especially if that outside world causes damage to the initiative in any way.

- FUN FACTOR
- BELONGING VALUE
- SOCIAL VALUE
- ECONOMIC VALUE
- LEGAL VALUE
- LAND VALUE

De waardepiramide

Deze waardepiramide toont aan dat de maatschappelijke en persoonlijke waarden een direct effect hebben op de onderliggende waarden. Zij zijn van cruciaal belang voor de unieke identiteit en het succes van een gebied, zoals paviljoen Blijburg op IJburg.

The Value Pyramid

This value pyramid shows that social and personal values have a direct effect on the underlying values. They are crucial for the unique identity and the success of an area, such as pavilion Blijburg on IJburg.

Met de bouw van woningen op de werf dreigen de festivals te verdwijnen.
Now that there are dwellings at the shipyard, the festivals are in danger of disappearing.

De aanlanding van de pont vanaf Amsterdam Centraal naar de NDSM-werf.
Landing of the ferry from Amsterdam Central to the NDSM shipyard.

9

LESSEN
LESSONS LEARNED

DE RELEVANTIE VAN DE STAD ALS CASCO

THE RELEVANCE OF *DE STAD ALS CASCO*

Mind the Gap

De Stad als Casco-filosofie is meer dan 20 jaar geleden bedacht, maar relevanter dan ooit. In Amsterdam, maar ook in andere grote steden, regeert de macht van de vierkantemeterprijzen. Daarmee dreigt de sociaal-economische kloof in steden te groeien. En we zien het al gebeuren. In Londen en New York moeten mensen met een middeninkomen uren per dag reizen naar hun werk, omdat zij een woning in de binnenstad niet kunnen betalen. In Amsterdam woedt daarover eveneens een debat. Gentrification is aan de orde van de dag. Ieder stukje grond wordt verkocht aan de hoogste bieder. Het zogenoemde succes van de stad heeft een lelijke tegenhanger: minder draagkrachtige bewoners en ondernemers worden de stad uitgedrukt en de stad zelf wordt daar ook niet leuker en spannender door. Richard Florida, de pleitbezorger van de creatieve klasse, komt in een recent boek tot dezelfde conclusie. De nadruk op de creatieve economie heeft tot grotere inkomensverschillen geleid.

In Amsterdam begint het besef langzamerhand door te dringen dat de gedifferentieerde en inclusieve stad onder druk staat. Terwijl de stad wordt volgepland en steeds duurder wordt, gaan er meer en meer stemmen op om die ontwikkeling enigszins te corrigeren. Door weer meer socialehuurwoningen te bouwen, de maakindustrie naast de creatieve industrie meer ruimte te geven in de stad en daarnaast het aantal vierkante meters broedplaatsen uit te breiden. Op zich goede ontwikkelingen. Maar het kan beter, als initiatieven van bewoners, ondernemers en gebruikers als vanzelfsprekende alternatieven worden gezien bij de inrichting van de stad. Initiatieven van onderop moeten we niet alleen als gelijkwaardig zien aan de plannen van reguliere ontwikkelaars, maar ook als een meer kwalitatieve bijdrage aan de diversiteit van de stad. Willen we een diverse, economisch en maatschappelijk welvarende stad, dan moeten we ruimte bieden aan vogels van elk pluimage, dan zullen we moeten afkicken van onze verslaving aan geld voor vierkante meters. Grond is waardevol wanneer die waarde terugvloeit naar de stad en haar inwoners en in hun handen blijft. Grond is waardeloos wanneer het alleen de offshorebankrekeningen van enkelen spekt.

Verticuteren

Als de gemengde en inclusieve stad het doel is, dan is er ruimte nodig voor andere manieren van leven, werken en daarmee tevens ontwikkelen. Het wordt hoog tijd dat grote steden gaan 'verticuteren', zoals Carolien Feldbrugge dat noemt. Net zoals een stad heeft een gazon lucht nodig om gezond te blijven. Door gaatjes te prikken in de grond kunnen lucht en water in de aarde onder het gras komen. Dat is goed voor de grond en voor het gras. En zo is het ook met een stad: als er ruimte ontstaat voor andere manieren van leven en werken, is dat uiteindelijk goed voor de stad als geheel die daardoor afwisselend en aantrekkelijk blijft. Van belang bij het verticuteren van een gazon is om die gaatjes overal in het gras te prikken. Met een stad is dat niet anders. Feldbrugge ziet daartoe kansen, bijvoorbeeld als er gebouwen vrijkomen.

Duurzaam ontwikkelen

De Stad als Casco gaat over een gezamenlijke inspanning om de ontwikkeling

Mind the Gap

Developed more than 20 years ago, the philosophy of *De Stad als Casco* is more relevant today than ever before. Like other large cities, Amsterdam is being subjected to the rule of the square metre price. This threatens to deepen the socioeconomic divide in the city. We can already see this happening. In London and New York, people with middle incomes have to commute for hours because they cannot afford to live in the city centre. The debate on this topic is raging in Amsterdam, too. Gentrification is the order of the day. Every piece of land is sold to the highest bidder. The so-called success of the city has an ugly counterpart: less well-off inhabitants and entrepreneurs are being pushed out of the city and this is not making Amsterdam any more fun or exciting. In his most recent book the advocate of the creative classes, Richard Florida, reaches a similar conclusion. The focus on the creative economy has led to greater income disparities.

The fact that the differentiated and inclusive city is in danger is beginning to sink in in Amsterdam as well. The city is being filled in and becoming increasingly expensive and more and more people say that this is a development that needs to be corrected. By building more social housing, for example, by providing not only the creative industry but also the manufacturing industry with more space in the city, and by expanding the number of square metres allocated to the so-called incubators. In itself, these are good developments. But the city can do even better: by including, as a matter of course, the initiatives of residents, entrepreneurs and users as urban planning alternatives. It's necessary that authorities not only assign as much value to bottom-up initiatives as to the plans of regular property developers, but also that they acknowledge that the former do more to improve diversity in the city. If we want a diverse, economically and socially prosperous city, we have to make room for birds of different feathers; we have to get rid of our addiction to money for square metres. Land is valuable when any value flows back to the city and its inhabitants and remains at their disposal. Land is worthless when its value only bolsters the offshore coffers of the few.

Aeration

The creation of a mixed and inclusive city being our objective, we need space for other ways of living, working and therefore developing. It is high time for big cities to start 'aerating', as Carolien Feldbrugge calls it. Like a lawn, a city needs oxygen to stay healthy. Punching holes in the lawn allows air and water to penetrate beneath the grass and this is good for the soil and good for the grass. And so it is with a city: creating space for other ways of living and working ultimately benefits the city as a whole as it remains diverse and attractive. When aerating a lawn, it is important to ensure the even distribution of punctures over the grass. With a city, this is no different. Feldbrugge sees opportunities to realize this, for example, when buildings are vacated.

Sustainable Development

De Stad als Casco is about joint efforts to stimulate, in a socially responsible manner, the development and management of areas that have lost their former economic significance.

en het beheer van gebieden die hun vroegere economische betekenis verloren hebben, te stimuleren en dat op een maatschappelijk verantwoorde manier te doen. 20 jaar geleden was De Stad als Casco het antwoord op de tabula rasa-gedachte in een bestaande stad en bood het een investeringsalternatief voor de overheid die te veel leunt op het old school financieringsmodel met de klassieke projectontwikkelaar. Volgens de bedenkers van De Stad als Casco-filosofie is stadsontwikkeling vanuit bestaande fysieke structuren en sociale netwerken en met geleidelijke grondopbrengsten niet minder ambitieus dan sloop-nieuwbouw. Het is daarmee ook de drager van voortdurende maatschappelijke vernieuwing en duurzame economische ontwikkeling. Het gebruik van het casco is namelijk veranderlijker dan het casco zelf. Doordat een goed casco tijdloos is en houvast biedt, is het geschikt voor allerlei uiteenlopende invullingen die in elk gewenst tempo kunnen veranderen. De stad hoeft niet eerst schoongeveegd te worden om opnieuw ingevuld te worden. Dat geldt voor gebouwen en net zo goed voor de omgeving van de gebouwen.

Participatieve gebiedsontwikkeling

Participatief ontwikkelen kan zich beperken tot een gebouw, maar kan ook voor een gebied gelden. De Stad als Casco-methode zoals die in de Scheepsbouwloods is uitgevoerd, kan als voorbeeld dienen voor complete ontwikkellocaties en ontstijgt daarmee het niveau van het gebouw. Participatie en zelforganisatie komen niet tot stand door inspraak of uitgifte van zelfbouwkavels binnen de rigide beleidsgrenzen van de overheid. Zelforganisatie komt

tot stand als gebruikersgroepen samen met de overheid en ontwerpers op gelijkwaardige – horizontale – basis hele wijken, straten en pleinen samen bestemmen, ontwikkelen, inrichten en beheren. De Scheepsbouwloods is op te vatten als een 'private overdekte kunststad met straten en pleinen', die dagelijks openbaar en gratis toegankelijk is voor publiek. De gebruikers van de Scheepsbouwloods, net als de gebruikers van de scheepshellingen en de tijdelijke horecaondernemers en scheepstimmerwerkplaatsen aan de kades van de NDSM-werf, voelen zich betrokken bij het omliggende buitenterrein en willen daarvoor tevens verantwoordelijkheid nemen. De initiatiefnemers van De Stad als Casco beschreven ver voordat het begrip 'participatiesamenleving' in 2012 in Nederland geïntroduceerd werd, een juridisch en financieel vehikel voor de ontwikkeling van een stuk stad: de participatiemaatschappij.

De participatiemaatschappij

De participatiemaatschappij volgens De Stad als Casco beschouwt de grond en de cascogebouwen die daarop staan als één waarde-eenheid. Verschillende eigenaren en gebruikers brengen grond, gebouwen, tijd, diensten en geld samen in, bijvoorbeeld in een coöperatieve vereniging, en nemen gezamenlijk beslissingen over de ontwikkeling van het gemeenschappelijke gebied. Zo'n participatiemaatschappij heeft een aantal voordelen: toewijzing van deelnemers vindt plaats op basis van de intrinsieke waardecreatie en synergie die zij bijdragen. Het gezamenlijke stuk stad kan daardoor meerdere functies tegelijk krijgen, anders dan bijvoorbeeld een meubelboulevard,

20 years ago, *De Stad als Casco* was a response to a tabula rasa philosophy that dominated existing cities. It offered investment alternatives to governments that were too dependent on the old-school funding model involving the classic property developer. According to the creators of the philosophy of *De Stad als Casco*, urban development on the basis of existing physical structures, social networks and gradual land returns is no less ambitious than urban development based on demolition and new construction. The manifesto thus also provides a foundation for continuous social renewal and sustainable economic development. After all, the use of shells is more diverse than the shells themselves. A good shell is timeless and creates a foothold and therefore allows all sorts of uses that can change at any desired pace. It is not necessary to flatten the city first and subsequently build it up again. This goes for buildings as well as their surroundings.

Participant Area Development

Participant development can be limited to a building, but can also be applied to an entire area. The way the method of *De Stad als Casco* was applied in the shipbuilding warehouse can serve as an example of a complete development location that transcends the level of the building. Participation and self-rule are not achieved by allowing people to have their say or by issuing DIY plots within the rigid limits of government policies. Self-rule is achieved by allowing user groups to design, develop, set up and manage entire neighbourhoods, streets and squares together with governments and designers, as equals

taking part in a horizontal process. The shipbuilding warehouse can be seen as a 'private, covered art city with streets and squares' that is open to the general public daily and free of charge. The users of the shipbuilding warehouse as well as the people at the slipways, the temporary hospitality industry and the shipbuilding workshops along the quayside of the NDSM shipyard are committed to the care of the surrounding outdoor area and also want to be responsible for it. Well before the concept of the 'Participation Society' was introduced in the Netherlands in 2012, the initiators of *De Stad als Casco* described a legal and financial vehicle for the development of a given piece of city: the participation company.

The Participation Company

The participation company as introduced in *De Stad als Casco* considers the land and any building shells on it a single unit of value. Different owners and users all contribute land, buildings, time, services and money, for example to a cooperative association, and together make decisions about the development of the shared area. Such a participation company has a number of advantages: participants are allocated property on the basis of the intrinsic value they create and the synergy they contribute. This means the shared piece of city concerned can have multiple functions at the same time – unlike, for example, a furniture strip, a business centre or a monofunctional residential area. In addition, this setup creates opportunities to increase commitment to the public space the collective co-manages. Local governments are participants, too, after all,

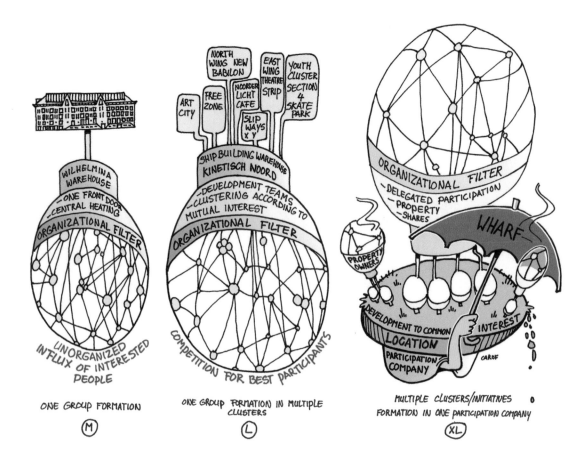

ONE GROUP FORMATION

(M)

ONE GROUP FORMATION IN MULTIPLE CLUSTERS

(L)

MULTIPLE CLUSTERS/INITIATIVES FORMATION IN ONE PARTICIPATION COMPANY

(XL)

Bottom-up organisatiefilters

Vergrotende trap in de organisatie van een initiatief met een handzame omvang van 100 mensen (M) naar een initiatief dat een x-aantal maal groter is (L) naar een nog groter initiatief voor een plangebied (XL).

Bottom-Up Organization Filters

Superlative degree in the organization of an initiative with a convenient size of 100 people (M) to an initiative that is X times larger (L) to an even bigger initiative for a plan area (XL).

they own and manage the public space and protect public interests. The value of the contribution (participation) expresses the gradual rise in value of the land and the buildings: the time, creativity and services of the users are also considered to be capital.

What is important is that this allows small investors opportunities and that their investments, whether they comprise land value or individual contributions, benefit those individuals themselves. This means participation companies guarantee that all the property users have in an area – that is, participations as well as construction work and other contributions – is taken over on the basis of an objective valuation when the use is terminated. Additional advantages of gradual and participatory development are that urban development continues even during times of crisis, that plots and buildings do not have to stand empty for long periods of time and that the investment risk is spread among multiple participants. As a result, municipalities benefit from the land proceeds in a gradual manner. In popular cities such as Amsterdam, the participant model is less risky in any case because there, essentially, land prices are always going up.

Enterprising parties, a participating government and good statutes are important to the implementation of such a model. A percentage of each area developed in accordance with the philosophy of *De Stad als Casco* is allocated to low and non-profit participants. This approach also calls for a long-term focus on social added value, healthy relationships and sustainable financial returns. This way, we can continue to build a sustainable city that is architecturally and socially

resilient because its buildings allow flexible use and because it prioritizes shared destinations, joint development and a sense of belonging. The central government has an important part to play as it can embrace *De Stad als Casco* initiatives when it allocates land. After all, if land is allocated to a market party, the chance that it will choose to allow multiple parties to influence its development is slim.

White Spots Plan

In the past, transition thinking, the top-down hype of bottom-up and concepts such as the 'Participation Society' were all created in response to a crisis. I would rather do the reverse today. Especially now that the economy is picking up, we have the room and financial scope to experiment with alternative forms of urban development. Areas can be designated 'transition zones' or 'low-rule areas' in which final allocations remain unestablished. They would have room for experiments with all forms of use; successful initiatives could be continued and the efforts and investments of initiators and users preserved. In addition, unlike governments or property developers, the latter are capable of using community building and crowdfunding to hold on to committed financiers. The investments of initiators that are only allowed to set up temporary projects today will have more quality and become more sustainable once they know that they can commit to an area for a longer period of time.

In addition to allowing other kinds of collaborations, for example participation companies, it is important for local authorities to include 'white spots' in their zoning plans. What we need is a White Spots Plan, a map of urban

een zakencentrum of een monofunctionele woonwijk. Bovendien biedt het mogelijkheden om de betrokkenheid bij de openbare ruimte te vergroten waarover het collectief mede het beheer heeft. De lokale overheid participeert daar ook in, omdat zij de eigenaar en beheerder van de openbare ruimte en bewaker van het publieke belang is. De geleidelijke waardestijging van de grond en de gebouwen komt tot uiting in de waarde van de inbreng (participatie), waarbij tijd, creativiteit en diensten van gebruikers eveneens tot het kapitaal behoren.

Van belang is dat kleine investeerders hiermee ook kansen krijgen en dat die investering, zowel via de waarde van de grond als via de waarde van de eigen inbreng, aan henzelf ten goede komt. De participatiemaatschappij geeft hiermee de garantie dat al het eigendom dat gebruikers hebben in het gebied, dus zowel participaties als eigen inbouw en inbreng, bij beëindiging van het gebruik wordt overgenomen op basis van een objectieve waardeschatting. Een bijkomend voordeel van geleidelijk en participatief ontwikkelen is dat een deel van de stad zelfs in tijden van crisis doorontwikkeld wordt en braakliggende terreinen en gebouwen niet langdurig leeg hoeven te staan en het investeringsrisico over meerdere deelnemers wordt gespreid. De gemeente profiteert aldus op een geleidelijke manier van de grondopbrengsten. In populaire steden zoals Amsterdam is het participatiemodel sowieso minder risicovol, omdat de grond daar in principe altijd meer waard wordt.

Om een dergelijk model in praktijk te brengen zijn initiatiefrijke partijen, een participerende overheid en goede statuten van belang. Een percentage van ieder gebied dat volgens De Stad als Casco wordt ontwikkeld, wordt toegewezen aan low- en non-profit deelnemers. Deze aanpak vraagt eveneens om een langetermijnperspectief gericht op maatschappelijke meerwaarde, gezonde verhoudingen en duurzaam financieel rendement. Daarmee bouwen we aan een duurzame stad die architectonisch en sociaal tegen een stootje kan, omdat er flexibel te gebruiken gebouwen komen en waar gezamenlijke bestemming, ontplooiing en het gevoel van 'er behoren' bovenaan staan. Een belangrijke rol hierbij ligt bij de overheid, die bij de gronduitgifte een Stad als Casco-initiatief kan omarmen. Als de grond aan een marktpartij uitgegeven wordt, is de kans klein dat een dergelijke partij voor ontwikkeling met invloed van meerdere partijen zal kiezen.

Wittevlekkenplan

Het transitiedenken, de top-down hype van bottom-up en het begrip van de participatiesamenleving waren destijds reacties op de economische crisis. Ik keer dat liever om. Juist nu het goed gaat met de economie, ontstaan ruimte en financiële armslag om te experimenteren met alternatieve vormen van stadsontwikkeling. Gebieden kunnen als transitiezones ofwel regelluwe zones aangewezen worden waarvan de definitieve bestemming nog niet vastligt. Hier kan geëxperimenteerd worden met alle vormen van gebruik, waarbij succesvolle initiatieven kunnen blijven en inspanningen en investeringen van initiatiefnemers en gebruikers niet verloren gaan. Zij zijn bovendien in tegenstelling tot de overheid en projectontwikkelaars in

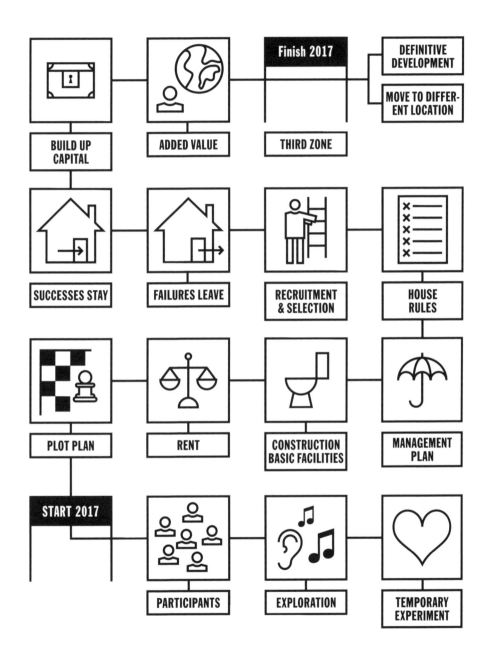

Wittevlekkenplan

Stappenplan duurzame stadsontwikkeling: Een tijdelijk initiatief dat succesvol en identiteitsbepalend is, wordt meegenomen in de permanente ontwikkeling van het gebied daarna of krijgt de keuze om door te gaan op een andere locatie.

White Spot Plan

Incremental urban development plan: Temporary initiatives that are successful and have a distinctive identity are included in the subsequent permanent development of the area or given the option to continue at a different location.

staat om door middel van community building en crowdfunding betrokken financiers aan zich te binden. Initiatiefnemers die nu alleen projecten mogen opzetten in de tijdelijkheid zullen kwalitatief beter en duurzamer investeren, omdat zij weten dat zij zich langere tijd aan een gebied kunnen binden.

Naast andere samenwerkingsvormen zoals een participatiemaatschappij, is het van belang dat de lokale overheid in bestemmingsplannen 'witte vlekken' opneemt. We hebben een 'wittevlekkenplan' nodig, gebieden in de stad die gereserveerd worden voor andere manieren van ontwikkelen, die buiten de markteconomie staan. De 17de-eeuwse hofjes gelden daarbij als inspiratiebron.

17de-eeuws Amsterdam als inspiratiebron

De hofjes voor armlastigen zijn ontstaan ten tijde van de 'Vierde Uitleg', de stadsuitbreiding die rond 1660 is aangelegd, waarbij twee nieuwe eilanden uitsluitend zijn bestemd voor 'goede werken'. Ze zijn gelokaliseerd tussen de Amstel en de Plantage Muidergracht en tussen de Nieuwe Herengracht en de Nieuwe Prinsengracht. Dat hield in dat de stad Amsterdam, zoals de gehele uitbreiding, deze twee eilanden aanlegde inclusief de infrastructuur. Daarna konden particulieren op deze eilanden uit eigen zak 'goede werken' verrichten. Bij gevolg verrees daar een cluster liefdadigheidshofjes gesticht door onder andere rijke Amsterdamse families. Voorbeelden die nog steeds bestaan, zijn het Amstelhof (de huidige Hermitage), het Corvershof, Wittenberg en het Sarphatihuis. Deze laatste is oorspronkelijk als gemeentelijk werkhuis gebouwd.

De 'goede werken' waren bedoeld voor mensen die niet de middelen hadden hun eigen huisvesting of voorzieningen te organiseren. Tegelijkertijd bestond wel het besef dat de mensen om wie het ging een plek in de stad verdienden. Om er zeker van te zijn dat deze maatschappelijk belangrijke initiatieven generatie op generatie kunnen blijven bestaan is voor ieder hofje een statuut gemaakt, waarmee het in feite onmogelijk is gemaakt de doelstelling te veranderen. De hofjes werden bestuurd door de welbekende regenten en vrijwilligers uit de bovenklasse. Dat betekent dat sinds die tijd de stedeling erop kon rekenen dat deze faciliteiten in de doelstellingen zijn geborgd. Hoe rijk de stad ook werd, deze initiatieven werden op die manier niet weggevaagd door commerciële belangen. In tegendeel: het bestaat gewoon naast elkaar. Vanuit dat standpunt bekeken, is het jammer dat het statuut van de Amstelhof na eeuwen toch is gekraakt om er (top-down) het Hermitage in te vestigen. Hoe mooi het er ook uitziet.

Het Hollandse fenomeen 'hofje' is nooit eerder in de stedenbouwkundige planning serieus genomen als model. Het zit Amsterdam klaarblijkelijk al eeuwen in de genen om op lokale schaal te anticiperen op wat er mede aan de onderkant van de samenleving nodig is om de stad divers en compleet te laten functioneren. Hierdoor was deze stad niet alleen een plek van de elite, er was ook ruimte voor mensen die steun nodig hadden. Door dit 'maatschappelijke erfgoed' te vertalen naar de huidige stad waar de kloof tussen arm en rijk alleen maar groeit, is er alle reden om deze traditie nieuw leven in te blazen.

'De Wittenberg', Nieuwe Keizersgracht Amsterdam (1772) en het 'Corvershof', Nieuwe Prinsengracht 6-18, geopend in 1723.
Kaart van het gebied tussen de Amstel en de Plantage Muidergracht en tussen de Nieuwe Herengracht en de Nieuwe Prinsengracht. Hier zijn de hofjes voor arme stadsbewoners gebouwd.

'De Wittenberg'. Nieuwe Keizersgracht Amsterdam (1772) and the 'Corvershof', Nieuwe Prinsengracht 6-18, opened in 1723. Map of the area between the River Amstel and de Plantage Muidergracht and between the Nieuwe Herengracht and the Nieuwe Prinsengracht. The so-called 'hofjes' for the urban poor were built here.

areas reserved for alternative ways of urban development, beyond the market economy. A source of inspiration is the traditionally Dutch, 17th-century hofje: a courtyard surrounded by alms-houses.

17th-Century Amsterdam as a Source of Inspiration

The idea to build hofjes for the poor was conceived during the 'Vierde Uitleg', Amsterdam's fourth city extension that was realized around 1660 and included two new islands exclusively dedicated to 'good works'. The islands are located between the Amstel River and Plantage Muidergracht, and between Nieuwe Herengracht and Nieuwe Prinsengracht. The city of Amsterdam not only took responsibly for the city extension as a whole, but also for the construction of the two islands, including their infrastructure. Subsequently, private individuals could use the land to perform good works, which they financed out of their own pockets. As a result, the islands accommodate a cluster of alms-houses founded by, among others, wealthy Amsterdam families. Examples that still exist are Amstelhof (which now houses the Hermitage), Corvershof, Wittenberg and the Sarphatihuis. The latter was originally built as a municipal work house.

The 'good works' targeted people that did not have the means to organize their own accommodations or facilities. The better-off realized that these people nevertheless deserved a place in the city. To make sure that these socially important initiatives would continue to exist for generations, each hofje had a statute that made it effectively impossible to change its use. The hofjes were managed by the famous regents of Holland and by volunteers

Derde zones

Dat aanpassing van de regelgeving in zijn algemeenheid geen belemmering hoeft te zijn, blijkt uit de vergunningsaanvragen voor de Scheepsbouwloods op de NDSM-werf. De aanvragen betroffen het bouwen van 'een overdekte stad' in een loods en het bouwen van een casco stalen en betonnen raamwerk zonder eindbeeld van de door de gebruikers in te bouwen werkruimtes. Hierbij gold dat inbouw door huurders slechts aan de twee regels van veiligheid en hygiëne moest voldoen, zoals in het Bouwbesluit vereist wordt. In 2003 riep het rijk de Scheepsbouwloods uit tot voorbeeldproject van innovatieve stadsontwikkeling in Nederland. De Scheepsbouwloods ontving hiervoor een stimuleringssubsidie, omdat het bouwen van meerdere clusters in een loods zonder te compartimenten in afgescheiden ruimtes van 1000 vierkante meter niet paste binnen de regelgeving en zo nieuwe regelgeving uitgevonden kon worden. Beide aanvragen zijn gehonoreerd, nieuwe regels zijn aangepast en de Scheepsbouwloods dient als vergelijkend bouwproject waaraan andere industriële loodsen in Nederland, zoals de RDM-werf in Rotterdam, getoetst kunnen worden.

Als de bestemming van de witte vlekken opengelaten kan worden, biedt dat eveneens mogelijkheden voor wat wij een derde zone noemen. In Nederland heeft alles of een woonbestemming of een werkbestemming. Omdat we in De Stad als Casco-filosofie uitgaan van de behoeften van de groep, zouden er veel meer mogelijkheden kunnen ontstaan om wonen en werken te combineren. Te denken valt aan kavels of gebouwen die in een moeilijke zone liggen, zoals aan een drukke spoorlijn of in een industriële zone. Gebruikers geven hier uit eigen keuze een meer gemengde bestemming aan, zolang aan elementaire regels van veiligheid en hygiëne wordt voldaan, waardoor er dus met andere ogen naar deze plekken kan worden gekeken. Hiermee willen we een lans breken voor een nieuw type zone in de bestaande wetgeving. De derde zones kunnen voortdurende experimenteerruimtes zijn, waarin organische ontwikkeling – wat succesvol is blijft, waar geen vraag (meer) naar is verdwijnt – de permanente toestand is. In deze plekken van permanente tijdelijkheid ontstaat meer keuzevrijheid om te wonen dan waar dat nu vanwege allerlei (milieu)eisen nog niet kan. In Nederland wordt aan een wet gewerkt waarin lokale overheden de mogelijkheid krijgen om eigen eisen te stellen. Nu gelden algemene landelijke regels waar wel en niet gewoond mag worden.

In ieder deel van de stad zijn 'witte vlekken' op de kaart nodig, plekken die niet van bovenaf en op de tekentafel ingevuld worden en waarvan de bestemming opengelaten wordt. Dit zijn de stukken stad – een gebouw, een straat of een deel van een wijk – waar ruimte kan zijn voor iets anders en waar volgens De Stad als Casco-filosofie in samenwerking en wisselwerking met de omgeving ontwikkeld wordt.

Make Your City

In de afgelopen decennia is in veel steden, door verschillende groepen en in uiteenlopende situaties ervaring opgedaan met zelforganisatie. Het institutionele denken vanuit het publieke belang maakt steeds meer plaats voor trends waarbij burgers zelf zeggenschap willen hebben over hun

from the upper classes. That means that ever since, the townspeople can count on the guaranteed use of these facilities. No matter how rich the city becomes, the hofjes can never be discontinued on account of commercial interests. On the contrary, the two simply exist side by side. From this point of view, it's a shame that centuries later, the statute of the Amstelhof has been set aside (top-down) to accommodate the Hermitage. No matter how beautiful that looks.

Though the phenomenon of the Dutch hofje has never been taken seriously as a model in urban planning, it is apparently part of Amsterdam's genetic makeup to locally anticipate what society's poor need and to make the city diverse and complete. This city has always been one that made room for people in need of support rather than one exclusively for the elite. If we look at the present city in which the gap between rich and poor continues to widen with this 'social heritage' in mind, it seems we have every reason to revitalize a tradition.

Third Zones

Generally speaking, the fact that rules need to be adjusted does not have to be an obstacle: that much is clear from the permit applications for the shipbuilding warehouse at the NDSM shipyard. We applied for permits to construct a 'covered city' inside a huge building and a shell made of steel and concrete framework, while it was unclear what the end result – including the work spaces the users would build inside the shell themselves – would look like. In this case, the tenants only had to comply with two rules concerning safety and hygiene, as required

by the Dutch Building Code. In 2003, the central government declared the shipbuilding warehouse an exemplary project in innovative urban development in the Netherlands. It awarded the shipbuilding warehouse a start-up subsidy, because the construction of multiple clusters in a building without compartmentalizing it into separate spaces of 1,000 square metres was incompatible with the rules and created an opportunity to develop new ones.

Both applications were accepted, new rules were made and the shipbuilding warehouse now serves as a criterion construction project by which other industrial properties in the Netherlands, such as the RDM site in Rotterdam, can be tested.

Leaving the allocations of 'white spots' unestablished also creates opportunities for what we would call a 'third zone'. In the Netherlands, every last bit of land is zoned for either living or working. Because the philosophy of *De Stad als Casco* is based on the needs of the group, it could be used to create far more possibilities for combining living and working. These could include plots or buildings in difficult areas, such as along a busy railway line or in an industrial zone. Users would be allowed to choose to allocate such areas for a more mixed use as long they meet basic rules of safety and hygiene and this makes it possible to see these places in a different light. This is why we want to advocate including this new type of zone in existing legislation. Third zones can be permanent experimental spaces in which the organic development model – that which remains successful is continued, that which is no longer in demand is cancelled – comprises the

werk- en leefomgeving. De vele social enterprises en coöperaties waarbij mensen in hun buurt zelf energiemaatschappijen oprichten, buurtwinkels en supermarkten overnemen en het beheer van de openbare ruimte organiseren, zijn daar goede voorbeelden van. De Stad als Casco-filosofie van duurzame sociale, fysieke, financiële en bestuurlijke ontwikkeling biedt een richtsnoer voor zelforganisatie op het vlak van projectontwikkeling.

Als (lokale) overheden oprecht zijn in hun streven naar gemengde en leefbare steden, is het zaak dat zij zelforganisatie van inwoners serieus nemen. Zij houden hun hand niet op, zij willen juist ondernemen. Maar dan moeten zij wel – letterlijk – de ruimte krijgen om hun initiatieven te ontwikkelen. Dat betekent dat gemeentes moeten durven verticuteren en witte vlekken als derde zones moeten durven aanwijzen. En deze begrippen onderdeel moeten maken van de planningspraktijk. Financieel-juridische middelen zoals maatschappelijk gebonden eigendom, de participatiemaatschappij en een Revolving Fund kunnen helpen om De Stad als Casco-projecten een serieuze kans te geven. En die projecten geven de stad ook iets terug: enthousiasme, diversiteit, betaalbaarheid, sociale samenhang en levendigheid.

Tijd om van onderop in beweging te komen.

'It's impossible, but not undoable'.

— 007

status quo. These places of permanent temporality allow people more freedom to choose to live in places they are not allowed to live in today due to various environmental requirements. Though a law is currently being drafted in the Netherlands in which local authorities are given the opportunity to set their own standards at this time, general rural rules about where one can or cannot live still apply today.

All parts of the city need white spots on the map, places that are not allocated top-down and on the drawing board, but whose allocation is left unestablished. These are the parts of a city – buildings, streets or parts of neighbourhoods – where there is room for something different and where the people develop in accordance with the philosophy of *De Stad als Casco* in collaboration and interaction with the environment.

Make Your City

In many cities, different groups in different situations have gained the necessary experience with self-rule over the last decades. Institutional thinking on the basis of the public interest is increasingly being replaced by a trend in which citizens want control over their own working and living environment. The many social enterprises and cooperatives in which people establish energy companies in their own neighbourhoods, take over local shops and supermarkets, and organize the management of the public space are good examples. The philosophy of *De Stad als Casco*, which focuses on sustainable social, physical, financial and administrative development, provides guidelines for self-rule in the field of property development.

If (local) governments are sincere in their pursuit of mixed and liveable cities, it is important that they take resident's self-rule seriously. It is not as if citizens are begging for alms, on the contrary, they are showing enterprise. But they literally do need the space to develop their initiatives. This means that municipalities must dare to aerate and dare to designate white spots as third zones and incorporate such concepts in their planning practices. Financial-legal resources such as socially-owned property, the participation company and revolving funds can help to give projects based on *De Stad als Casco* a serious chance. After all, these projects also give the city something in return: enthusiasm, diversity, affordability, social cohesion and liveliness.

Time to get started from the bottom up. 'It's impossible, but not undoable.'
– 007

De organiserende principes van de participatiemaatschappij

De organiserende principes van de participatiemaatschappij. Leidraad voor projectontwikkeling. Om zelf aan te vullen.
The organizing principles of the participation company. Guidelines for property development. Can be supplemented.

	individuele gebruiker	gebruikerscollectief	participatiemaatschappij	grondeigenaar/gemeente
sociaal product	○ zelfontplooiing ○ invloed ○ bestaanszekerheid ○ actviteiten/projecten	○ gemeenschappelijk belang ○ ideale omvang 'cowmunity' ○ binding met omgeving	○ (op belang) georganiseerde community's ○ maatschappelijke borging	○ gemengde en leefbare stad ○ sociale cohesie ○ maatschappelijke vernieuwing
sociaal proces	○ initiatief nemen ○ participeren ○ openstaan voor collectief eigenaarschap	○ werving en selectie gebruikers per gebouw/deel ○ zelforganisatie	○ community building ○ inspelen op behoeftes uit de samenleving	○ participatie in projecten van initiatiefnemers ○ vertrouwen en durven loslaten
fysiek product	○ eigen ruimte ○ eigen onderneming	○ specifiek deel van gebied of gebouw	○ te ontwikkelen gebied	○ grond/gebouw ○ openbare ruimte
fysiek proces	○ initiatief nemen ○ eigen ruimte bouwen / creëren ○ ondernemen	○ meedoen in ontwerpplan gebied/complex ○ bouwproces per collectief ○ beheer en onderhoud eigen gebouw/deel van gebied ○ selectiecriteria per collectief	○ expertise inhuren (ontwerp, financiering, juridisch) ○ plan van aanpak samen met gebruikerscollectieven ○ overall management ○ beheer en onderhoud	○ participatieve strategie ○ beheer en onderhoud openbare ruimte
financieel product	○ ondernemingsplan ○ investering ○ lening ○ huur + koop ○ waarde eigen inbreng ○ subsidies	○ investeringsplan per collectief ○ koop + huur ○ opbrengsten ○ contributies ○ lening ○ investeringssubsidies	○ overall investeringsplan ○ aankoop grond / complex ○ opbrengsten ○ lening ○ investeringssubsidies ○ waardeontwikkeling	○ grondprijs ○ erfpacht ○ huur (openbare ruimte) ○ voorfinanciering ○ borgstelling
financieel proces	○ financiering regelen ○ huur en contributie betalen ○ rente en aflossing betalen ○ financiële reserves opbouwen ○ instemmen met afspraken over waardeontwikkeling en doorverkoop participatie tegen vooraf vastgestelde normatieve waarde ○ fondsenwerving	○ financiële expertise inhuren ○ crowdfunding ○ transparante financiële administratie opzetten ○ huur vragen en contributies innen ○ rente en aflossing betalen ○ financiële reserves opbouwen ○ vooraf normatieve participatiewaarde communiceren ○ fondsenwerving	○ financiële expertise inhuren ○ crowdfunding ○ financiële administratie opzetten ○ opbrengsten uit gebruikerscollectieven ○ rente en aflossing betalen ○ financiële reserves opbouwen ○ vooraf normatieve participatiewaarde vastleggen van de waardeontwikkeling ○ fondsenwerving	○ transparante financiële administratie ○ contracten ○ garant staan
juridisch product	○ lidmaatschap collectief ○ huurder ○ eigenaar inbouw ○ participatie (aandeel) in de participatiemaatschappij	○ collectief eigenaar van gebouw of deelgebied ○ participatie (aandeel) in de participatiemaatschappij ○ statuten collectief (coöperatie) ○ contracten ○ vergunningen	○ participatiemaatschappij: collectief eigenaar gebouwencomplex of gebied ○ statuten participatiemaatschappij ○ contracten ○ vergunningen	○ eigenaar grond of gebouw ○ participatie (aandeel) in de participatiemaatschappij ○ flexibel bestemmingsplan ○ vergunningen ○ contracten
juridisch proces	○ lid worden van de coöperatie ○ representatie in bestuur coöperatieve vereniging ○ rechten en plichten die voortvloeien uit de contracten	○ coöperatie oprichten voor eigen gebouw of deelgebied ○ lid worden van de participatiemaatschappij ○ representatie in bestuur participatiemaatschappij ○ werving en selectie deelnemers per collectief ○ vergunningen aanvragen ○ rechten en plichten die voortvloeien uit de contracten	○ participatiemaatschappij oprichten (statuten) ○ bestuur samenstellen met belanghebbenden en eventueel externen ○ werving en selectie coöperatieve stakeholders ○ participatiecontracten ○ vergunningen aanvragen ○ rechten en plichten die voortvloeien uit de contracten	○ besluitvorming in de raad en/of het bestuur ○ juridische verkenning ○ vergunningverlening ○ rechten en plichten die voortvloeien uit de contracten

The Organizing Principles of the Participation Company

	individual user	user collective	participation company (holding)	land owner / municipality
social product	○ self-realization ○ influence ○ security of existence ○ activities / projects	○ mutual interest ○ ideal size 'cowmunity' ○ connection to environment	○ organized communities by common interest ○ social security	○ mixed and liveable city ○ social cohesion ○ constant social renewal
social process	○ take the initiative ○ participate ○ be open to collective ownership	○ recruit and select users per building or area section ○ self-organize	○ attract cooperative communities ○ respond to needs of society	○ participate in projects of initiators ○ trust and dare to let go
physical product	○ own space ○ own business	○ specific part of building or area	○ development area	○ land / building ○ public space
physical process	○ take the initiative ○ construct / create ones own space ○ run a business	○ participate in design plan of area or building section ○ construction process ○ manage and maintain own building or area section ○ establish selection criteria	○ hire expertise ○ make plan of approach together with user collectives ○ overall management ○ management and maintenance	○ participatory strategy ○ management and maintenance public space
financial product	○ business plan ○ investment ○ loan ○ rent + buy ○ value own contribution ○ subsidies	○ investment plan per collective ○ buy + rent ○ returns ○ contributions ○ loan ○ investment subsidies	○ overall investment plan ○ buy land and buildings ○ returns ○ loan ○ investment subsidies ○ value development	○ land price ○ ground lease ○ rent (public space) ○ prefinancing ○ sponsion / financial security
financial process	○ arrange financing ○ pay rent and contribution ○ pay interest and repay loans ○ build up financial reserves ○ reach agreement about value development and sale of participation (share) at a predetermined normative value ○ raise funds	○ hire financial expertise ○ crowdfunding ○ set up transparent financial administration ○ establish and receive rents and contributions ○ pay interest and repay loan(s) ○ build up financial reserves ○ communicate normative participation (share) value in advance ○ raise funds	○ hire financial expertise ○ crowdfunding ○ set up financial administration ○ collect revenues from user collectives ○ pay interest and repay loans ○ build up financial reserves ○ determine normative participation (share) value of value development in advance ○ raise funds	○ set up transparent financial administration ○ contracts ○ organize financial security
legal product	○ membership collective ○ tenant ○ owner built-in component ○ participation (share) in holding company	○ collective ownership of building or area section ○ participation (share) in holding ○ statutes user collective ○ contracts ○ permits	○ holding: collective ownership of area ○ statutes participation (holding) company ○ contract ○ permits	○ ownership land / building ○ participation (share) in the holding ○ flexible zoning plan ○ permits ○ contracts
legal prosess	○ become a member of the cooperative ○ arrange for representation on board cooperative association ○ observe rights and obligations arising from contracts	○ set up a cooperative for own building / part of area ○ become a member of the holding ○ arrange for representation on the board of the holding ○ recruit and select participants per collective ○ apply for permits ○ observe rights and obligations arising from contracts	○ set up holding (statutes) ○ establish board of stakeholders ○ recruit and select cooperative stakeholders ○ draft participation (share) contracts ○ apply for permits ○ observe rights and obligations arising from contracts	○ decision-making on the council or the board ○ legal exploration ○ license granting ○ observe rights and obligations arising from contracts

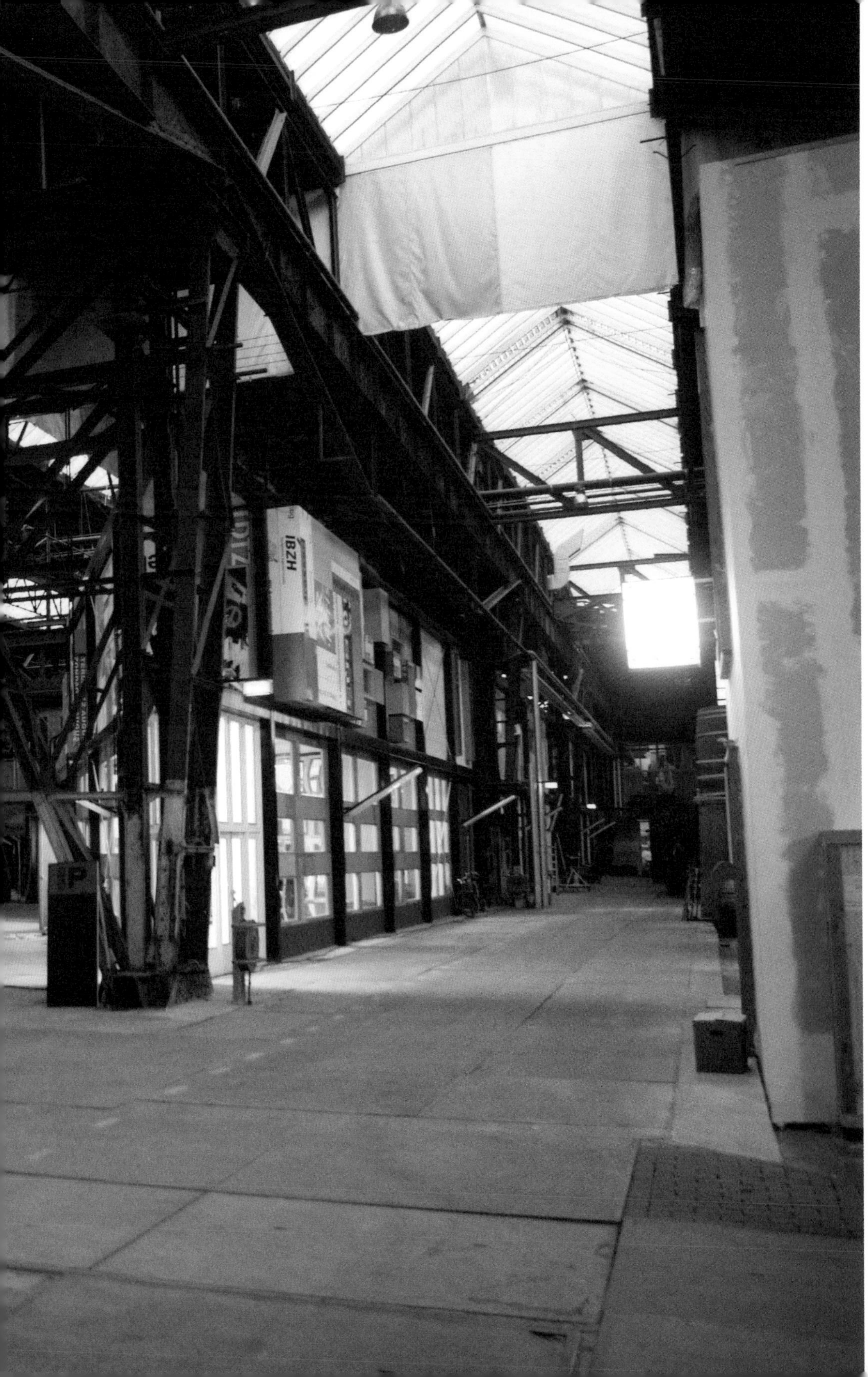
IBZH

Acknowledgments

Eva de Klerk would like to thank the initiators of *De Stad als Casco* and the participants of Podium Werken aan het IJ: Frank Bijdendijk, Wienke Bodewes, Peter Boerenfijn, Cees de Boo, Peti Buchel, Tjeerd Dijkstra, Jan van Duin, Walter Etty, Carolien Feldbrugge, Willem Heinemeijer, Laurens Jan ten Kate, Guido Keizer, Harm Jan Korthals Altes, Lucien Kroll, Boudewijn Oranje, Liesbeth van der Pol, Lex Pouw, Paul van Schilfgaarde, Janwillem Schrofer, Henny Wasmoeth, and the people who contributed to this book: Bob Bakhuijsen, Frank Bijdendijk, Jeroen Bisscheroux, Peter Boerenfijn, Hetty van Bommel, Jeroen Boomgaard, Coen Bos, Mark van den Brink, Peter de Bruin, Creative Center Osaka, Dynamo Architecten, Rienke Enghardt, Carolien Feldbrugge, Simon Franke, Jan Willem Groen, Eliyah Hahn (R.I.P.), Jasper Helmer, Peter Hogewerf, Anne Marie Hoogland, Yui Hosokai, Marlon Huysmans, Pieter de Jong, Jungbin Kim, Jan Kin, Keito Kohara, Huib Koel, Septimia Kuhlmann, Marcel van Lent, Jolien van der Maden, Sebastian Masuda, Inez Meesters, Layana Mokoginta, NDSM-werfmuseum, Bouwe Olij, Casper Oorthuys, Pia Pol, Rob Post, Thierry van Raay, Patricia de Ruijter, Saskia Sassen, Marijke van Schendelen, Johannes Schwartz, Steff van Seijen, Ruud van der Sluis, Sjoerd Steenbeek, Stichting NDSM-Herleeft, Ronald Tilleman, Kim Tuin, Urban Transformer, Fons Walstra, Esther Way, Jos Zandvliet, Joost Zonneveld.

Eva de Klerk dedicates this book to Marijke Thijssen and Jochem van den Brink.

Colophon

This publication was made possible by the generous support of:

Creative Industries Fund NL

creative industries fund NL

Van Eesteren-Fluck & Van Lohuizen Foundation

EFL STICHTING

Bouwfonds Cultuurfonds

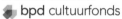
bpd cultuurfonds

Stichting NDSM-werf

STICH TING NDSM WERF

Stichting Kinetisch Noord

NDSM LOODS

Text:
Eva de Klerk with Carolien Feldbrugge and Joost Zonneveld
Graphic design:
COMA Amsterdam/New York
Infographics:
Rutger de Vries
Translation:
InOtherWords, D'Laine Camp & Maria van Tol
Translation Foreword:
Leo Reijnen
Copy editing:
Marianne Lahr
Prepress:
Colorset, Amsterdam
Printing:
Wilco, Amersfoort

Image Credits

All images © the artist(s), photographers, architects, designers: all rights reserved

The publisher has made every effort to secure permission to reproduce the listed material, illustrations and photographs. We apologize for any inadvertent errors or omissions. Parties who nevertheless believe they can claim specific legal rights are invited to contact the publisher.

Bakhuijsen, Bob 94
Bisscheroux, Jeroen 160
Brink, Mark van den 6, 49, 94, 144, 182, 252-253
© Carof-Beeldleveranciers 240
© Constant Nieuwenhuys, New Babylon, 1958 c/o Pictoright Amsterdam 2018 97
Creative Center Osaka/Keito Kohara 174, 182
Dynamo Architecten 99-101
Feldbrugge, Carolien 49
Geenen, Pieter 65
Glerum, Nichon 198, 202-203
Google 245
Googlemaps 30-31, 164-165
Governance Code Cultuur www.governancecodecultuur.nl 232-233
Groen, Jan Willem 206-207, 234
Hope Box, Rienke Enghardt 90, 92
Kim, Jungbin 188
Kin, Jan 32
Klerk, Eva de 10, 76, 179, 188, 250-251
Liberman, Elon 185
Maden, Jolien van der 76
Meesters, Inez 74-76, 78-79, 82-84, 91, 95, 99, 123
NDSM-werfmuseum 4-5, 213
Onbekend 66-67, 73
Oorthuys, Casper 70
Pllek 103
Rouleaux, Rob 148-149
Ruijter, Patricia de 81,
Schwartz, Johannes 36-37
Sollevante, Paolo Rapalino 20, 54, 68, 84,
Stealth (Ana Džokić, Marc Neelen, Milica Topalović) 62-63, 70-71, 74-75, 91, 94, 126, 140-143
Tilleman, Ronald 58-59, 108, 112-113, 116-117, 120-121, 124-125, 126, 128-129, 132-133, 136-137, 138-139, 140-141, 142-143, 185
Urban Transformer Seoul 191
Vries, Rutger de (naar het concept van Carolien Feldbrugge) 233, 243
Walstra, Fons 10

De Stad als Casco (1994), De Stad als Casco I (1997) and De Stad als Casco II (1997) by Podium Werken aan het IJ, texts Gert Staal, Paul van Schilfgaarde, Chantal van Hooff, Tineke Ossewaarde, design Esther Mosselman, De Appelbloesem Pers, Amsterdam

Publishers

Simon Franke – Trancity, info@trancity.nl, www.trancity.nl
Pia Pol, Astrid Vorstermans – Valiz, info@valiz.nl, www.valiz.nl

trancityˣvaliz is a collaboration between two independent publishers that share a common understanding regarding the function of publications. Their books provide critical reflection and interdisciplinary inspiration, and establish a connection between cultural disciplines and socio-economic issues.
Publications on the city, urban change and the public domain are at the core of the collaboration between Trancity and Valiz.

ISBN 978-94-92095-41-1

© trancityˣvaliz

Distribution:
BE/NL/LU:
Coen Sligting
www.coensligtingbookimport.nl
Centraal Boekhuis
www.centraal.boekhuis.nl

GB/IE:
Anagram
www.anagrambooks.com

Europe/Asia:
Idea Books
www.ideabooks.nl

Australia:
Perimeter Books
www.perimeterdistribution.com

USA:
D.A.P.
www.artbook.com

Individual orders:
www.trancity.nl, www.valiz.nl